abc LA COLLECTION

Réussite

Le BAC efficace
et un bon dossier pour Parcoursup

Enseignement scientifique & Mathématiques 1re

Christian Camara
Nicolas Coppens
Pierre-Antoine Desrousseaux
Claudine Gaston
Karine Marteau-Bazouni

Nathan

Mode d'emploi

Un ouvrage synthétique pour réviser et progresser avec méthode !

Cours

L'essentiel | Méthode | Exercices | Corrigés

- Le cours est structuré en doubles-pages, pour faciliter les révisions. La page de gauche présente un **cours précis et concis**.
- La page de droite présente les **documents** associés au cours, ainsi que le **vocabulaire**.

L'essentiel

Cours | Méthode | Exercices | Corrigés

- Une **double page Révision Express** résume les points importants à retenir, les mots importants et présente un schéma récapitulatif des notions du chapitre ; un **Quiz** permet de se tester rapidement.

Méthode

Cours | L'essentiel | Exercices | Corrigés

- Cette rubrique présente de manière simple les **savoir-faire** de calcul, de lecture et d'interprétation requis dans le programme d'Enseignement scientifique.
- Ces **fiches méthode** s'appuient sur des cas **concrets** et présentent la démarche à suivre de manière très détaillée, grâce à un exercice **corrigé**.

Exercices

Cours | L'essentiel | Méthode | Corrigés

- Des exercices de **vérification des connaissances** sont présentés sous forme de QCM.
- Des exercices d'**entraînement** permettent de découvrir des exercices types.

Corrigés

Cours | L'essentiel | Méthode | Exercices

- Les corrigés sont accompagnés de petites « bulles » présentant des **conseils**, des **remarques**, des **astuces pour gagner des points**…

CAHIER DE CONTRÔLE CONTINU

- Deux sujets corrigés permettent de s'entraîner sérieusement au contrôle continu.

ANNEXE

- Un **index** offre un accès rapide aux différentes notions.

Sommaire

Enseignement scientifique

THÈME I • Une longue histoire de la matière

THÈME II • Le Soleil, notre source d'énergie

CHAPITRE 4 Le rayonnement solaire

CHAPITRE 5 Une conversion biologique de l'énergie solaire : la photosynthèse

CHAPITRE 6 Alimentation et santé

CHAPITRE 7 Une diversité de sources d'énergie utilisables par l'Humanité

THÈME III • La Terre, un astre singulier

CHAPITRE 8 La forme de la Terre

CHAPITRE 9 L'histoire de l'âge de la Terre

CHAPITRE 10 La Terre dans l'Univers

THÈME IV • Son, musique et audition

CHAPITRE 11 Son et musique

CHAPITRE 12 Le son, une information à coder

CHAPITRE 13 Entendre la musique

Mathématiques

CHAPITRE 14 Croissance linéaire

CHAPITRE 15 Croissance exponentielle

CHAPITRE 1 Un niveau d'organisation : les éléments chimiques

1 Diversité des éléments chimiques

De quoi s'agit-il ? La fusion nucléaire permet, à partir du seul élément hydrogène, d'expliquer la création d'autres éléments chimiques et la diversité de ces derniers dans l'Univers, sur Terre et dans les êtres vivants.

1 Particules élémentaires et noyaux

- Un atome est constitué d'un noyau composé de nucléons, que sont les protons p et les neutrons n, et d'électrons e^-.
- Le nombre de masse, noté A, représente le nombre de nucléons d'un noyau, soit la somme du nombre de protons et de neutrons.
- Le nombre de charge ou numéro atomique, noté Z, représente le nombre de protons contenus dans le noyau.
- La charge d'un proton est positive et opposée à celle de l'électron qui elle, est négative. Le neutron, quant à lui, est neutre, donc doté d'une charge nulle.
- Un proton est un nucléon : $A = 1$ et $Z = 1$.
Un neutron est un nucléon de charge nulle : $A = 1$ et $Z = 0$.
Un électron n'est pas un nucléon et a une charge opposée à celle du proton : $A = 0$ et $Z = -1$.

2 Représentation symbolique

- Un noyau de symbole chimique X, caractérisé par le nombre de masse A et le nombre de charge Z, est représenté symboliquement par $^{A}_{Z}\mathrm{X}$.

Exemples : le noyau d'hydrogène est composé d'un seul proton. Son nombre de neutrons est nul. Son nombre de charge est donc $Z = 1$ et son nombre de masse $A = 1$. La représentation symbolique du noyau d'hydrogène est : $^{1}_{1}\mathrm{H}$.
De même, le noyau de carbone 14, constitué de 6 protons et 8 neutrons, est représenté par $^{14}_{6}\mathrm{C}$.

- Cette représentation symbolique peut aussi être utilisée pour les protons, neutrons et électrons : un proton est alors noté $^{1}_{1}\mathrm{p}$, un neutron $^{1}_{0}\mathrm{n}$ et un électron $^{0}_{-1}\mathrm{e}$.

3 Abondance des éléments

- L'Univers est essentiellement constitué d'hydrogène et d'hélium. Le pourcentage en masse est de l'ordre de 74 % en hydrogène et 24 % en hélium. En troisième position arrive l'élément oxygène, avec environ 1 %. Les autres éléments sont à l'état de traces.
- Une analyse de la croûte terrestre montre en revanche une plus grande diversité des éléments chimiques qui la composent. L'oxygène est l'élément le plus présent, puis on trouve, par ordre décroissant, le silicium, l'aluminium, le fer, le calcium, le sodium, le magnésium… À l'exception du soufre, plus abondant, on retrouve les mêmes éléments prépondérants dans l'ensemble du globe terrestre.
- Les êtres humains sont, quant à eux, constitués en majorité de carbone (C), d'hydrogène (H), d'oxygène (O) et d'azote (N).

4 Fusion nucléaire

- Les noyaux des atomes de la centaine d'éléments chimiques stables de l'Univers résultent de réactions nucléaires stellaires, c'est-à-dire se produisant au sein des étoiles.
- La fusion de l'hydrogène est le premier maillon de la chaîne de création des éléments chimiques. Cette réaction correspond à deux noyaux dits « légers » fusionnant pour produire un noyau « lourd », contrairement à la fission, qui est le processus de création de deux noyaux légers par bombardement d'un noyau lourd.
- La réaction de fusion produisant de l'hélium 4 – ainsi qu'un neutron – est celle d'un noyau de deutérium, isotope à un neutron de l'hydrogène, et d'un noyau de tritium, isotope à deux neutrons de l'hydrogène. La réaction de fusion peut alors s'écrire :

$$^{2}_{1}\text{H} + ^{3}_{1}\text{H} \rightarrow ^{4}_{2}\text{He} + ^{1}_{0}\text{n}$$

- Toute réaction nucléaire conserve le nombre de masse A et le nombre de charge Z.

Vocabulaire

Nucléons : particules du noyau d'un atome que sont les protons et les neutrons.

Nombre de masse : nombre de nucléons d'un noyau, noté A.

Nombre de charge : nombre de protons d'un noyau, noté Z.

Fusion : réaction entre deux noyaux dits « légers » produisant un noyau plus lourd.

Fission : réaction nucléaire, qui à partir d'un noyau père « lourd », produit deux noyaux fils légers.

Isotopes : se dit de deux noyaux appartenant au même élément chimique donc ayant même nombre de charge Z.

2 Instabilité des noyaux et désintégration

De quoi s'agit-il ? **Certains noyaux sont instables et se désintègrent. La demi-vie associée à cette désintégration est caractéristique du noyau radioactif.**

1 Radioactivité

- La radioactivité est un phénomène physique par lequel un noyau instable se désintègre pour constituer un nouveau noyau plus stable. Cette désintégration s'accompagne, dans certains cas, d'une émission de particules supplémentaires.
- La désintégration d'un noyau instable est un phénomène imprévisible. On parle souvent de « probabilité de désintégration » : l'instant de la désintégration d'un noyau radioactif individuel est en effet aléatoire.
- L'uranium 235 et l'uranium 238 sont les éléments radioactifs les plus importants de la croûte terrestre. Le corps humain contient aussi des éléments radioactifs comme le carbone 14 ou le potassium 40.
- Comme dans toute réaction nucléaire, il y a conservation du nombre de charge et du nombre de masse. La désintégration « alpha » d'un noyau ${}^{A}_{Z}X$, appelé noyau « père », produit un nouveau noyau Y, le noyau « fils », et une particule α, c'est-à-dire un noyau d'hélium 4. La réaction de désintégration s'écrit ainsi :

$$ {}^{A}_{Z}X \rightarrow {}^{4}_{2}He + {}^{A-4}_{Z-2}Y $$

2 Décroissance radioactive et demi-vie

- Considérons un échantillon macroscopique contenant à l'instant initial, pris comme origine des temps, un nombre N_0 de noyaux radioactifs. Ces noyaux étant instables, ils vont se désintégrer. La quantité N de noyaux présents dans l'échantillon et donc non encore désintégrés à l'instant t quelconque suit une loi d'évolution dite de décroissance radioactive que l'on peut modéliser dans le **document** (courbe en rouge).
- La demi-vie d'un noyau radioactif, notée $t_{1/2}$, est la durée nécessaire pour que la moitié des noyaux initialement présents dans un échantillon se soit désintégrée.

Pour un temps t correspondant à la demi-vie, il reste donc $N_0 - \frac{N_0}{2} = \frac{N_0}{2}$, soit la moitié des noyaux radioactifs initiaux.

- La demi-vie caractérise le noyau radioactif étudié. Cela signifie que chaque noyau radioactif a sa propre valeur de demi-vie et qu'il est identifiable grâce à celle-ci.

Exemple : la demi-vie du carbone 14 est de $5{,}7 \times 10^2$ années.

• La courbe de la décroissance radioactive du **document** permet de constater que chaque fois qu'il s'écoule une demi-vie, l'échantillon a perdu la moitié de ses noyaux radioactifs. Ainsi, au bout de $t_{1/2}$, il ne reste que $\frac{N_0}{2}$ noyaux ; au bout de $2t_{1/2}$, il n'en reste que la moitié de $\frac{N_0}{2}$, soit $\frac{N_0}{4}$, etc.

Au bout de n demi-vies, le nombre de noyaux radioactifs restants est de $\frac{N_0}{2^n}$. Cela permet de dater des échantillons.

Doc. Loi de décroissance radioactive

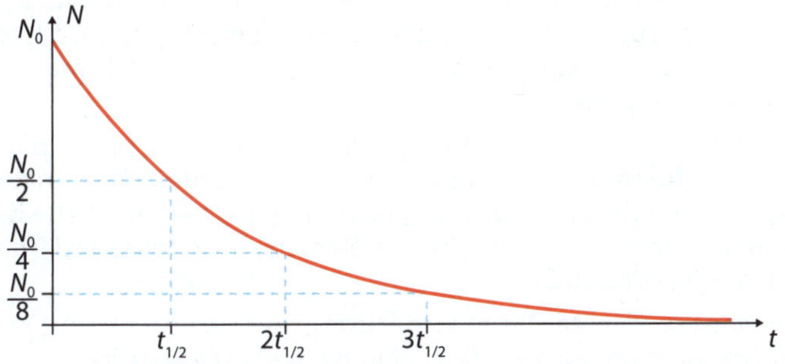

• Les noyaux radioactifs peuvent également être utilisés pour le diagnostic médical ainsi que pour traiter des cancers ou encore dans le cadre de recherches en biologie.

• Les transformations nucléaires, impliquant des noyaux radioactifs, libèrent de l'énergie. Il est donc important de se protéger lorsque des substances radioactives sont utilisées.

Vocabulaire

Désintégration : processus permettant à un noyau instable, appelé « noyau père », de se stabiliser. La désintégration produit un nouveau noyau appelé « noyau fils ».

Décroissance radioactive : évolution du nombre de noyaux radioactifs d'un échantillon macroscopique.

Demi-vie : durée au bout de laquelle un échantillon a réduit de moitié sa population de noyaux radioactifs. Notée $t_{1/2}$, elle caractérise l'élément radioactif étudié.

RÉVISION EXPRESS

LES POINTS IMPORTANTS À RETENIR

- Le **symbole d'un noyau se note** $^{A}_{Z}X$, avec A le **nombre de masse** correspondant au nombre de nucléons du noyau, c'est-à-dire les protons et les neutrons, et Z le **nombre de charge** ou numéro atomique correspondant au nombre de protons seulement.
- Les noyaux des atomes de la centaine d'éléments chimiques stables de l'Univers résultent de **réactions nucléaires** produites **au sein des étoiles à partir de l'hydrogène initial**.
- La matière connue dans l'Univers est formée principalement d'**hydrogène** et d'**hélium**, alors que la Terre est surtout constituée d'**oxygène,** d'**hydrogène**, de **fer**, de **silicium**, de **magnésium**, et les êtres vivants de **carbone**, d'**hydrogène**, d'**oxygène** et d'**azote**.
- Deux noyaux peuvent fusionner pour produire un nouveau noyau plus lourd (phénomène de **fusion**) et un noyau peut, par bombardement de neutrons par exemple, se scinder en deux noyaux plus légers (phénomène de **fission**). La fusion est à l'origine de la diversité des éléments chimiques de l'Univers, de la Terre, des êtres humains.
- Certains noyaux sont **instables et se désintègrent** (radioactivité). L'instant de désintégration d'un noyau radioactif individuel est **aléatoire**.
- La **demi-vie** d'un noyau radioactif est la durée nécessaire pour que la moitié des noyaux initialement présents dans un échantillon macroscopique se soit désintégrée. Cette demi-vie est **caractéristique** du noyau radioactif.
- Au bout de ***n* demi-vies**, le nombre de **noyaux radioactifs restants est alors de** $\frac{N_0}{2^n}$.

Vidéo

LES MOTS IMPORTANTS

- Abondance des éléments
- Décroissance radioactive
- Demi-vie
- Désintégration
- Fission
- Fusion
- Hydrogène
- Instabilité
- Isotope
- Nombre de charge
- Nombre de masse
- Noyau
- Nucléon
- Radioactivité

LE SCHÉMA IMPORTANT À RETENIR

Décroissance radioactive

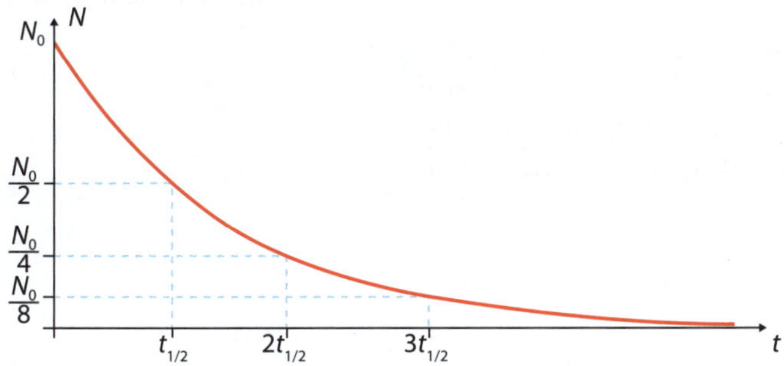

N : nombre de noyaux radioactifs présents dans un échantillon macroscopique à la date t.

Tableau récapitulatif du nombre N en fonction de la durée t, multiple entier de la demi-vie $t_{1/2}$

t	0	$t_{1/2}$	$2t_{1/2}$	$3t_{1/2}$	$4t_{1/2}$	$5t_{1/2}$	$nt_{1/2}$
N	N_0	$\frac{N_0}{2}$	$\frac{N_0}{4}$	$\frac{N_0}{8}$	$\frac{N_0}{16}$	$\frac{N_0}{16}$	$\frac{N_0}{2^n}$

Quiz

1. Le nombre de charge correspond au nombre de particules chargées du noyau.
☐ Vrai ☐ Faux

2. Le symbole du carbone 14 est $^{14}_{6}C$. Son noyau possède 6 protons et 14 neutrons.
☐ Vrai ☐ Faux

3. L'hydrogène est un élément présent dans l'Univers, sur Terre et dans les êtres humains.
☐ Vrai ☐ Faux

4. La demi-vie correspond à la moitié du temps de vie d'un échantillon radioactif.
☐ Vrai ☐ Faux

5. La fission est toujours amorcée par un bombardement de neutrons.
☐ Vrai ☐ Faux

6. L'utilisation de noyaux radioactifs est toujours dangereuse pour la santé.
☐ Vrai ☐ Faux

→ Réponses p. 20

Déterminer graphiquement le nombre de noyaux restants au bout de *n* demi-vies

ÉNONCÉ

À partir de la courbe de décroissance radioactive du césium 137, déterminez le nombre de noyaux radioactifs restant dans cet échantillon au bout de 150 ans.

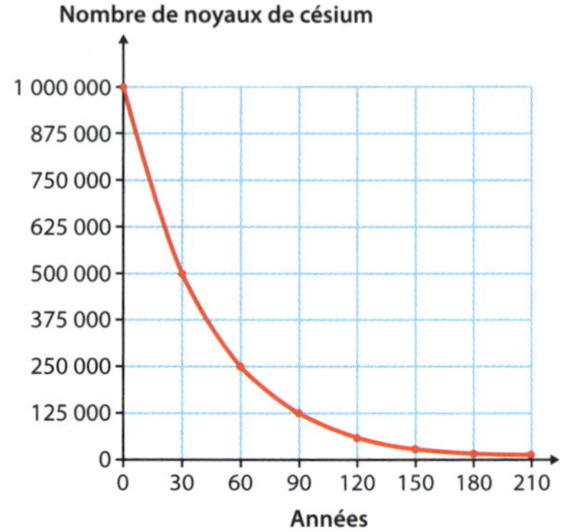

MÉTHODE

- Déterminer la demi-vie $t_{1/2}$ de l'élément radioactif.
- Le nombre de noyaux N étant réduit de moitié à chaque durée égale à $t_{1/2}$ supplémentaire, en déduire le tableau des valeurs de N en fonction de $t = nt_{1/2}$.
- Identifier dans le tableau précédent le temps donné dans l'énoncé et en déduire le nombre de noyaux restants.
- Une vérification peut être faite en calculant $N_0/2^n$ avec $n = t/t_{1/2}$.

CORRIGÉ

- La population de noyaux initiaux est de $N_0 = 1\,000\,000$. Pour $N_0/2 = 500\,000$ noyaux, la courbe indique une abscisse correspondant à la demi-vie $t_{1/2} = 30$ ans.
- Le tableau suivant récapitule le nombre de noyaux restants en fonction du temps d'observation de l'échantillon :

t (ans)	0	$t_{1/2} = 30$	$2t_{1/2} = 60$	$3t_{1/2} = 90$	$4t_{1/2} = 120$	$5t_{1/2} = 150$	$6t_{1/2} = 180$
N	N_0 $= 1\,000\,000$	$N_0/2$ $= 500\,000$	$N_0/4$ $= 250\,000$	$N_0/8$ $= 125\,000$	$N_0/16$ $= 62\,500$	$N_0/32$ $= 31\,250$	$N_0/64$ $= 15\,625$

- Par lecture directe du tableau ci-avant, au bout de 150 ans, soit 5 demi-vies, le nombre de noyaux restants est de 31 250.
- On vérifie que $n = t/t_{1/2} = 150/30 = 5$ demi-vies et $N = N_0/2^n = 1\,000\,000/2^5$, soit $N = 31\,250$ noyaux restants.

Estimer la durée nécessaire pour obtenir une certaine proportion de noyaux restants

ÉNONCÉ

À partir de la courbe de décroissance radioactive du césium 137 de la page précédente, déterminez la durée nécessaire pour obtenir 45 % de noyaux radioactifs restants dans cet échantillon.

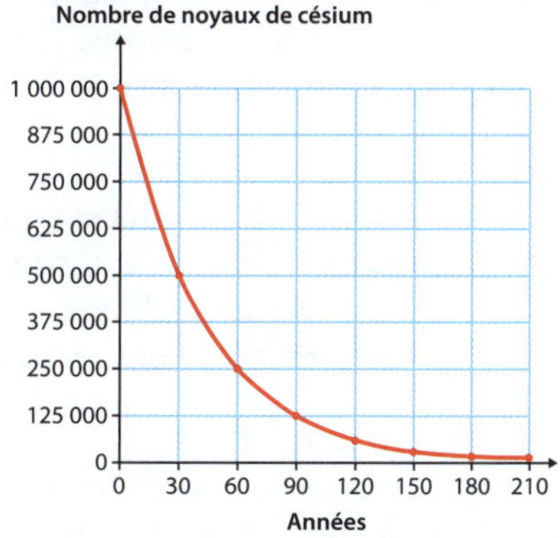

MÉTHODE

- Déterminer le nombre *N* de noyaux radioactifs de l'échantillon correspondant à la proportion donnée dans l'énoncé.
- Par lecture directe sur la courbe de décroissance radioactive, en déduire l'abscisse *t* de *N*. Elle correspond à la réponse recherchée.

CORRIGÉ

- La population de noyaux initiaux est de $N_0 = 1\,000\,000$. La proportion de 45 % correspond alors à $N = 0{,}45 \times N_0$, soit $N = 0{,}45 \times 1\,000\,000 = 450\,000$ noyaux restants.
- Par lecture directe sur la courbe, en positionnant le point d'ordonnée *N*, on peut lire son abscisse *t*. Soit pour $N = 450\,000$ noyaux, $t = 35$ ans environ.

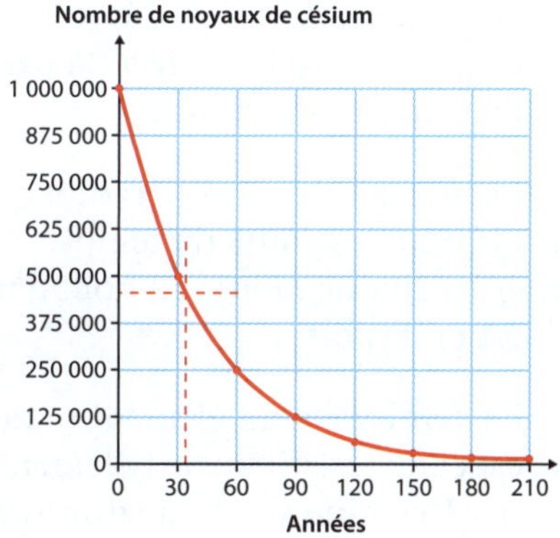

Réflexe à avoir

Cette valeur est une valeur statistique obtenue grâce au modèle de décroissance radioactive. La valeur réellement obtenue a un caractère aléatoire.

Vérification des connaissances

Pour chaque question ou affirmation, il y a entre 0 et 3 bonnes réponses.

1. Les particules chargées du noyau sont :
a. les protons et les neutrons.
b. les protons et les électrons.
c. uniquement les protons.

2. La notation d'un noyau est composée :
a. du nombre de charge du noyau.
b. de son nombre de nucléons.
c. du symbole de l'élément auquel il appartient.

3. La fusion nucléaire :
a. est à l'origine de la création d'autres éléments chimiques que l'hydrogène.
b. aboutit à l'obtention d'un noyau fils plus léger que le noyau père.
c. ne se produit qu'avec des noyaux isotopes de l'hydrogène.

4. Le tritium de symbole ${}^{3}_{1}H$:
a. est un isotope de l'hydrogène ${}^{1}_{1}H$.
b. est un isotope du deutérium ${}^{2}_{1}H$.
c. fusionne avec le deutérium pour obtenir de l'hélium 4.

5. La désintégration d'un noyau :
a. est prédictible.
b. ne peut se produire dans la nature.
c. dépend de sa demi-vie.

6. Le nombre de noyaux radioactifs d'un échantillon macroscopique :
a. diminue au cours du temps.
b. est réduit de moitié au bout d'une demi-vie.
c. est prévisible.

7. La demi-vie d'un élément radioactif :
a. est caractéristique de l'élément.
b. se détermine pour une diminution de 50 % des noyaux d'un échantillon.
c. est toujours la même quel que soit l'échantillon contenant cet élément.

Entraînement

1 Abondance des éléments chimiques

Exploitation de document

Les graphiques ci-après représentent l'abondance relative des éléments chimiques dans le corps humain et dans les végétaux, ainsi que le pourcentage de certains éléments chimiques dans l'Univers et le Soleil.

Doc. Éléments chimiques

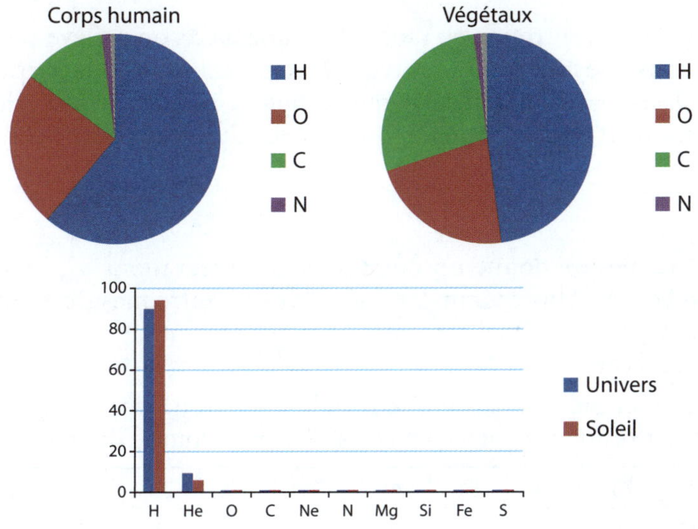

QUESTIONS

1. Quels sont les éléments constituant les êtres vivants et les végétaux ? Déduisez-en les différences de composition.

2. Comparez ces résultats à l'abondance de ces éléments dans le Soleil ou l'Univers.

2 Fusion nucléaire

Argumentation

Le noyau de deutérium D est constitué d'un proton et d'un neutron, alors que celui de tritium T comprend un neutron de plus.

QUESTIONS

1. Comment doit-on noter, en écriture symbolique, ces deux noyaux ? Qualifiez ces noyaux.

2. Le tritium peut réagir avec le deutérium pour former un noyau d'hélium 4. L'équation de la réaction est : $D + T \rightarrow {}^{4}_{2}He + {}^{1}_{0}X$. Vérifiez la cohérence de cette équation et déduisez-en la nature de cette réaction nucléaire.

3. Quelle est la particule formée avec le noyau d'hélium 4 ?

3 Concentration en radon

Calcul

Pour mesurer la concentration en radon dans une pièce, on prélève 120 mL d'air qu'on place dans une fiole où l'on a préalablement réalisé un vide partiel. La fiole est ensuite placée dans un détecteur qui compte le nombre total n_d de désintégrations α qu'on attribuera au seul radon 222. La durée de chaque comptage est $\Delta t = 500$ s.

QUESTIONS

1. La première mesure donne un nombre de désintégrations $n_{d0} = 68$ désintégrations pendant Δt. On recommence **aussitôt** une autre mesure, le résultat est $n_{d1} = 78$ désintégrations. Quel caractère de la désintégration radioactive est responsable de cet écart ?

2. On poursuit les mesures sur plusieurs jours, toujours avec la même durée de comptage, et les résultats sont les suivants. Tracez la courbe donnant $n_d = f(t)$.

n_d	73	59	51	41	36	30	23	20	16	14
Date (jours)	0	1	2	3	4	5	6	7	8	9

Tracez la courbe donnant $n_d = f(t)$.

3. Déterminez, à l'aide du graphique, la demi-vie $t_{1/2}$ du radon 222.

4. La durée de comptage Δt est-elle adaptée à l'étude du radon 222 ? Justifiez.

5. La concentration en radon 222 dans la pièce où l'on a effectué le prélèvement est-elle dangereuse ? Le seuil de précaution est de 400 désintégrations$\cdot s^{-1} \cdot m^{-3}$ et le seuil d'alerte de 1 000 désintégrations$\cdot s^{-1} \cdot m^{-3}$.

4 Datation au carbone 14

Exploitation de document et calcul

Doc. Comment dater au carbone 14 ?

De toutes les méthodes radiochronologiques, celle de la datation du carbone 14 est la plus connue. Dans la haute atmosphère, soumis au RCG (rayonnement cosmique galactique, constitué de protons), des neutrons secondaires interagissent avec des noyaux d'azote 14. Cette réaction forme un isotope $^{A}_{Z}X$ du carbone : le fameux carbone 14.

Immédiatement formé, le carbone 14 s'oxyde en se combinant à l'oxygène pour former du dioxyde de carbone qui se mélange avec le reste de l'atmosphère. Or le carbone 14 est radioactif.

Williard Franck Libby (physicien et chimiste américain 1908-1980) a montré que la teneur en carbone 14 est constante dans le monde (dans l'atmosphère, comme dans chaque organisme vivant). Cela est dû à un équilibre entre la désintégration et la production de carbone 14. Chaque gramme de carbone contient des atomes de carbone 14. On enregistre en moyenne 13,5 désintégrations par minute et par gramme de carbone.

Lorsqu'un arbre, par exemple, est abattu, le bois cesse de vivre, le processus de photosynthèse s'arrête, et il n'y a plus absorption de dioxyde de carbone. Le carbone 14 est alors libre de se désintégrer sans compensation. On peut donc dater l'âge de la mort de l'organisme (au moment où cesse tout échange de CO_2 avec l'atmosphère).

QUESTIONS

1. L'azote 14 et le carbone 14 sont-ils isotopes ? Justifiez.

2. Dans la haute atmosphère, l'équation de la réaction qui a lieu entre un neutron secondaire et un noyau d'azote 14 s'écrit :

$$^{14}_{7}N + ^{1}_{0}n \rightarrow ^{A}_{Z}X + ^{1}_{1}p$$

Vérifiez, en justifiant avec les lois de conservation, que $^{A}_{Z}X$ est bien du carbone 14.

3. Le prélèvement d'une poutre (en bois) dans la tombe du vizir Hemada à Sakara produit 6,68 désintégrations par minute et par gramme de carbone. D'après les travaux de W. F. Libby, la demi-vie du carbone 14 est $t_{1/2}$ = 5 730 ans.
Calculez l'âge t de la tombe de ce vizir de la première dynastie des pharaons.

Quiz

1 **Vrai.** Le nombre de charge correspond au nombre de protons, seules particules chargées du noyau. Les neutrons, autres nucléons ou particules du noyau ont une charge nulle.

2 **Faux.** Le carbone 14 a un noyau constitué de 6 protons correspondant au nombre Z inscrit en indice dans le symbole du noyau. Le nombre total de nucléons, protons et neutrons, est de 14 : ce nombre se retrouve en exposant dans le symbole du noyau. On en déduit par différence que le noyau de carbone 14 possède : 14 – 6 = 8 neutrons.

3 **Vrai.** L'hydrogène est le premier élément. Il est à l'origine de la création, par réactions de fusion, des autres éléments chimiques.

4 **Faux.** La demi-vie est la durée au bout de laquelle une population de noyaux radioactifs est réduite de moitié, ce qui ne correspond pas du tout à la moitié de la « vie » de l'échantillon.

5 **Faux.** À strictement parler, la fission est la brisure d'un noyau pour en former d'autres. Certaines fissions sont produites par bombardement de neutrons sur le noyau instable, mais ce n'est pas toujours le cas.

6 **Faux.** L'utilisation de noyaux radioactifs peut être utile en médecine ou dans le cadre de recherches en biologie par exemple.

Vérification des connaissances

1 **c. Vrai.** Les neutrons appartiennent au noyau, mais ne sont pas chargés (**a. Faux**) et les électrons ne sont pas des particules du noyau (**b. Faux**).

2 **a.**, **b.** et **c. Vrai.** La notation $^{A}_{Z}X$ d'un noyau comprend le nombre de nucléons A, le nombre de charge Z et le symbole de l'élément X.

3 **a. Vrai.** La fusion nucléaire est celle de deux noyaux légers produisant un noyau fils plus lourd (**b. Faux**). La fusion du deutérium et du tritium, isotopes de l'hydrogène, aboutit à la création d'un noyau d'hélium, mais bien d'autres fusions sont possibles (**c. Faux**).

4 **a.**, **b.** et **c. Vrai.** La réaction de fusion du deutérium et du tritium permet d'obtenir de l'hélium 4. Ces deux réactifs ont un nombre de charge $Z = 1$, ce sont donc des isotopes de l'hydrogène.

5 **Aucune réponse n'est vraie.** La désintégration est un processus aléatoire, donc imprédictible (**a. Faux**), ne dépendant d'aucun facteur (**c. Faux**) et pouvant se produire dans la nature – on parle de radioactivité naturelle (**b. Faux**).

6 **a.** et **b. Vrai.** Le nombre de noyaux d'un échantillon macroscopique diminue au cours du temps et, statistiquement, de moitié par demi-vie. En revanche, le nombre exact de noyaux restants n'est pas prévisible (**c. Faux**).

7 **a.**, **b.** et **c. Vrai.** La demi-vie est mesurée pour une diminution de moitié d'une population radioactive, elle caractérise l'élément radioactif présent dans n'importe quel échantillon.

Entraînement

1 Abondance des éléments chimiques

1. Le corps humain est essentiellement constitué par les éléments suivants, classés par ordre d'abondance : azote N, carbone C, oxygène O et hydrogène H. On retrouve les mêmes éléments chimiques dans les végétaux, mais dans des proportions légèrement différentes : le carbone est plus abondant dans les végétaux que dans les êtres humains, au détriment de l'hydrogène.

2. Dans le Soleil et l'Univers en général, seuls les éléments hydrogène H et hélium He sont significativement présents. Le pourcentage d'hydrogène dans le Soleil est en revanche plus important que dans l'Univers – et inversement pour l'hélium. On constate ainsi une plus importante diversité des éléments dans les végétaux et êtres humains que dans l'Univers ou le Soleil. Seul l'élément H est commun, plus abondant relativement dans l'Univers et notre étoile, que dans les végétaux et êtres vivants.

2 Fusion nucléaire

1. Le deutérium a un nombre de charge $Z = 1$ proton et un nombre de masse $A = 1$ (proton) + 1 (neutron) = 2. Le tritium a un nombre de charge $Z = 1$ proton et un nombre de masse $A = 1 + 2 = 3$. Chacun de ces noyaux appartient à l'élément hydrogène, caractéristique du

> **Piège à éviter**
> Tous les éléments ayant le même Z appartiennent au même élément chimique et sont représentés par le même symbole X : ce sont des isotopes.

nombre de charge $Z = 1$. Leur symbole est donc ${}^2_1H$ pour D et ${}^3_1H$ pour T. Le deutérium et le tritium sont ainsi des isotopes.

2. En remplaçant D et T par leur symbole, on obtient : ${}^2_1H + {}^3_1H \rightarrow {}^4_2He + {}^1_0X$. On peut vérifier la conservation du nombre de masse 2 + 3 = 4 + 1 et du nombre de charge 1 + 1 = 2 + 0. L'équation ci-avant correspond à la réaction de deux noyaux pères D et T (isotopes de l'hydrogène) produisant un noyau fils plus lourd d'hélium : cette réaction est une fusion nucléaire.

3. La particule formée ${}^1_0X$ correspond à un nucléon $A = 1$ qui n'est pas un proton $Z = 0$: il s'agit donc d'un neutron ${}^1_0n$.

3 Concentration en radon

1. L'écart entre les deux mesures est dû au caractère aléatoire de la réaction de désintégration, car on peut supposer que le temps court entre les deux mesures (« aussitôt ») permet d'affirmer que ces dernières sont quasi simultanées.

2.

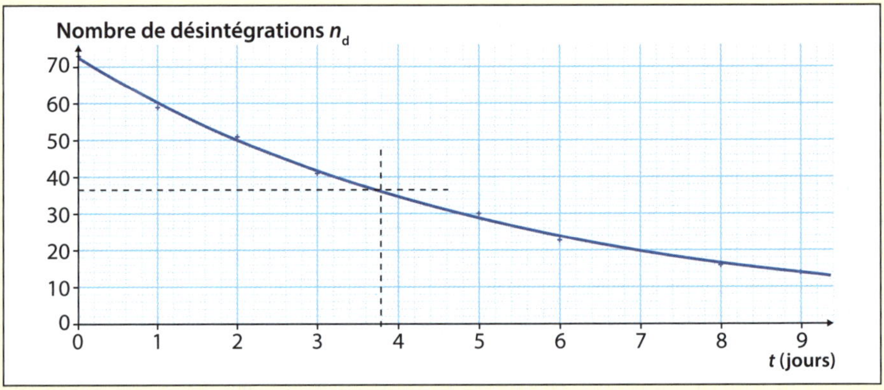

3. La demi-vie $t_{1/2}$ est le temps au bout duquel la population a diminué de moitié.

La population à $t = t_{1/2}$ est donc telle que $N(t_{1/2}) = \frac{N_0}{2} = \frac{73}{2} = 36{,}5$ avec $N_0 = n_{d0}$ $= n_d\,(t = 0) = 73$ noyaux la population initiale.

On en déduit la demi-vie par lecture directe (tracés en pointillés) : $t_{1/2} = 3{,}8$ jours.

4. La durée de comptage $\Delta t = 500$ s est très petite devant la demi-vie :

$\frac{t_{1/2}}{\Delta t} = \frac{3{,}8 \times 24 \times 3600}{500}$ soit $\frac{t_{1/2}}{\Delta t} = 657$.

La durée de comptage est donc adaptée à l'étude.

5. Le volume d'étude est $V = 120$ mL $= 120 \times 10^{-6}$ m³.
La concentration mesurée à $t = 0$ est :

$$\frac{\frac{n_{d0}}{\Delta t}}{V} = \frac{n_{d0}}{V\Delta t} = \frac{73}{500 \times 120 \times 10^{-6}}$$

$$\frac{n_{d0}}{V\Delta t} = 1{,}2 \times 10^{3} \text{ désintégrations}\cdot\text{s}^{-1}\cdot\text{m}^{-3}.$$

Cette valeur est au-delà du seuil d'alerte, la concentration en radon 222 est donc dangereuse pour l'homme.

Remarque

On peut montrer que l'on est en dessous du seuil d'alerte dès le jour suivant, et en dessous du seuil de précaution au 6e jour.

4 Datation au carbone 14

1. L'azote et le carbone ne sont pas isotopes, car ils ne sont pas caractérisés par le même nombre de charge Z. Ils n'appartiennent pas au même élément chimique.

Rappel

Les noyaux isotopes doivent appartenir au même élément chimique et donc avoir le même Z.

2. ${}^{14}_{7}\text{N} + {}^{1}_{0}\text{n} \rightarrow {}^{A}_{Z}\text{X} + {}^{1}_{1}\text{p}$.

En appliquant les lois de conservation, on a :

– pour le nombre de charge : $7 + 0 = Z + 1$, soit $Z = 6$ qui caractérise bien un noyau de carbone ;

– pour le nombre de masse : $14 + 1 = A + 1$, soit $A = 14$: il s'agit donc bien du carbone 14.

3. Le prélèvement d'une poutre (en bois) dans la tombe du vizir Hemada à Sakara produit 6,68 désintégrations par minute et par gramme de carbone. Or ce nombre correspond à peu près à la moitié du nombre de désintégrations par minute et par gramme de carbone constant dans l'Univers : soit 13,5 désintégrations par minute et par gramme de carbone.
On en déduit qu'il s'est écoulé une durée environ égale à la demi-vie du carbone 14, soit de l'ordre de $t_{1/2} = 5\,730$ ans.

Piège à éviter

Un calcul plus « technique » donnerait 5 816 ans. Cependant, tous ces résultats ne sont que statistiques. La valeur exacte est d'autant plus proche de cette valeur modélisée que l'échantillon comporte un nombre très grand de noyaux radioactifs, ce qui n'est pas le cas ici.

CHAPITRE 2

Des édifices ordonnés : les cristaux

1 Structure cristalline

De quoi s'agit-il ? **Un cristal est constitué d'un empilement régulier d'ions, d'atomes ou de molécules.**

1 Exemple du chlorure de sodium

- Le chlorure de sodium solide, communément appelé sel, est un cristal présent dans les roches ou issu de l'évaporation de l'eau salée. Il est composé d'ions chlorure Cl^- et d'ions sodium Na^+ en quantités égales.
- Le solide cristallin est constitué d'un empilement régulier d'ions sodium et d'ions chlorure, dont le plus petit motif en trois dimensions est appelé maille élémentaire.
- En répétant périodiquement suivant les trois dimensions de l'espace la maille élémentaire d'un cristal, on reconstitue la structure cristalline.
- Dans la maille élémentaire du cristal de chlorure de sodium, les ions chlorure sont représentés par des sphères rouges, et les ions sodium par des sphères bleues (**Doc. 1**).

Doc. 1 Maille élémentaire du cristal de chlorure de sodium

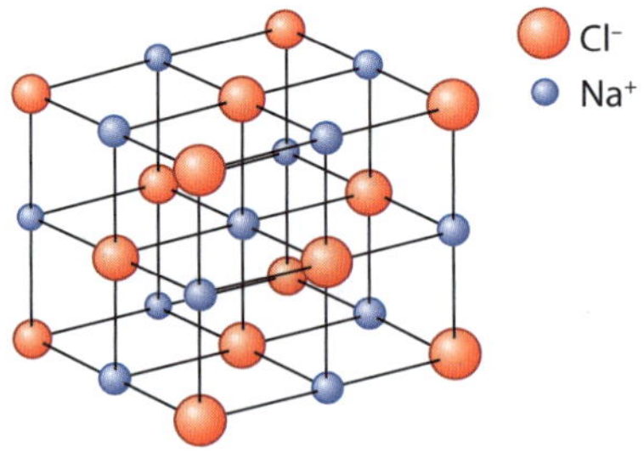

2 Masse volumique

- La masse volumique ρ d'un solide est le rapport entre la masse des entités qui composent la maille et le volume de la maille :

$$\rho = \frac{\text{Masse des entités dans la maille}}{\text{Volume de la maille}}$$

Elle s'exprime en $g \cdot L^{-1}$ si la masse est en g et le volume en L.

- Suivant le type cristallin, la masse volumique d'un cristal varie.

Doc. 2 Exemples de types cristallins

Trois types cristallins à connaître :
cubique simple (cs), cubique centré (cc) et cubique à faces centrées (cfc)

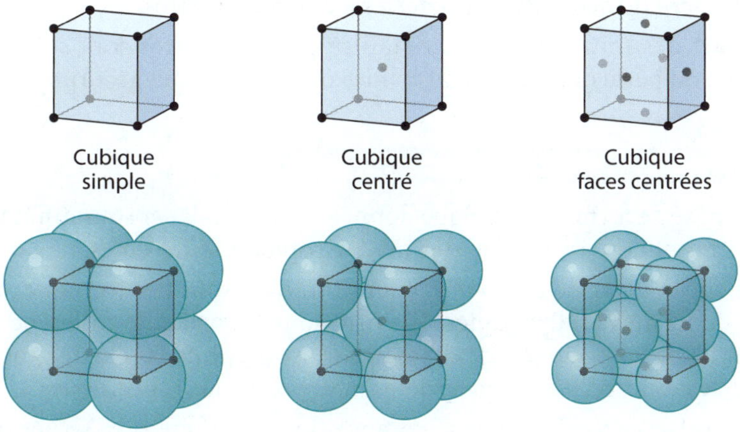

Vocabulaire

Cristal : arrangement périodique d'atomes, d'ions ou de molécules selon les trois dimensions de l'espace.

Maille élémentaire : motif 3D d'un cristal qui permet de reconstituer le cristal par répétition suivant les trois dimensions de l'espace.

Type cristallin : structuration d'une maille qui dépend de sa géométrie, de la nature et de la position des entités.

2 Organisation cristalline et propriétés

De quoi s'agit-il ? Une roche est formée d'une association de minéraux qui se caractérisent par leur éventuelle structure cristalline. L'exemple du carbone est riche de structures aux multiples propriétés.

1 Roches, minéraux et cristaux

- Une roche est formée de l'association de cristaux d'un même minéral ou de plusieurs minéraux.
- Un minéral est une substance inorganique dans la plus grande majorité des cas, définie par sa composition chimique et l'agencement de ses atomes ou autres entités selon une périodicité et une symétrie particulières. Les dimensions d'un minéral varient de quelques nanomètres à quelques mètres.
- La plupart des minéraux sont cristallisés, mais d'autres sont sans structure cristalline : on parle dans ce cas de solides ou de minéraux amorphes.

2 Structures cristallines des minéraux

- Un composé de formule chimique donnée peut cristalliser sous différents types de structures qui ont des propriétés macroscopiques différentes.
- Le carbone, à l'état de corps pur, peut se trouver sous des formes différentes : on parle de formes allotropiques. Il existe sous la forme de fullerène (**Doc. 1a**), de nanotube de carbone (**b**), de diamant (**c**), de graphite (**d**) ou de graphène (**e**). Chacune de ces formes a des propriétés macroscopiques spécifiques.
- Un minéral se caractérise par sa composition chimique et sa structure ou son organisation cristalline.
- Des structures cristallines existent aussi dans les organismes biologiques : coquille, squelette, calcul rénal, etc.

3 Solides amorphes

- Dans le cas d'un solide amorphe, l'empilement des entités qui le composent se fait sans ordre géométrique.
- Le charbon est l'allotrope amorphe du carbone (**Doc. 2**).

Exemples : le verre est un exemple de solide amorphe. Les minéraux métamictes comme certains quartz ou zircons sont également des solides amorphes.

• Certaines roches volcaniques comme l'obsidienne contiennent du verre appelé verre volcanique. Ce verre est issu de la solidification très rapide d'une lave.

• Un solide amorphe est composé d'entités qui ne respectent aucun ordre : il est souvent obtenu par refroidissement d'un liquide très visqueux qui n'a pas pu se cristalliser.

Doc. 1 **Structures cristallines du carbone**

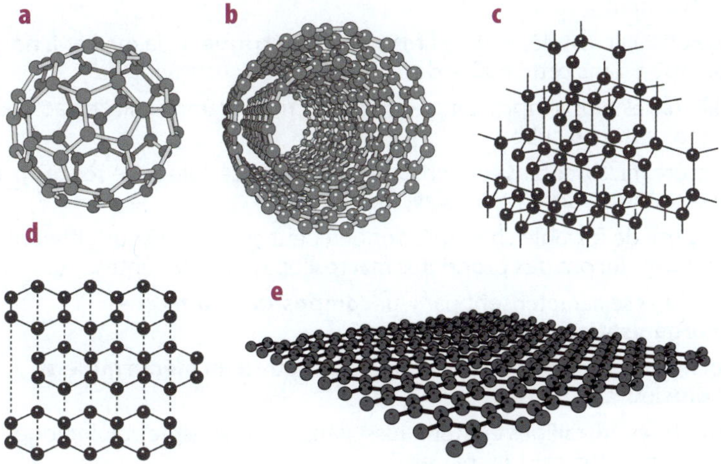

Doc. 2 **Charbon ou allotrope amorphe du carbone**

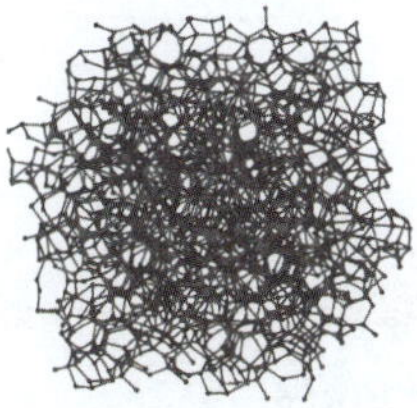

Vocabulaire

Amorphe : se dit d'un solide ou d'un composé dont les entités constituantes ne respectent aucun ordre.

Formes allotropiques : formes différentes que peut prendre un corps pur, comme le diamant ou le graphite pour le carbone.

RÉVISION EXPRESS

LES POINTS IMPORTANTS À RETENIR

- Le chlorure de sodium solide est constitué d'un empilement régulier d'ions : c'est l'**état cristallin**.
- Une structure cristalline est définie par une **maille élémentaire** répétée périodiquement.
- Un type cristallin est défini par la **forme géométrique** de la maille, la **nature** et la **position** dans cette maille des entités qui la constituent.
- Les cristaux les plus simples peuvent être décrits par une maille caractérisée par la géométrie du cube.
- La structure microscopique du cristal conditionne certaines de ses **propriétés macroscopiques**, dont sa masse volumique.
- Un composé de formule chimique donnée peut cristalliser sous différents types de structures qui ont des propriétés macroscopiques différentes.
- Les minéraux se caractérisent par leur **composition chimique** et leur **organisation cristalline**.
- Une roche est formée de l'association de cristaux d'un **même minéral ou de plusieurs minéraux.**
- Des structures cristallines existent aussi dans les organismes biologiques (coquille, squelette, calcul rénal, etc.).
- Dans le cas des **solides amorphes**, l'empilement d'entités se fait sans ordre géométrique : c'est le cas du verre. Certaines roches volcaniques contiennent du verre issu de la solidification très rapide d'une lave.

Vidéo

LES MOTS IMPORTANTS

- Allotrope
- Amorphe
- Cristal
- Cubique à faces centrées (cfc)
- Cubique centré (cc)
- Cubique simple (cs)
- Diamant
- Formes allotropiques
- Fullerène
- Graphène
- Graphite
- Liquide visqueux
- Maille élémentaire
- Minéral
- Nanotube
- Roche
- Structure cristalline
- Substance inorganique
- Type cristallin
- Verre

LE SCHÉMA IMPORTANT À RETENIR

Masses volumiques et structures cristallines

	Graphite	Diamant
Échantillon macroscopique d'un cristal		
Formule chimique	C	C
Disposition des atomes (structure cristalline)	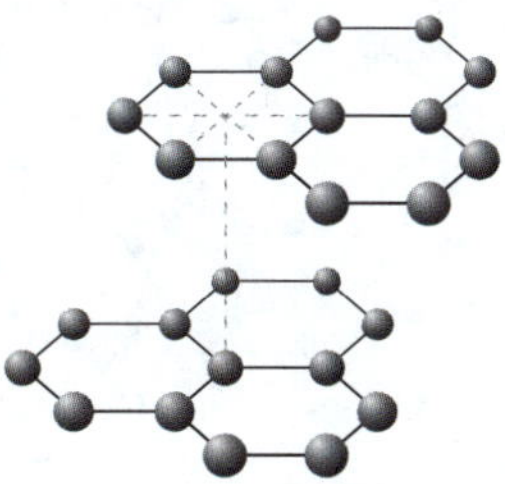	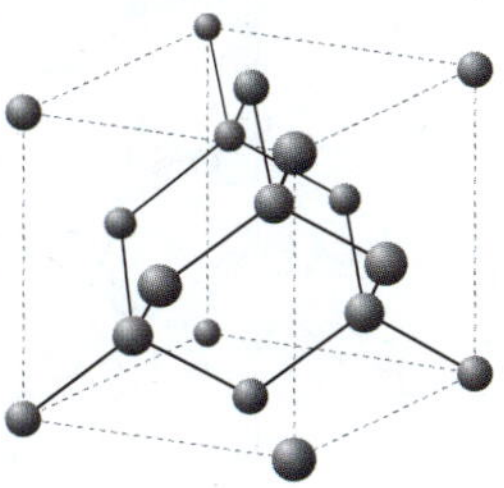
Masse volumique	2,1 $kg \cdot L^{-1}$	3,5 $kg \cdot L^{-1}$

Quiz

1. Le chlorure de sodium est constitué d'ions sodium et d'ions chlorure bien ordonnés.
☐ Vrai ☐ Faux

2. Le cristal est la répétition d'un motif 3D appelé maille élémentaire.
☐ Vrai ☐ Faux

3. La masse volumique d'un cristal est une propriété microscopique.
☐ Vrai ☐ Faux

4. Seuls les composés inorganiques ont des structures cristallines.
☐ Vrai ☐ Faux

5. Un solide amorphe n'a pas de structure cristalline.
☐ Vrai ☐ Faux

6. Les verres sont des solides amorphes.
☐ Vrai ☐ Faux

→ Réponses p. 35

Distinguer des édifices ordonnés et des édifices désordonnés

Énoncé

Le schéma ci-dessous présente deux assemblages d'atomes de silicium (Si) et d'oxygène (O) dans des roches magmatiques.

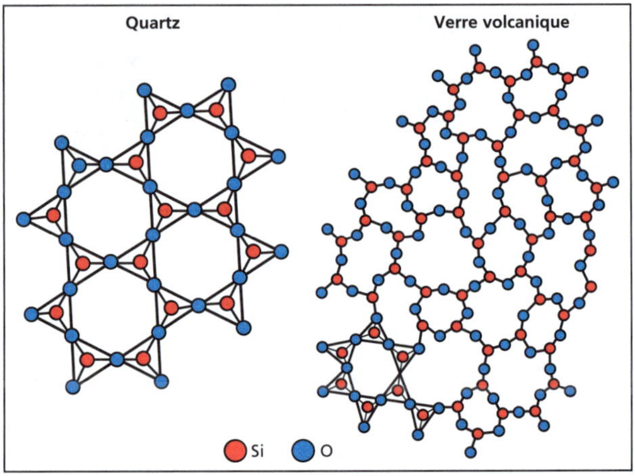

1. Décrivez l'organisation des assemblages d'atomes dans le quartz et dans le verre volcanique en utilisant les termes : « cristal » et « amorphe ».

2. D'après vos connaissances, expliquez comment des atomes identiques présents dans le magma ont pu s'assembler de manière différente au moment de sa solidification en roche.

3. Définissez les termes de maille, cristal et roche.

4. Recherchez sur Internet les informations nécessaires pour placer sur une échelle de taille : maille, cristal et roche.

MÉTHODE

- Indiquer quelle forme géométrique se répète dans le quartz.
- Comparer la structure microscopique du quartz et celle du verre volcanique.
- Relire le cours du chapitre 2 pour se rappeler les définitions demandées.
- Rechercher les ordres de grandeur de taille d'une maille, d'un cristal et d'une roche.

Corrigé

1. Dans le quartz, les atomes d'oxygène et de silicium sont assemblés de manière ordonnée sous forme de tétraèdres dans lesquels les atomes d'oxygène sont au sommet et l'atome de silicium au centre. Les tétraèdres sont attachés entre eux de manière régulière. Ces motifs atomiques répétitifs forment un réseau cristallin caractéristique : il s'agit d'un cristal de quartz. Dans le verre, on observe quelques tétraèdres mais la plupart des atomes d'oxygène et de silicium sont attachés entre eux de manière désordonnée sans donner de forme particulière : c'est une structure amorphe.

2. Le magma est un mélange de roche en fusion et de gaz. Les ions sont donc présents dans une phase liquide. Lors d'un refroidissement rapide, quand le magma arrive en surface, il passe brutalement à l'état solide et les ions sont assemblés de manière désordonnée en formant du verre volcanique.
Lors d'un refroidissement plus lent, dans les profondeurs de la Terre, le magma se solidifie lentement. On dit qu'il cristallise, car les ions en solution s'assemblent de manière ordonnée et régulière sous forme de cristaux.

3. Une maille est un motif élémentaire de forme géométrique dans laquelle les ions, les atomes ou les molécules occupent des positions précises.
Un cristal est une structure dans laquelle des mailles élémentaires se répètent de manière régulière.
Une roche est un assemblage de minéraux dont tout ou partie est sous forme de cristaux.

4. L'échelle de taille peut être schématisée de la manière suivante.

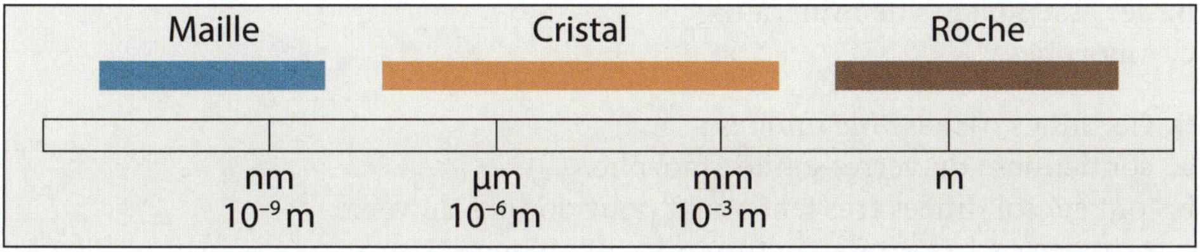

Vérification des connaissances

Pour chaque question ou affirmation, il y a entre 0 et 3 bonnes réponses.

1. Un cristal est :
a. toujours minéral.
b. toujours organique.
c. parfois minéral.

2. L'état cristallin se caractérise par :
a. la répétition régulière de mailles.
b. l'état liquide.
c. la présence de chlorure de calcium.

3. En termes d'échelle, les classements suivants correspondent à des organisations spatiales de plus en plus importantes :
a. maille < cristal < roche < minéral.
b. maille < cristal < minéral < roche.
c. maille < minéral < cristal < roche.

4. La masse volumique dépend :
a. de la taille de l'arête du réseau cubique.
b. de la masse molaire des entités constituant la maille.
c. du type cristallin.

5. Les roches sont :
a. entièrement cristallines.
b. des assemblages de minéraux.
c. amorphes.

6. Certaines roches volcaniques :
a. contiennent du verre, solide amorphe.
b. ont été solidifiées très lentement pour donner du verre.
c. sont des roches sans structure microscopique.

7. Les solides amorphes :
a. correspondent à un type cristallin à part entière.
b. correspondent à un empilement d'entités sans ordre géométrique.
c. sont en général de la famille des verres.

Entraînement

1 Le verre

Exploitation d'un document

Le verre est un mélange composé majoritairement de silice SiO_2, qui est le constituant principal du sable.

Doc. **Description du verre**

Le verre est un solide amorphe, car les entités qui le constituent sont disposées de façon totalement désordonnée. L'analyse microscopique, appelée aussi analyse nanoscopique, de la silice montre en effet que les atomes de silicium Si et d'oxygène O ne sont pas organisés suivant un ordre géométrique.

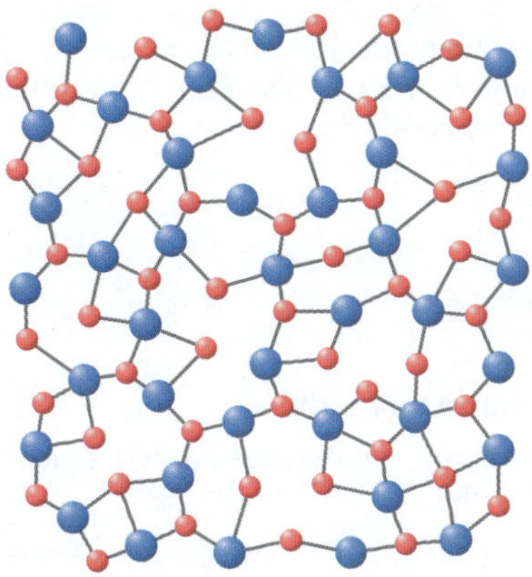

Structure microscopique de la silice
Les atomes de silicium sont représentés par des boules indéformables bleues et les atomes d'oxygène par des boules indéformables rouges.

QUESTIONS

1. a. Expliquer pourquoi l'analyse microscopique des atomes est aussi appelée analyse nanoscopique.

b. Indiquer si l'analyse microscopique d'une cellule peut elle aussi être appelée analyse nanoscopique. Justifier la réponse.

2. Indiquer si le verre est un solide cristallin. Justifier la réponse.

2 Le sel de cuisine

Exploitation de documents et argumentation

Le sel de cuisine, appelé aussi chlorure de sodium, est un solide ionique. Il peut se former lors de l'évaporation de l'eau de mer dans des marais salants par exemple.

Doc. 1 **Description macroscopique du sel de cuisine**

À l'échelle macroscopique, le chlorure de sodium constituant le sel de cuisine se trouve sous forme de cristaux, ayant souvent une forme cubique.

Cristaux de chlorure de sodium

Doc. 2 **Description microscopique du sel de cuisine**

À l'échelle microscopique, le chlorure de sodium constituant le sel de cuisine est décrit par une maille de forme cubique, se répétant un très grand nombre de fois. Pour représenter cette maille, les ions peuvent être modélisés par des boules indéformables.

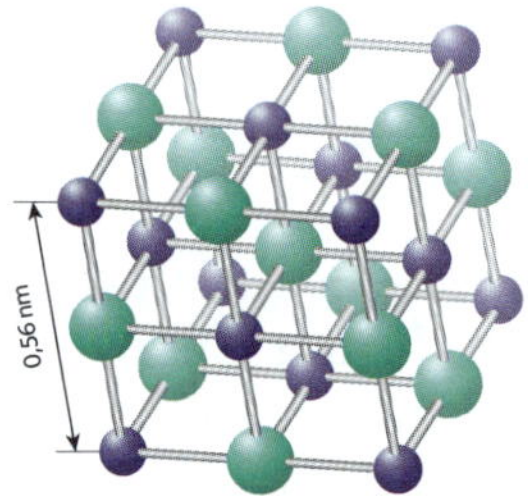

Structure du chlorure de sodium

Les ions chlorure sont représentés en vert et les ions sodium en violet.

Doc. 3 **Premières descriptions microscopiques du sel de cuisine**

En 1913, le scientifique britannique William Henry Brag (1862-1942) décrit la structure cubique du chlorure de sodium constituant le sel de cuisine. Il montre que les ions chlorure et les ions sodium sont organisés régulièrement, comme l'avait prévu deux siècles plus tôt le minéralogiste français René-Just Haüy (1743-1822), fondateur de la cristallographie géométrique. Pour cela, William Henry Brag fonde une nouvelle discipline : l'analyse par rayons X des structures cristallines.

QUESTIONS

1. Expliquer en quelques phrases pourquoi certaines découvertes scientifiques peuvent mettre plusieurs siècles pour être confirmées.

2. Indiquer si le sel de cuisine est un solide cristallin. Justifier la réponse.

Quiz

1 Vrai. Le chlorure de sodium est un cristal dont les constituants ioniques sont bien ordonnés.

2 Vrai. La maille élémentaire est le motif 3D d'un cristal.

3 Faux. La masse volumique est une propriété macroscopique d'un cristal, mais elle peut se calculer à partir d'une maille élémentaire.

4 Faux. Les composés organiques (coquilles, squelette…) et les composés inorganiques (cristaux) peuvent avoir des structures cristallines.

5 Vrai. Par définition d'un composé amorphe, ce n'est pas un cristal. Ces constituants ne présentent aucun ordre.

6 Vrai. Les verres sont des solides amorphes, mais ce ne sont pas les seuls.

Vérification des connaissances

1 c. Vrai. Un cristal est parfois minéral et parfois organique.

2 a. Vrai. L'état cristallin se caractérise par la répartition régulière de mailles mais ni par son état liquide, ni par la présence de chlorure de calcium.

3 b. Vrai. L'organisation spatiale du microscopique au macroscopique correspond à : maille < cristal < minéral < roche.

4 a., b. et **c. Vrai.** La masse volumique est la masse des entités constituant la maille (qui dépend de la masse molaire et du nombre effectif d'entités) divisée par le volume de la maille (qui dépend de la taille de l'arête). Le type cristallin intervient en particulier sur le nombre effectif d'entités dans une maille.

5 b. Vrai. Les roches sont des assemblages de minéraux mais elles ne sont ni entièrement cristallines, ni forcément amorphes.

6 a. et **c. Vrai.** Certaines roches volcaniques sont sans structure microscopique : leur refroidissement rapide (**b. Faux**) a permis d'obtenir des roches de type verre, exemple courant de solide amorphe.

7 **b.** et **c. Vrai.** Un solide amorphe n'a pas de structure cristalline (**a. Faux**) : les entités qui le composent sont empilées sans ordre géométrique. Un exemple très courant de solide amorphe est le verre.

Entraînement

1 Le verre

1. a. L'analyse microscopique des atomes est aussi appelée analyse nanoscopique, car l'**ordre de grandeur** de la dimension d'un atome **n'est pas le micromètre**, mais plutôt le dixième de nanomètre.

b. L'analyse microscopique des cellules ne peut pas être appelée analyse nanoscopique, car l'**ordre de grandeur** des plus petites cellules **est le micromètre** et non le nanomètre.

2. Le verre n'est **pas un solide cristallin**. C'est un solide amorphe, car les atomes qui le constituent ne sont **pas organisés régulièrement**.

> **Remarque**
> L'échelle nanométrique est l'échelle des entités dont l'ordre de grandeur va du dixième de nanomètre à la dizaine de nanomètres : 1 nm = 1×10^{-9} m.

2 Le sel de cuisine

1. Certaines découvertes scientifiques peuvent mettre **plusieurs siècles pour être confirmées**. Par exemple, René-Just Haüy (1743-1822), le fondateur de la cristallographie géométrique, avait prévu dès le XVIIIe siècle la régularité de l'organisation des entités constituant les cristaux, mais il n'avait pas à l'époque le matériel nécessaire pour prouver son affirmation. Il a alors fallu attendre les **avancées technologiques** du XXe siècle et l'invention des rayons X pour avoir la **confirmation expérimentale** de cette affirmation.

2. Le sel de cuisine est un **solide cristallin**, car les ions qui le constituent **sont organisés régulièrement**.
Par exemple, des cristaux peuvent être décrits par :
– un **réseau cubique simple**, pouvant être représenté en perspective cavalière :

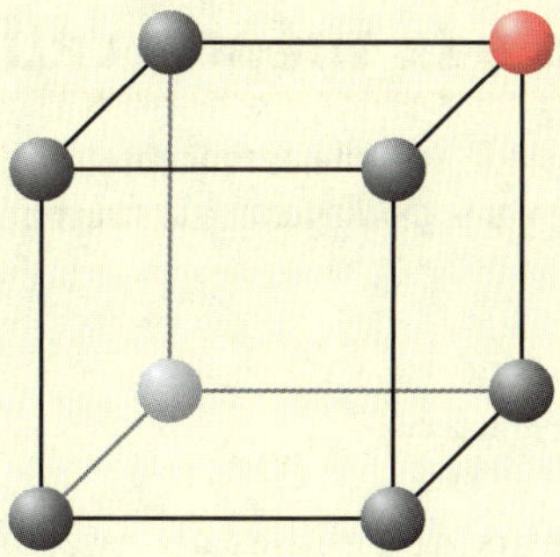

– un **réseau cubique à faces centrées**, pouvant être représenté en perspective cavalière :

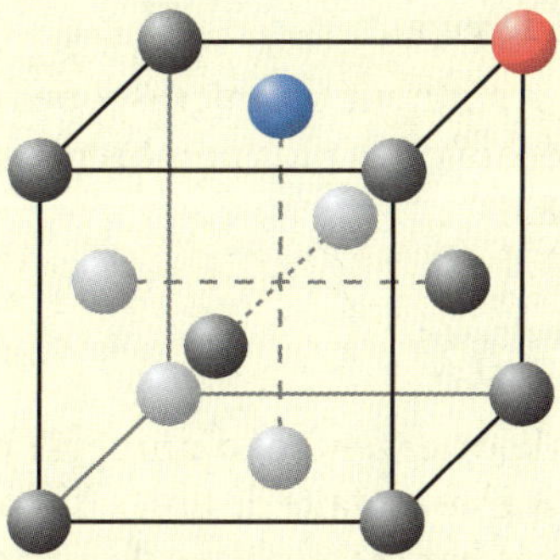

L'astuce du prof
La perspective cavalière permet de représenter en deux dimensions un solide à trois dimensions.

CHAPITRE 3

Une structure complexe, la cellule vivante

1 De l'observation à la théorie cellulaire

De quoi s'agit-il ? Dès le XVIIe siècle, les cellules sont observées, mais il faut attendre plus de deux siècles pour qu'on considère une cellule comme la structure élémentaire commune à tous les êtres vivants.

1 Premières observations

• Les premières observations de cellules au microscope sont réalisées entre 1660 et 1665 par A. van Leeuwenhoek (1632-1723), drapier à Delft (Hollande), et R. Hooke (1635-1702), physicien, astronome et naturaliste anglais (**Doc. 1**).

• Tous deux traduisent leurs observations par des dessins d'une grande précision. Néanmoins, personne à l'époque ne comprend que les cellules représentées constituent l'unité élémentaire du monde vivant.

• Peu à peu, l'amélioration du pouvoir séparateur du microscope rend les observations de plus en plus précises et les découvertes plus nombreuses, comme celle du noyau cellulaire, par R. Brown en 1831.

2 Émergence de la théorie cellulaire

• Dès la fin du XVIIIe siècle, différentes théories tentent d'unifier le monde vivant. Les unes prétendent que toute matière vivante est faite de fibres (théorie fibrillaire), d'autres que les organismes sont constitués par l'assemblage de micro-organismes. Aucune ne fait néanmoins l'unanimité.

• En 1839, le botaniste M. J. Schleiden et le zoologiste T. Schwann, après observation de nombreux êtres vivants, simples ou complexes, affirment que « la cellule est l'unité structurale et fonctionnelle des plantes et des animaux » et que « tous les organismes sont faits de petites unités : les cellules ». On conçoit alors la cellule comme une entité séparée du milieu extérieur par une membrane (**Doc. 2**).

• En 1855, le médecin allemand R. Virchow déclare que toute cellule provient d'une autre cellule. Ce dernier principe de la théorie cellulaire sera confirmé en 1862 par L. Pasteur qui démontre que la génération spontanée n'existe pas.

Doc. 1 Microscope de Hooke et dessin d'observation de cellule de Liège

En 1665, R. Hooke observe au microscope un fragment de liège dans lequel il voit de petites cavités qu'il nomme cellules (*cellula* en latin désigne la petite chambre des moines).

Doc. 2 Cellules d'épiderme d'oignon (a) et d'épiderme de grenouille (b) (MO × 100)

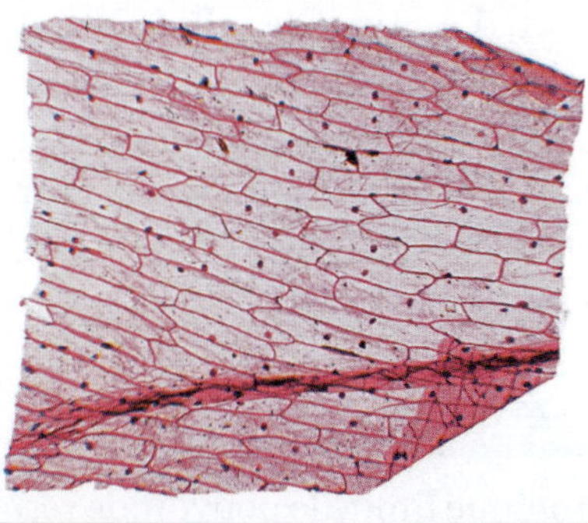

(a)

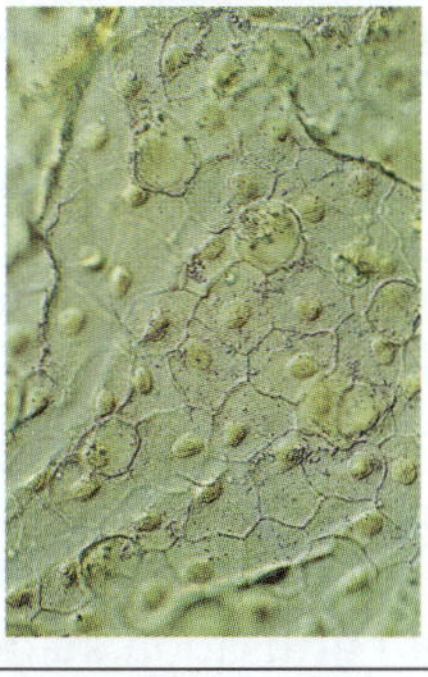

(b)

Vocabulaire

Pouvoir séparateur (ou de résolution) : distance minimale qui doit exister entre deux points pour qu'ils puissent être observés distinctement l'un de l'autre.

Unité structurale : élément de base dont la structure est commune à tous les êtres vivants. Ainsi, toutes les cellules sont composées d'une membrane limitant un cytoplasme.

Unité fonctionnelle : élément de base capable d'assurer de façon autonome certaines fonctions.

Génération spontanée : théorie selon laquelle la matière inerte peut donner spontanément naissance à des êtres vivants.

2 Techniques d'observation

De quoi s'agit-il ? Progressivement, l'étude des cellules est facilitée par l'emploi de techniques et d'instruments de plus en plus perfectionnés.

1 Des méthodes d'étude diversifiées

- Au cours du XIXe siècle, le pouvoir séparateur du microscope passe de 10 à 0,25 micromètre, soit une amélioration de 40 fois, ce qui permet des observations plus précises de la cellule.
- Avec la fabrication des micromètres, des lames de verre finement graduées, il devient possible de mesurer la taille des objets observés et ainsi d'établir des comparaisons et des échelles. Une bactérie par exemple (procaryote) mesure environ 5 µm contre quelques dizaines de micromètres pour les cellules eucaryotes.
- L'invention du microtome, vers 1860, facilite la réalisation de coupes fines des tissus animaux ou végétaux, rendues ainsi transparentes et mieux observables. L'étude des cellules en place dans leur tissu s'en trouve améliorée.
- Le développement de la chimie dans la deuxième moitié du XIXe siècle permet la mise au point de colorants spécifiques aux structures cellulaires : noyau, cytoplasme, paroi… Les détails sont révélés et, d'un type de cellule à l'autre, on peut établir des parallèles.
- L'utilisation de colorants spécifiques d'un constituant cellulaire, comme l'eau iodée pour l'amidon, permet pour la première fois de faire le lien entre organites et composition moléculaire : les chloroplastes sont colorés en brun par l'eau iodée, ils contiennent donc de l'amidon (**Doc. 1**).

2 Invention du microscope électronique

- Mais l'utilisation du microscope photonique limite le pouvoir de résolution, car celui-ci dépend de la longueur d'onde du faisceau utilisé. L'invention du microscope électronique, dans lequel les électrons bombardent la préparation à la place des photons, offre de nouvelles images (**Doc. 2**) jusqu'alors inimaginables. Le détail de la structure des chloroplastes devient visible. D'autres organites comme les mitochondries sont observables. En effet, alors qu'avec un microscope optique, on atteint difficilement un grossissement de 1 500, le microscope électronique peut dépasser la centaine de milliers de fois.
- Cette invention annonce les progrès spectaculaires qui seront réalisés à partir de la deuxième moitié du XXe siècle.

Doc. 1 Cellules végétales (élodée) après coloration à l'eau iodée (microscope optique × 400)

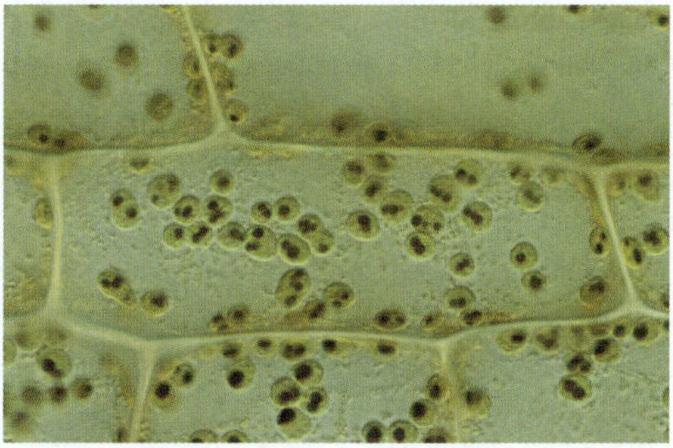

Doc. 2 Cellule végétale (microscope électronique × 7000)

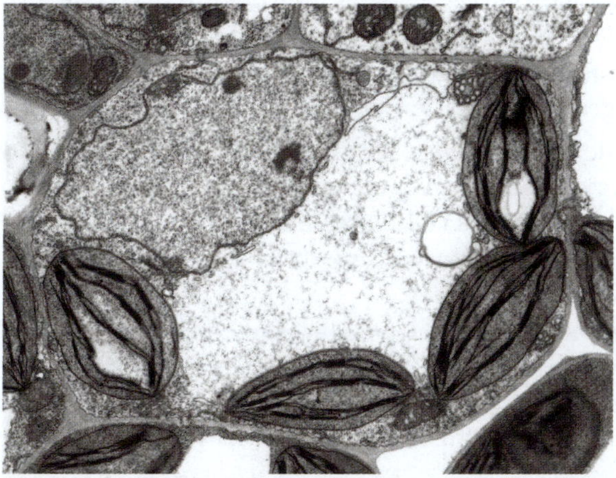

Vocabulaire

Micromètre : appareil utilisé pour mesurer des dimensions microscopiques. C'est aussi une unité de longueur qui correspond à 10^{-6} mètre, soit un millionième de mètre (symbole µm).

Microtome : lame montée sur un support et dont la position peut être réglée avec une grande précision pour réaliser des coupes très fines.

Organite : compartiment cellulaire limité par une membrane et assurant un rôle spécifique (chloroplaste, mitochondrie, appareil de Golgi…).

Microscope photonique (ou optique) : instrument d'optique qui, grâce à deux lentilles (un objectif et un oculaire) donne une image agrandie d'un objet sur lequel la lumière est concentrée par un condensateur.

3 Ultrastructure cellulaire

De quoi s'agit-il ? Le microscope électronique a permis l'exploration de l'intérieur de la cellule et la compréhension du lien entre les échelles moléculaire et cellulaire.

1 Étude des organites cellulaires

- La découverte des organites cellulaires remonte au XIXe siècle (noyau en 1831) mais le développement de la microscopie électronique dans la deuxième moitié du XXe siècle permet de comprendre leur structure et leur fonctionnement, notamment pour ceux intervenant dans la synthèse et le stockage de constituants.
- Ainsi sont mises en évidence dans le cytoplasme des inclusions, c'est-à-dire des concentrations de molécules, signes d'un trafic cellulaire entre le réticulum endoplasmique, l'appareil de Golgi, le cytoplasme et la membrane plasmique (**Doc.**).
- On comprend mieux aussi à cette époque les différences entre cellules animales et végétales, grâce aux caractéristiques spécifiques de ces dernières : une paroi cellulosique servant de squelette externe, des chloroplastes, lieu de photosynthèse, une vacuole de grande taille, lieu de stockage d'eau et de substances dissoutes.
- Mais, au-delà de ces différences, le microscope électronique montre la profonde unité cellulaire, avec la mise en évidence de constituants semblables d'une cellule à l'autre. Il confirme ainsi la cellule comme unité de structure et de fonction des êtres vivants et valide la théorie cellulaire.

2 De l'échelle cellulaire à l'échelle moléculaire

- Le développement du microscope électronique permet de faire le lien entre l'échelle moléculaire et l'échelle subcellulaire, celle des organites.
- Dans le noyau, une partie de l'ADN est condensée (hétérochromatine) et ne s'exprime pas, contrairement à l'autre partie, décondensée (euchromatine).
- Les pores de l'enveloppe nucléaire permettent le transfert d'information génétique dans le cytoplasme sous la forme d'un messager (ARN messager). Celui-ci se retrouve associé aux ribosomes, eux-mêmes fixés sur le réticulum endoplasmique, où il sera traduit en protéines. Ces dernières pourront alors transiter dans un système de canaux membranaires (réticulum, appareil de Golgi, vésicules).

Doc. **Organisation d'une cellule végétale (vue au microscope électronique)**

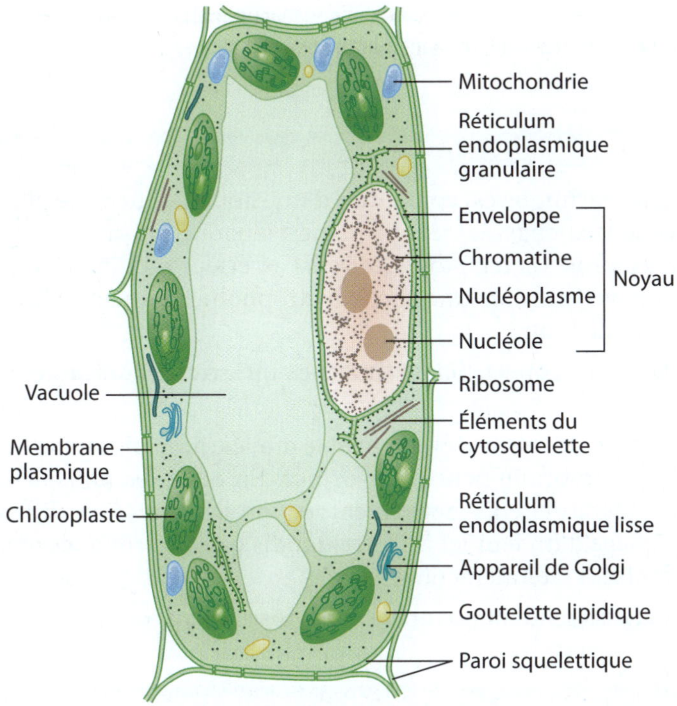

Vocabulaire

Réticulum endoplasmique : ensemble de canaux membranaires assurant le transit de molécules au sein de la cellule.

Appareil de Golgi : ensemble de sacs membranaires aplatis permettant le transfert, le tri et la transformation de molécules.

Paroi cellulosique : enveloppe rigide et perméable qui double extérieurement la membrane plasmique des cellules végétales.

Enveloppe nucléaire : double membrane percée de pores limitant le noyau cellulaire.

Ribosome : particule qui, en assurant le décodage de l'information génétique, participe à la synthèse des protéines.

4 Les échanges cellulaires

De quoi s'agit-il ? La cellule vivante est un milieu réactionnel qui établit des relations avec le milieu extérieur par l'intermédiaire de la membrane plasmique.

1 Une structure stable entre milieux intra et extra cellulaire

- La membrane plasmique est constituée d'une double couche de phospholipides dans laquelle sont enchâssées des protéines. Chaque phospholipide comprend une partie hydrophile (la tête) tournée vers l'extérieur ou l'intérieur de la cellule (les zones aqueuses) ainsi qu'une partie hydrophobe (la queue). Ces dernières se font face, à l'abri de l'eau.
- Les protéines sont superficielles (internes ou externes) ou intégrées dans la membrane.
- En 1972, Singer et Nicolson développent le modèle de la mosaïque fluide (**Doc. 1**), selon lequel la membrane peut se déformer. En effet, les phospholipides sont capables d'effectuer différents mouvements en son sein : rotation, diffusion latérale et flip flop (passage d'un feuillet à l'autre) tandis que les protéines membranaires peuvent s'y déplacer latéralement.
- Ces déformations rendent possible l'exocytose (**Doc. 2**) comme l'endocytose.

2 Un contrôle des échanges et de la communication

- La membrane plasmique permet le passage de certaines substances chimiques tout en assurant la stabilité de la composition du milieu intracellulaire.
- Certaines substances (l'O_2, le CO_2, des ions) peuvent entrer ou sortir de la cellule par diffusion passive : elles se déplacent du milieu où leur concentration est élevée vers celui où la concentration est faible, de façon à établir un équilibre des concentrations dans les deux milieux. Selon le phénomène d'osmose, l'eau entre ou sort de la cellule de la même façon.
- Ces échanges peuvent se faire à travers la bicouche lipidique (pour les gaz) ou par l'intermédiaire de pores protéiques et de protéines « canal » transmembranaires. Des molécules comme le glucose pénètrent dans la cellule par l'intermédiaire de protéines spécifiques appelées transporteurs. Ces transporteurs les font passer rapidement d'une face à l'autre de la membrane : il s'agit alors de diffusion facilitée.
- Des transports actifs nécessitant de l'énergie sont également assurés par des protéines qui jouent le rôle de pompes. Ceux-ci permettent le maintien de concentrations de solutés différentes de part et d'autre de la membrane.

- Enfin exocytose et endocytose permettent l'entrée ou la sortie d'éléments emballés dans des vésicules membranaires (produits de sécrétion, toxines...). Ce processus est utilisé par les virus pour injecter leur contenu dans la cellule et pour en sortir une fois multipliés à l'intérieur de celle-ci. En effet ceux-ci, bien que pourvus d'une membrane semblable à la membrane plasmique, n'établissent pas d'échanges avec l'environnement et n'ont pas la capacité de se reproduire indépendamment d'une cellule hôte.
- Par ailleurs, la membrane plasmique assure un rôle dans la communication entre cellules, les signaux échangés entre cellules étant indispensables au fonctionnement coordonné de l'organisme. Des récepteurs moléculaires (protéiques), présents à la surface de la membrane, sont spécifiques à des molécules porteuses d'information (hormones ou neurotransmetteurs). La fixation de ces messagers chimiques sur leur récepteur déclenche une série de réactions qui entraînent une réponse de la cellule.

Doc. 1 Structure de la membrane plasmique selon le modèle de Singer et Nicholson (mosaïque fluide)

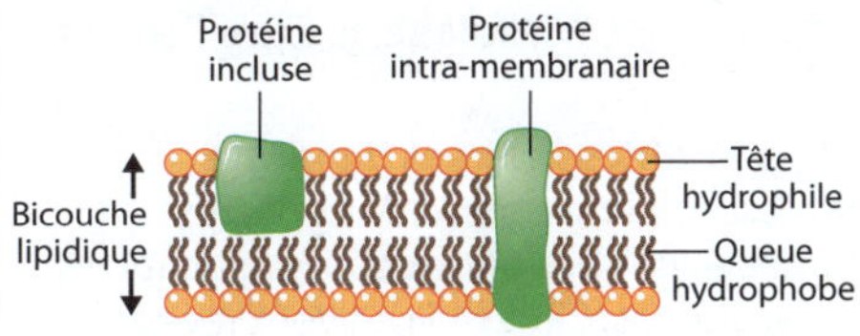

Doc. 2 Exocytose

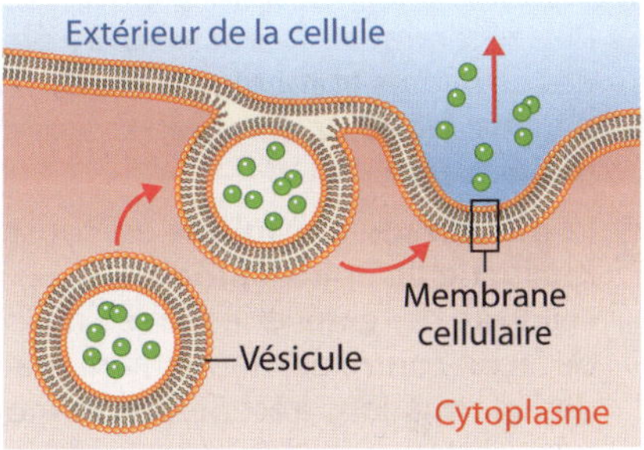

La membrane des vésicules intracytoplasmiques et la membrane plasmique sont de même nature. Elles peuvent fusionner pour permettre l'exportation de substances hors de la cellule.

Vocabulaire

Phospholipides : lipides formés d'un groupement phosphate relié par un glycérol à deux chaînes d'acides gras.

Hydrophile : qui manifeste une affinité pour l'eau, notamment par l'établissement de liaisons hydrogène.

Hydrophobe : qui n'établit pas de liaison avec l'eau, c'est-à-dire qui est repoussé par l'eau ou qui repousse l'eau.

Exo (endo) cytose : sortie (ou entrée) de substances hors de la cellule grâce aux déformations de la membrane.

Osmose : passage d'un solvant au travers d'une membrane, du milieu le moins concentré en soluté vers le milieu le plus concentré

RÉVISION EXPRESS

LES POINTS IMPORTANTS À RETENIR

- L'invention du microscope a permis les premières observations de cellules. La découverte de structures semblables chez de nombreux organismes a débouché sur une théorie unificatrice : la **théorie cellulaire**.
- Selon cette théorie, la cellule constitue l'unité du monde vivant : **tous les êtres vivants** sont constitués de cellules présentant des **caractéristiques communes**. Ce sont des **espaces clos**, séparés de l'extérieur par une **membrane**. Chaque cellule est douée d'un **fonctionnement autonome** et provient d'une autre cellule.
- Avec l'amélioration des techniques et des instruments d'observation, les connaissances sur les caractéristiques structurales et fonctionnelles des cellules se précisent, avec notamment la découverte des **organites**, dont certains différencient cellules végétales et animales. Grâce à l'emploi de **colorants** spécifiques, la composition chimique de constituants cellulaires est déterminée.
- Plus récemment, le **microscope électronique** a permis l'observation détaillée des organites et même de grosses molécules, comme l'ARN ou des protéines. Il a ainsi facilité la compréhension du fonctionnement cellulaire, jusqu'à l'**échelle moléculaire**.
- La **membrane plasmique** est constituée **de protéines** insérées dans une **bicouche de lipides fluide.** Elle a pour rôle essentiel de séparer le contenu cellulaire de l'extérieur, tout en maintenant des échanges et des communications, de façon contrôlée, notamment grâce à ses protéines. Celles-ci peuvent recevoir des informations (récepteurs hormonaux), jouer le rôle de canaux ou de transporteurs.

Vidéo

LES MOTS IMPORTANTS

- Bicouche lipidique
- Colorant
- Hydrophile
- Hydrophobe
- Membrane plasmique
- Microscope électronique
- Microscope optique
- Mosaïque fluide
- Organite
- Protéine membranaire
- Théorie cellulaire
- Unité fonctionnelle
- Unité structurale

LE SCHÉMA IMPORTANT À RETENIR

La cellule, unité du monde vivant

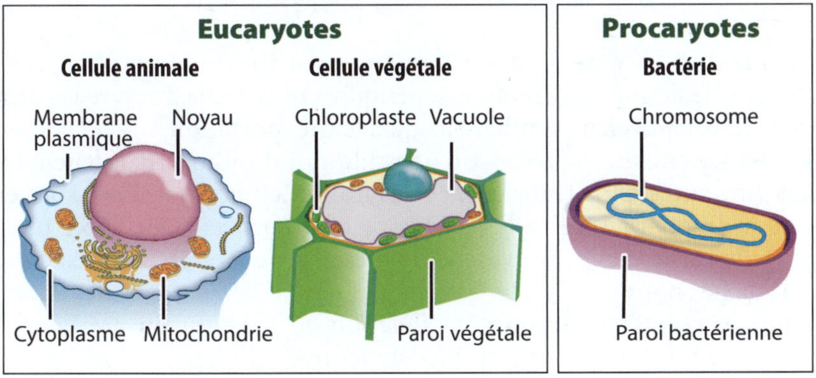

La membrane plasmique

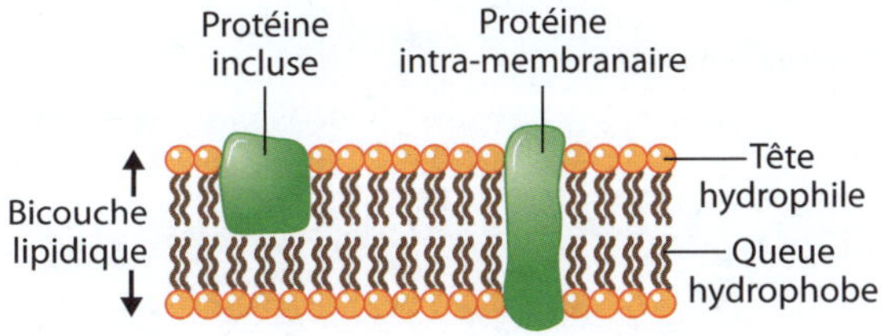

QuiZ

1. La découverte de l'unité cellulaire est liée à l'invention du microscope.
☐ Vrai ☐ Faux

2. Énoncez les trois principes de la théorie cellulaire.

3. La membrane plasmique est constituée d'une couche de phospholipides et de protéines.
☐ Vrai ☐ Faux

4. Le microscope électronique permet d'observer certaines molécules.
☐ Vrai ☐ Faux

5. Les ribosomes sont visibles au microscope optique.
☐ Vrai ☐ Faux

→ Réponses p. 54

Étudier le transport intracellulaire des protéines

ÉNONCÉ

La cellule réalise la synthèse de ses protéines par l'assemblage d'acides aminés sous le contrôle de son information génétique. On cherche à suivre les protéines dans la cellule depuis leur synthèse jusqu'à leur exportation.
Des cellules sont mises en présence d'un acide aminé radioactif, la leucine tritiée, pendant 3 minutes, puis transférées dans un milieu normal. Elles sont ensuite prélevées à différents intervalles de temps et préparées pour subir une autoradiographie : celle-ci met en évidence la présence de protéines radioactives sous forme de taches noires.
Le document ci-dessous traduit, en fonction de l'instant du prélèvement, les variations de radioactivité de certaines structures cellulaires (« lumière » : extérieur de la cellule).

Doc. Variations de radioactivité de certaines structures cellulaires

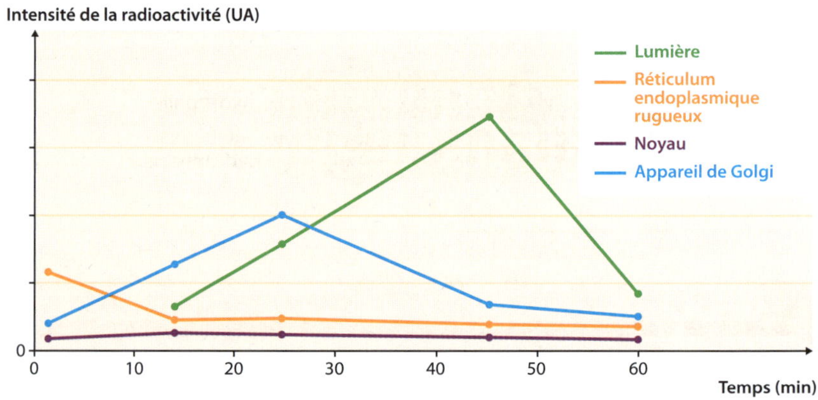

1. Construisez un tableau pour récapituler les variations de la radioactivité au cours du temps (toutes les 10 minutes) dans les différents compartiments. (Vous utiliserez des flèches ascendantes, descendantes, ou des tirets selon que l'intensité de la radioactivité augmente, diminue, ou reste constante).

2. Expliquez les résultats observés pour le noyau.

3. Utilisez les résultats réunis dans le tableau pour retracer le parcours des protéines dans la cellule après leur synthèse.

MÉTHODE

- Il faut savoir que l'autoradiographie est précédée d'un lavage qui élimine les petites molécules (comme les acides aminés). Seuls les acides aminés intégrés dans de grosses molécules (les protéines) sont conservés et peuvent être visibles à l'autoradiographie.
- Ainsi, l'intensité de la radioactivité mesurée dans chaque compartiment cellulaire correspond à une quantité de protéines présente dans ce compartiment à un moment donné.

CORRIGÉ

1.

t (min) / Localisation	0-10	10-20	20-30	30-40	40-50	50-60
Réticulum	↘	↘	–	–	–	–
Golgi	↗	↗	↗ puis ↘	↘	↘	↘
Noyau	–	–	–	–	–	–
Extérieur de la cellule	–	↗	↗	↗	↗ puis ↘	↘

2. La radioactivité est nulle dans le noyau et le reste. Il n'y a donc pas d'assemblage des acides aminés dans le noyau pour former des protéines. La synthèse des protéines a lieu dans le cytoplasme seulement.

> **Réflexe à avoir**
> Identifiez le compartiment où la radioactivité est la plus importante au début de l'expérience.

3. La radioactivité est dans un premier temps présente dans le réticulum endoplasmique rugueux : c'est donc à ce niveau que sont synthétisées les protéines. Puis l'intensité de la radioactivité diminue dans le réticulum, tandis qu'elle augmente dans l'appareil de Golgi : les protéines synthétisées au niveau du réticulum sont donc transférées dans l'appareil de Golgi.
Enfin, l'intensité de la radioactivité augmente dans la lumière, tandis qu'elle diminue progressivement dans le Golgi : les protéines sont donc ensuite exportées hors de la cellule.

Vérification des connaissances

Pour chaque question ou affirmation, il y a entre 0 et 3 bonnes réponses.

1. Les premières observations de cellules :
a. sont réalisées au XVIIIe siècle.
b. sont effectuées au microscope.
c. permettent l'élaboration de la théorie cellulaire.

2. Selon la théorie cellulaire :
a. tous les êtres vivants sont constitués de cellules.
b. toutes les cellules possèdent un noyau.
c. une cellule provient d'une autre cellule.

3. Les phospholipides membranaires :
a. possèdent une queue hydrophile.
b. forment une bicouche.
c. sont pris en sandwich entre deux couches de protéines.

4. La taille d'une bactérie :
a. est de l'ordre du millimètre.
b. est de l'ordre du micromètre.
c. est de l'ordre du millionième de mètre.

5. Un organite :
a. est limité par une membrane.
b. n'est visible qu'au microscope électronique.
c. est un compartiment intracellulaire.

6. La membrane plasmique :
a. est une structure stable.
b. est capable de fluidité.
c. est perméable aux graisses et imperméable à l'eau.

7. Le microscope électronique :
a. permet de grossir 100 000 fois.
b. utilise la lumière blanche comme le microscope photonique.
c. permet d'observer les détails des organites.

Entraînement

1 La membrane plasmique, une mosaïque fluide

Exploitation de document

La surface des membranes des cellules animales se modifie pour former des expansions (les pseudopodes) lors du déplacement ou de l'ingestion de particules. Une expérience réalisée en 1970 par L. D. Frye et M. Edidin a permis de comprendre un des mécanismes à l'origine de cette fluidité membranaire.
Ils ont utilisé deux types de cellules : des cellules humaines et des cellules de souris. Chacune de ces cellules a été préalablement marquée de façon sélective par fixation d'anticorps sur leurs protéines membranaires. Les cellules humaines ont été marquées avec un anticorps de rhodamine (rouge), celles de souris avec un anticorps de fluorescence (vert). À l'aide d'un virus, L. D. Frye et M. Edidin ont ensuite obtenu un hétérocaryon formé par la fusion des deux types de cellules.
Les hétérocaryons sont ensuite incubés à 37 °C. Au cours du temps, la répartition des anticorps devient homogène, et la membrane prend l'aspect d'une mosaïque.

Doc. Expérience et résultat

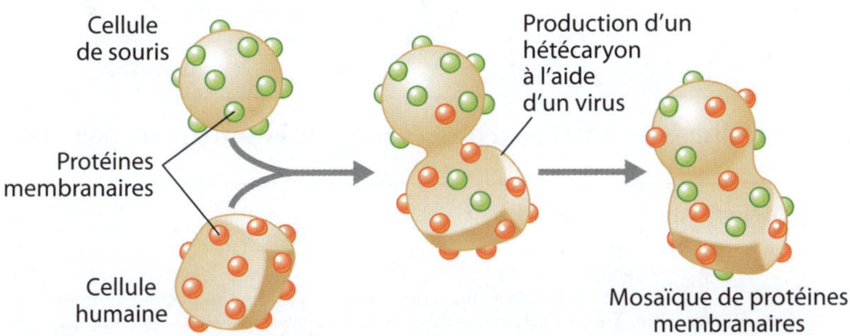

QUESTIONS

1. Indiquez ce que suggère la distribution des anticorps sur la membrane des hétérocaryons à l'issue de l'expérience.

2. Expliquez comment la structure de la membrane est à l'origine de ce phénomène.

3. Quelles sont les conséquences fonctionnelles de la propriété membranaire mise en évidence par cette expérience ?

2 Les microscopes

Exploitation de documents

Le **document 1** permet de comparer le microscope optique et le microscope électronique.

Doc. 1 Deux types de microscopes

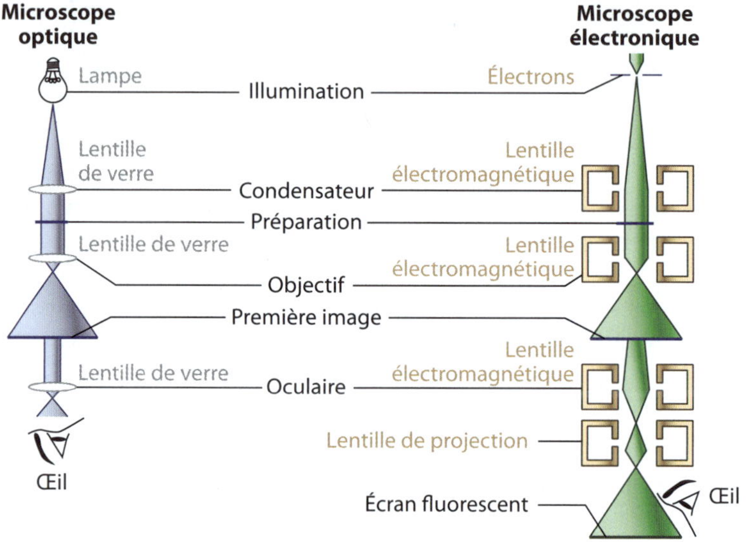

Le **document 2** indique les champs d'observation de ces microscopes.

Doc. 2 Champs d'observation des microscopes

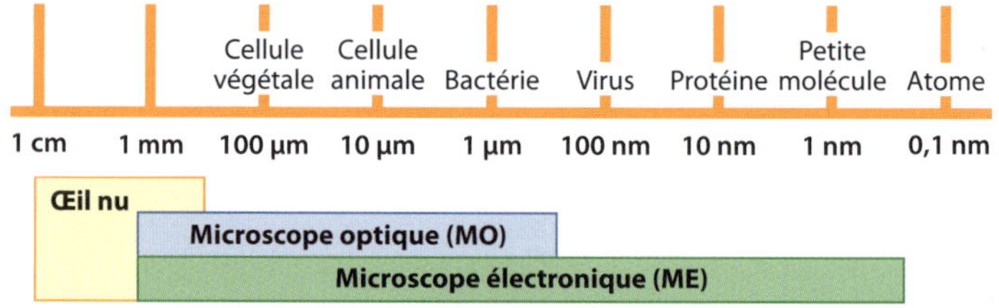

QUESTION

Construisez un tableau comparatif du fonctionnement de ces deux microscopes en indiquant pour chacun : la source de rayonnement, l'optique de transmission, le détecteur de l'image et la résolution (faible ou élevée).

3 Électronographie d'une portion du cytoplasme

Exploitation de document

Grâce au microscope électronique, des aspects de la vie cellulaire comme la synthèse des protéines ont pu être observés de façon effective.

Le **document** suivant est une électronographie d'une portion du cytoplasme d'une cellule.

Doc. Synthèse de protéines dans le cytoplasme

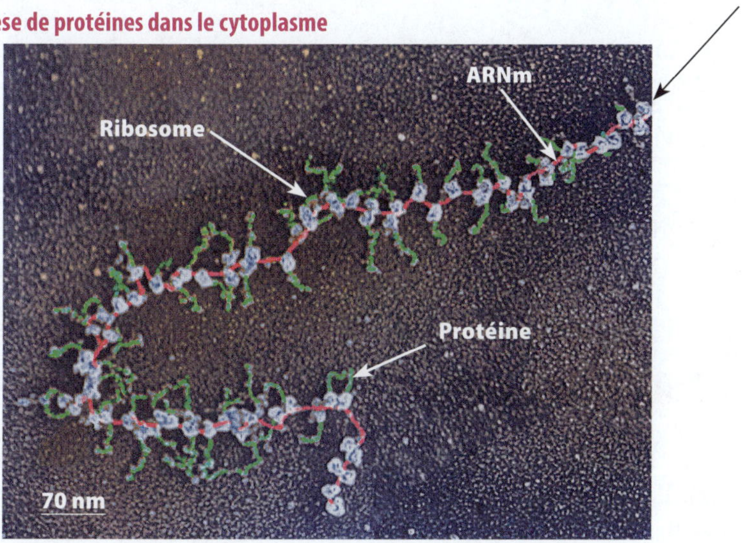

On distingue les ribosomes en bleu, l'ARN messager en rose et les protéines en vert.

QUESTIONS

1. Indiquez comment évolue la taille des protéines de l'extrémité de l'ARNm marquée par la flèche noire à l'autre extrémité.

2. Interprétez alors cette évolution.

3. Sachant que l'ARNm constitue l'information nécessaire à la synthèse des protéines, quel rôle peut-on alors attribuer aux ribosomes ?

4. Représentez par un schéma fonctionnel les différentes informations fournies par l'étude de cette électronographie.

Quiz

1 **Vrai.**

2 Tous les êtres vivants sont constitués de cellules. La cellule constitue l'unité structurale et fonctionnelle du monde vivant. Toutes les cellules proviennent d'autres cellules.

3 **Faux.** La membrane plasmique est constituée de deux couches de phospholipides et de protéines.

4 **Vrai.**

5 **Faux.** Le microscope optique ne permet pas de voir des objets de taille inférieure à 1 µm. Un ribosome est beaucoup plus petit, il mesure environ 20 nm, soit 20×10^{-9} m.

Vérification des connaissances

1 **b. Vrai.** Les premières observations de cellules sont réalisées au XVIIe siècle (**a. Faux**). Personne à l'époque ne comprend que les cellules observées constituent l'unité élémentaire du monde vivant (**c. Faux**).

2 **a.** et **c. Vrai.** Les procaryotes ne possèdent pas de noyau (**b. Faux**).

3 **b. Vrai.** Les phospholipides possèdent une queue hydrophobe (**a. Faux**). Il n'existe pas de couche continue de protéines de part et d'autre des phospholipides, et certaines protéines traversent la bicouche de phospholipides (**c. Faux**).

4 **b.** et **c. Vrai.** (**a. Faux**).

5 **a.** et **c. Vrai.** Les vacuoles et les chloroplastes par exemple sont observables au microscope optique (**b. Faux**).

6 **a.** et **b. Vrai.** La membrane est perméable à l'eau (**c. Faux**).

7 **a.** et **c. Vrai.** Le microscope électronique utilise des électrons et non des photons (**b. Faux**).

Entraînement

1 La membrane plasmique, une mosaïque fluide

1. Les anticorps sont fixés sur des protéines membranaires. Si la répartition des anticorps à la surface de la membrane s'est modifiée, on peut en déduire que les protéines membranaires se sont déplacées à l'intérieur de la membrane.

2. Les protéines membranaires sont donc libres au sein de la bicouche lipidique membranaire. Les lipides sont eux-mêmes capables de se déplacer latéralement.

3. La mobilité des lipides de la membrane lui permet de modifier sa forme. En se déplaçant au sein de la membrane, les protéines membranaires peuvent participer aux échanges de molécules et d'informations entre le milieu extra-cellulaire et le milieu intra-cellulaire.

Réflexe à avoir

Il faut se demander quelles sont les fonctions de la membrane.

2 Les microscopes

	Microscope optique	Microscope électronique
Source de rayonnement	Lumière (photons)	Électrons
Optique de transmission	Lentilles en verre, convergentes	Lentilles électrostatiques et magnétiques
Détecteur de l'image	Œil	Plaque photographique ou écran
Résolution	Faible	Élevée

3 Électronographie d'une portion du cytoplasme

1. La taille des protéines augmente d'un bout à l'autre de la molécule d'ARNm.

2. On peut supposer que leur synthèse débute à un bout de l'ARNm et qu'elle s'achève à l'autre.

3. On peut supposer que les ribosomes se déplacent le long de l'ARNm au fur et à mesure de la synthèse d'une protéine tout en décodant l'information qu'il contient.

4.

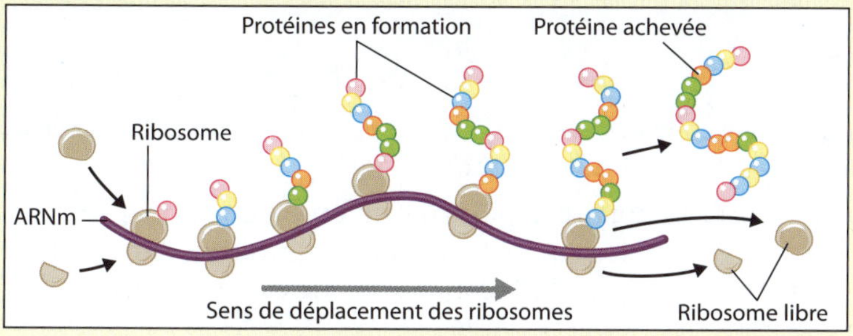

CHAPITRE

4 Le rayonnement solaire

1 Énergie produite par le Soleil

De quoi s'agit-il ? Le Soleil produit de l'énergie à partir des réactions de fusion de l'hydrogène. L'énergie rayonnée par unité de temps, ou puissance solaire rayonnée, permet de déterminer la perte de masse de l'étoile.

1 Énergie et rayonnement solaires

- Le rayonnement solaire est le mode de transfert de l'énergie solaire, c'est-à-dire de l'énergie produite par le Soleil. Il correspond à l'ensemble des ondes électromagnétiques produites par le Soleil : on dit que ce dernier perd donc de l'énergie par rayonnement.
- L'énergie d'une onde électromagnétique est une quantité proportionnelle à la fréquence de l'onde : une onde électromagnétique est d'autant plus énergétique que sa fréquence est élevée.
- La longueur d'onde λ étant inversement proportionnelle à la fréquence de l'onde, une onde électromagnétique est d'autant plus énergétique que sa longueur d'onde est petite.
- L'énergie solaire à la surface de la Terre est environ dix mille fois plus grande que l'énergie actuellement consommée par toute l'humanité.
- Le rayonnement solaire est généré à partir des réactions nucléaires de fusion de l'hydrogène qui se produisent au sein du Soleil ou des étoiles en général (voir chapitre 1).

2 Puissance, énergie et constante solaire

- La puissance P est définie comme l'énergie E par unité de temps :

$$P = \frac{E}{\Delta t}$$

avec P la puissance en watts (W), E l'énergie en joules (J) et Δt la durée de production ou de réception d'énergie en secondes (s).

- On appelle constante solaire la puissance d'un rayonnement solaire par unité de surface, mesurée à l'extérieur de l'atmosphère terrestre, dans un plan perpendiculaire au plan des rayons du Soleil. Sa valeur est en moyenne de l'ordre de $1{,}4\ \text{kW}\cdot\text{m}^{-2}$.

3 Équivalence masse-énergie

- Les réactions nucléaires au sein du Soleil s'accompagnent d'une diminution de la masse solaire au cours du temps.
- L'énergie libérée par une réaction nucléaire au sein d'une étoile est :

$$\Delta E = [(\text{Masse totale des réactifs}) - (\text{Masse totale des produits})] \times c^2 = \Delta m \times c^2$$

avec ΔE l'énergie (en J), Δm la perte de masse de l'étoile (en kg) et c la vitesse de la lumière ($c = 3{,}0 \times 10^8$ m·s^{-1}).

- Cette relation est appelée relation d'équivalence masse-énergie ou relation d'Einstein. En 1905, lorsqu'A. Einstein élabore la théorie de la relativité restreinte, il postule que la masse est une des formes que peut prendre une énergie.
- La relation d'Einstein permet de quantifier la masse solaire transformée chaque seconde en énergie à partir de la puissance rayonnée par le Soleil et donc son énergie.

Doc. Ondes électromagnétiques produites par le Soleil

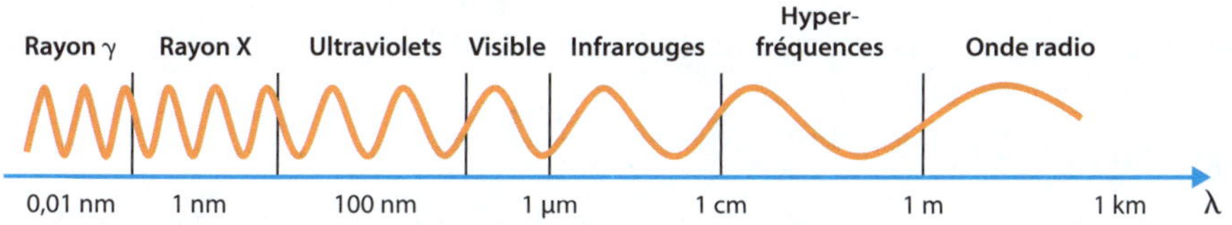

Vocabulaire

Rayonnement : mode de transfert énergétique. Il en existe d'autres, comme la conduction ou la convection.

Fréquence : grandeur caractéristique d'une onde correspondant à l'inverse de la période temporelle de l'onde. Elle se mesure en hertz : 1 Hz = 1 s^{-1}.

Fusion : réaction entre deux noyaux dits « légers » produisant un noyau plus lourd.

Puissance : grandeur physique correspondant à une énergie par unité de temps. Elle se mesure en watts (W) : 1 W = 1 J·s^{-1}.

Constante solaire : puissance d'un rayonnement solaire par unité de surface, mesurée à l'extérieur de l'atmosphère terrestre, dans un plan perpendiculaire au plan des rayons du Soleil.

Équivalence masse-énergie : autre nom donné à la relation d'Einstein permettant de faire correspondre quantitativement la variation de masse d'une entité et la quantité d'énergie produite.

2 Spectre solaire, lois de Wien et de Stefan

De quoi s'agit-il ? Le Soleil émet un rayonnement électromagnétique qui ne dépend que de sa température et dont la longueur d'onde maximale est inversement proportionnelle à sa température absolue.

1 Températures d'un corps matériel

- L'énergie dégagée par les réactions nucléaires au sein des étoiles les maintient à une température très élevée. La température du Soleil est d'environ 5 500 °C.
- Tout corps matériel émet des ondes électromagnétiques et perd de l'énergie par rayonnement du simple fait de sa température.
- La température absolue s'exprime en kelvins (K). Elle correspond à un décalage de l'échelle des températures « courantes » exprimées en degrés Celsius (°C) :

$$T(\text{K}) = \theta(°\text{C}) + 273$$

avec T la température en kelvins et θ celle en degrés Celsius.

Exemple : une température de 20 °C correspond à $T = 273 + 20 = 293$ K.

2 Spectre solaire ou spectre du corps noir

- Tout corps matériel, en particulier les étoiles et donc le Soleil, émet un rayonnement. Le spectre du rayonnement émis par sa surface dépend uniquement de la température de sa surface et est appelé spectre du corps noir.
- Un corps noir est un corps qui absorbe tout le rayonnement qu'il reçoit. Il correspond à une enceinte aux parois absorbantes percée d'une ouverture étroite.
- En toute rigueur, un corps noir est un modèle et n'existe donc pas.

3 Loi de Wien

- Wilhem Wien (1864-1928), physicien allemand, reçut le prix Nobel en 1911 pour ses travaux sur le rayonnement thermique, et en particulier la loi suivante :

Tout corps noir en équilibre thermique émet un rayonnement de spectre continu présentant un maximum d'intensité pour une longueur d'onde λ_m telle que :

$$\lambda_m \times T = 2\,898\ \mu\text{m·K} \approx 3 \times 10^3\ \mu\text{m·K}$$

avec λ_m s'exprimant en µm et la température T en kelvins.

• Un corps matériel peut se comporter comme un corps noir : sa longueur d'onde d'émission maximale est inversement proportionnelle à la température absolue à la surface d'une étoile et donc du Soleil (loi de Wien).

Doc. **Spectre du corps noir et loi de déplacement de Wien**

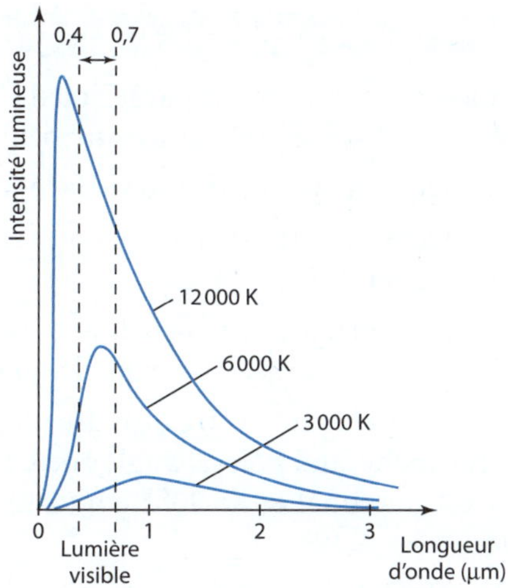

4 Loi de Stefan

• Du fait de sa température T, tout corps émet un rayonnement électromagnétique, de puissance émise par unité de surface φ_E.

• La **loi de Stefan** ou **de Stefan-Boltzmann**, du nom des physiciens Jožef Stefan (1835-1893) et Ludwig Boltzmann (1844-1906), définit la relation entre cette puissance émise par unité de surface φ_E et la température T du corps :

$$\varphi_E = k \times T^4$$

avec φ_E s'exprimant en watts par mètre carré ($W{\cdot}m^{-2}$), k une constante qui dépend du corps considéré (en $W{\cdot}m^{-2}{\cdot}K^{-4}$) et T en kelvins (K).

Vocabulaire

Corps noir : corps qui absorbe tout le rayonnement qu'il reçoit. Il correspond à une enceinte aux parois absorbantes percée d'une ouverture étroite.

Constante de Stefan-Boltzmann : si le corps est un corps noir, la constante k dans la loi de Stefan est égale à la constante de Stefan-Boltzmann σ : $k = \sigma = 5{,}67 \times 10^{-8}\ W{\cdot}m^{-2}{\cdot}K^{-4}$.

3 Puissance solaire

De quoi s'agit-il ? La puissance radiative reçue du Soleil sur une surface terrestre dépend de multiples paramètres.

1 Puissance solaire reçue par une surface plane

- La proportion de la puissance totale émise par le Soleil et atteignant la Terre est déterminée par le rayon de celle-ci et sa distance au Soleil.
- La puissance radiative reçue du Soleil par une surface plane :

– est proportionnelle à l'aire *S* de cette surface : la puissance reçue est d'autant plus grande que la surface est grande ;

– dépend de l'angle α entre la normale N à la surface et la direction D du Soleil : la puissance reçue est d'autant plus importante que l'angle α est faible (**Doc. 1**).

- La puissance reçue par une surface terrestre unitaire est maximale à l'équateur, car l'angle α est nul. En revanche, aux pôles, l'angle entre D et N – correspondant alors à l'axe des pôles – est maximal et de 90° : la puissance reçue par unité de surface est la plus faible.
- Un faisceau de même diamètre a un impact surfacique d'aire *S* plus important aux pôles qu'à l'équateur. En considérant alors une surface terrestre unitaire, la puissance sera moins importante aux pôles qu'à l'équateur.

2 Facteurs de dépendance

- En plus de la latitude (zonation climatique), la puissance solaire reçue par unité de surface terrestre dépend de l'heure (variation diurne) : l'éclairement de la surface terrestre n'est pas le même si l'on considère une période de 24 heures. La nuit, le rayonnement solaire est nul, et la journée, il augmente pour diminuer à nouveau.
- La puissance solaire reçue par unité de surface terrestre dépend aussi du moment de l'année (variation saisonnière) : l'inclinaison de la Terre sur sa trajectoire influe sur l'angle α entre la direction du rayonnement solaire et la normale à la surface.

3 Albédo terrestre

- Une partie de la puissance solaire est absorbée par l'atmosphère, les continents et les océans. Le reste de ce rayonnement est réfléchi par la Terre vers l'espace.

• L'albédo est le rapport entre l'énergie (ou puissance) solaire réfléchie et l'énergie (ou puissance) solaire incidente. C'est un nombre sans dimension dont la valeur se situe entre 0 et 1.

Exemples : L'albédo du désert est d'environ 0,3 alors que celui de la neige est de 0,8 (**Doc. 2**) : le désert réfléchit 30 % du rayonnement total reçu, alors que la neige en réfléchit 80 %.

Doc. 1 **Rayonnement solaire reçu par la Terre**

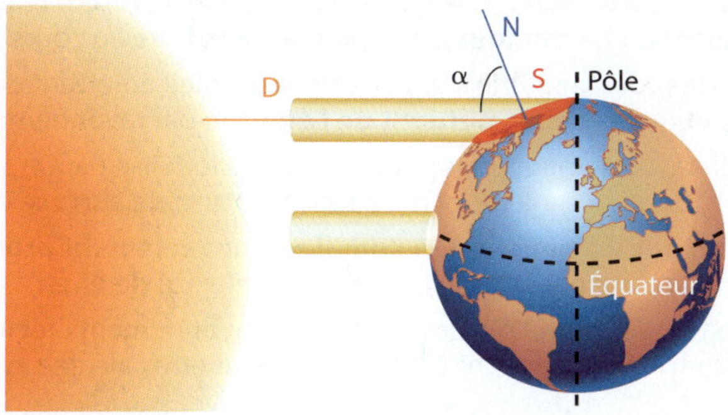

Doc. 2 **Albédo : exemples de la neige et du sable**

Vocabulaire

Normale à une surface : droite perpendiculaire à une surface en un point de celle-ci.

Albédo : rapport entre l'énergie ou la puissance réfléchie et l'énergie ou la puissance incidente totale de valeur comprise entre 0 et 1 et sans unité. Un miroir parfait a un albédo de 1.

RÉVISION EXPRESS

LES POINTS IMPORTANTS À RETENIR

- L'énergie dégagée par les réactions de fusion de l'hydrogène qui se produisent dans les étoiles les **maintient à une température très élevée**.
- Du fait de l'**équilibre masse-énergie** (relation d'Einstein), ces réactions s'accompagnent d'une **diminution de la masse solaire** au cours du temps.
- Comme tous les corps matériels, les étoiles et le Soleil émettent des ondes électromagnétiques et donc **perdent de l'énergie** par rayonnement.
- Le spectre du rayonnement émis par la surface (modélisé par un spectre de corps noir) dépend seulement de la **température de surface** de l'étoile.
- La **longueur d'onde d'émission maximale est inversement proportionnelle à la température absolue** de la surface de l'étoile (**loi de Wien**).
- Du fait de sa température, tout corps émet un rayonnement électromagnétique, dont la puissance émise par unité de surface peut être calculée avec la **loi de Stefan**.
- La puissance radiative reçue du Soleil par une surface est **proportionnelle à l'aire de la surface et dépend de l'angle** entre la normale à la surface et la direction du Soleil.
- La puissance solaire reçue par unité de surface terrestre dépend de l'**heure** (variation diurne), du **moment de l'année** (variation saisonnière) et de la **latitude** (zonation climatique).
- La proportion de la puissance totale, émise par le Soleil et atteignant la Terre, est déterminée par **son rayon et sa distance au Soleil**. Une fraction de cette puissance, quantifiée par l'**albédo terrestre moyen**, est diffusée par la Terre vers l'espace ; le reste est absorbé par l'atmosphère, les continents et les océans.

Vidéo

LES MOTS IMPORTANTS

- Absorption
- Albédo
- Corps noir
- Diffusion
- Effet de serre
- Équivalence masse-énergie
- Loi de Stefan
- Loi de Wien
- Onde électromagnétique
- Puissance radiative
- Rayonnement
- Température absolue
- Variation diurne
- Zonation climatique

LE SCHÉMA IMPORTANT À RETENIR

Bilan radiatif terrestre

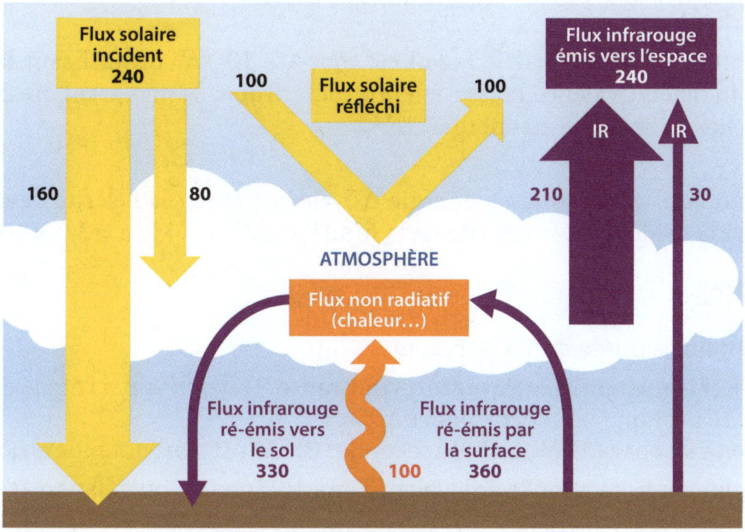

La température de la surface de la Terre est constante lorsque le bilan radiatif est équilibré.

QuiZ

1. Les réactions nucléaires dans le Soleil s'accompagnent d'une perte de sa masse.
☐ Vrai ☐ Faux

2. Le spectre du rayonnement solaire dépend de la distance Terre-Soleil.
☐ Vrai ☐ Faux

3. La loi de Wien permet de déterminer la température de surface d'une étoile.
☐ Vrai ☐ Faux

4. La puissance reçue par la surface terrestre dépend du lieu.
☐ Vrai ☐ Faux

5. L'albédo est égal à la puissance reçue par la Terre divisée par la puissance qu'elle réfléchit.
☐ Vrai ☐ Faux

6. Le sol émet un rayonnement infrarouge.
☐ Vrai ☐ Faux

→ Réponses p. 69

Déterminer la masse solaire transformée chaque seconde en énergie

ÉNONCÉ

La puissance rayonnée par le Soleil est $P = 4 \times 10^6$ W. En utilisant la relation d'Einstein ou équivalence masse-énergie, déterminez la masse solaire Δm transformée chaque seconde en énergie ΔE.

Données :
Relation d'équivalence masse-énergie $\Delta E = \Delta mc^2$ avec c la célérité de la lumière dans le vide ; valeur de la célérité de la lumière dans le vide $c = 3{,}0 \times 10^8$ m·s^{-1}.

MÉTHODE

- Identifier la durée Δt d'observation.
- Utiliser la relation $\Delta E = P\Delta t$ entre la puissance P rayonnée par l'étoile et l'énergie ΔE produite pour déterminer ΔE.
  P doit être en watts (W) et Δt en secondes (s) : ΔE est alors obtenue en joules (J).
- Appliquer la relation d'équivalence masse-énergie ou relation d'Einstein pour en déduire Δm, la masse solaire transformée pendant Δt : $\Delta m = \dfrac{\Delta E}{c^2}$, en kg.

CORRIGÉ

- Il s'agit de déterminer ici la masse solaire transformée chaque seconde : on en déduit que la durée d'observation est d'une seconde, soit $\Delta t = 1$ s.
- En utilisant la relation entre la puissance P (en W) et l'énergie ΔE (en J), on peut calculer l'énergie transformée par l'étoile pendant $\Delta t = 1$ s :

$\Delta E = P\Delta t = 4 \times 10^6 \times 1 = 4 \times 10^6$ J.

- En utilisant la relation d'Einstein ou relation d'équivalence masse-énergie, on en déduit finalement la masse solaire transformée en énergie pendant la durée $\Delta t = 1$ s.

$$\Delta m = \frac{\Delta E}{c^2} = \frac{4 \times 10^6}{(3{,}0 \times 10^8)^2} = 4 \times 10^{-11} \text{ kg en 1 s.}$$

Remarque

Les réactions nucléaires au niveau du Soleil s'accompagnent d'une perte de masse pour l'étoile.

Estimer la température absolue de la surface d'une étoile

ÉNONCÉ

L'étoile de Rigel est une étoile de la constellation d'Orion.
En exploitant la figure ci-contre représentant le spectre d'émission de la surface de l'étoile, donnez l'ordre de grandeur de la température de surface de l'étoile de Rigel.

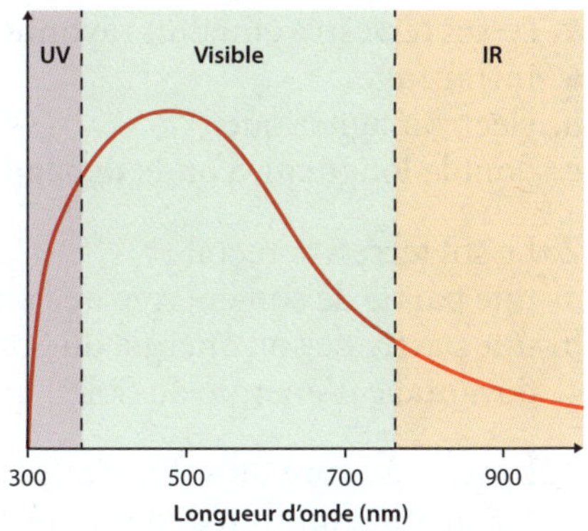

MÉTHODE

- À partir de la représentation graphique du spectre d'émission de la surface de l'étoile, déterminer la longueur d'onde d'émission maximale λ_m. C'est la valeur de l'abscisse du maximum de la courbe.
- Convertir cette longueur d'onde en micromètres (μm).
- Appliquer la loi de Wien ou $\lambda_m \times T \approx 3 \times 10^3$ μm·K afin d'en déduire la température absolue de la surface d'émission en kelvins (K) : $T = \dfrac{3 \times 10^3}{\lambda_m}$.

CORRIGÉ

- Par lecture graphique, on a $\lambda_m = 480$ nm, soit de l'ordre de 500 nm.
- En convertissant en micromètres, on obtient $\lambda_m = 0{,}5$ μm.
- Appliquons la loi de Wien :

$T = \dfrac{3 \times 10^3}{\lambda_m} = \dfrac{3 \times 10^3}{0{,}5}$, soit une température de surface d'environ 6×10^3 K.

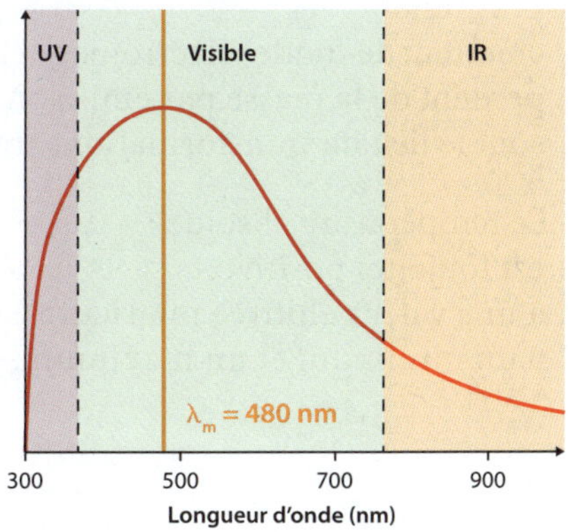

Réflexe à avoir
Une trop grande précision est ici illusoire : un seul chiffre significatif suffit.

Vérification des connaissances

Pour chaque question ou affirmation, il y a entre 0 et 3 bonnes réponses.

1. Le sol terrestre émet un rayonnement :
a. infrarouge.
b. électromagnétique.
c. dont la longueur d'onde dépend de sa température.

2. Le sol terrestre reçoit :
a. une partie de son énergie de l'atmosphère.
b. une partie de son énergie du Soleil.
c. davantage d'énergie du Soleil que de l'atmosphère pendant 1 seconde.

3. La température du sol terrestre est constante :
a. lorsqu'un équilibre dynamique est atteint.
b. quand le sol reçoit une puissance moyenne égale à celle qu'il émet.
c. uniquement lorsqu'il fait nuit.

4. Connaissant la constante solaire, la proportion de la puissance totale émise par le Soleil et atteignant la Terre est déterminée par :
a. le rayon du Soleil.
b. le rayon de la Terre.
c. la distance Terre-Soleil.

5. La température de la surface d'une étoile dépend de la longueur d'onde :
a. maximale du rayonnement émis.
b. du maximum d'émission.
c. correspondant à l'intensité lumineuse la plus importante.

6. Les étoiles :
a. émettent des ondes électromagnétiques avec un très large spectre en fréquence.
b. perdent de la masse par émission de rayonnement.
c. sont le lieu de transformations thermonucléaires.

7. La température absolue :
a. est toujours positive.
b. a une valeur chiffrée inférieure à celle mesurée en degrés Celsius.
c. a un minimum et un maximum.

Entraînement

1 Puissance rayonnée reçue par la Terre

Calcul

La constante solaire C est la puissance du rayonnement solaire par unité de surface, mesurée à l'extérieur de l'atmosphère terrestre, dans un plan perpendiculaire au plan des rayons du Soleil. La valeur de la constante solaire est en moyenne de l'ordre de 1,4 $kW{\cdot}m^{-2}$.

Données : rayon solaire $R_S = 7{,}0 \times 10^5$ km ; rayon terrestre $R_T = 6{,}4 \times 10^3$ km ; distance Terre-Soleil $D = 1{,}5 \times 10^{11}$ m.

QUESTIONS

1. Exprimez puis calculez la puissance rayonnée par le Soleil.

2. Exprimez puis calculez la puissance reçue par la Terre.

3. Déduisez-en la proportion de la puissance totale émise par le Soleil et atteignant la Terre.

2 Variabilité de la température des sols

Exploitation de document

Doc. Température de surface des champs cultivés

Des mesures au sol et des mesures IR aériennes sont réalisées sur deux bandes, de 50 km et 20 km de long en Californie. Le but de l'étude est de quantifier la variabilité de la température de surface pour des champs cultivés. Les températures de surface mesurées le 3 mai 1979 se situent entre moins de 20 °C et plus de 40 °C. Les températures de certains champs sont très uniformes, alors que d'autres ont des variations de 6 °C. Une partie de la variabilité sur la partie la plus au nord de la zone visée est attribuée aux différences topographiques. De plus, dans certains champs, la variabilité de la température de surface s'explique par les différences d'irrigation entre les différentes cultures. Dans le cas des sols nus, un sol sec a une température moyenne comprise entre 37,2 °C et 42,4 °C et une variance comprise entre 0,5 °C et 3 °C, alors que pour un sol irrigué, les températures moyennes se situent entre 25 °C et 28,8 °C, et leur variance varie de 0,5 °C à 5,4 °C.

D'après *Modélisation de la variabilité spatiale et temporelle de la température de surface pour un sol homogène avec relief*, Valentina Tadé, Archives ouvertes.

QUESTIONS

1. Justifiez que l'on ait réalisé des « mesures IR aériennes ».

2. Analysez les résultats des mesures de températures et identifiez les types de sols les plus chauds.

3. Quel est le type de sols pour lequel la variation de température est la plus importante ?

4. Déduisez-en le rôle de l'eau sur les températures.

3 Bilan énergétique, effet de serre et albédo

Exploitation de document, argumentaire et calcul

Doc. Bilan de puissance

Le rayonnement solaire met en moyenne 500 s à nous parvenir. La puissance moyenne de ce rayonnement, en limite d'atmosphère, par unité de surface perpendiculaire à la direction Soleil-Terre est P_S = 1 370 W·m^{-2}. Dans ce cas, on peut calculer que la puissance solaire reçue sur Terre est de 1,76 × 10^{17} W.

Pour simplifier le bilan de puissance échangée par la Terre, on peut raisonner sur 100 W reçus en sommet d'atmosphère :

– 30 W sont réfléchis par l'atmosphère, les nuages et la surface de la Terre ;

– la différence de 70 W se répartit de la manière suivante : 20 W sont absorbés directement par l'atmosphère ; 20 W sont réémis par le sol ; 20 W sont absorbés par l'évaporation de l'eau ; 10 W sont transmis par convection à l'atmosphère.

Toute l'énergie absorbée par l'atmosphère est réémise dans toutes les directions, et la surface de la Terre réabsorbe ce rayonnement pour, à nouveau, le redistribuer.

QUESTIONS

1. Si chaque humain consomme en moyenne 1 000 W, l'énergie solaire pourrait-elle, une fois maîtrisée, subvenir aux besoins de l'humanité ? On pourra estimer la population mondiale à 7 milliards d'individus.

2. À quel phénomène fait référence la dernière phrase du document ?

3. Calculez l'albédo moyen de la Terre.

Quiz

1 **Vrai.** Du fait de l'équivalence masse-énergie ou relation d'Einstein, l'énergie produite par le Soleil et transférée par rayonnement correspond à une perte de masse de l'étoile.

2 **Faux.** Le spectre du rayonnement émis par une étoile ne dépend que de sa température. La puissance reçue par une planète dépend en revanche de la distance planète-étoile.

3 **Vrai.** À partir de la représentation graphique du spectre d'émission d'une étoile, on peut déterminer la longueur d'onde λ_m d'émission maximale (pic de la courbe). La loi de Wien permet d'en déduire la température T de la surface de l'étoile.

4 **Vrai.** La puissance reçue par la surface terrestre dépend de la latitude, donc du lieu sur la Terre.

5 **Faux.** L'albédo est égal à la puissance réfléchie sur la puissance incidente et non l'inverse.

6 **Vrai.** Le sol est à une température de quelques degrés Celsius, donc $T = 300$ K environ, et la loi de Wien permet de déterminer une longueur d'onde $\lambda_m = 3\,000/300$ soit de l'ordre de 10 µm. Cela correspond à un rayonnement infrarouge.

Vérification des connaissances

1 **a.**, **b.** et **c. Vrai**. Le sol terrestre émet un rayonnement électromagnétique qui dépend de sa température (loi de Wien) dans l'infrarouge. En effet, la température terrestre de quelques degrés correspond au domaine infrarouge.

2 **a.** et **b. Vrai**. Le sol terrestre reçoit de l'énergie du Soleil et de l'atmosphère. Ces deux quantités par unité de temps ou puissances reçues sont du même ordre de grandeur (**c. Faux**).

3 **a.** et **b. Vrai**. La température du sol terrestre est constante lorsque le bilan énergétique ou en puissance est atteint : la puissance reçue est égale à la puissance émise par le sol, et ce, quel que soit le moment de la journée ou de l'année (**c. Faux**).

4 **b.** et **c. Vrai**. Connaissant la constante solaire, il est possible de calculer la proportion reçue par la Terre en connaissant son rayon et la distance Terre-Soleil.

L'exercice 1 de ce chapitre propose d'établir précisément ce raisonnement ; la donnée du rayon solaire est inutile ici (**a. Faux**).

5 **b.** et **c. Vrai**. Le spectre d'émission d'une étoile, assimilé au spectre du corps noir, permet de déterminer la longueur d'onde λ_m ou longueur d'onde correspondant au maximum d'émission, c'est-à-dire au pic d'intensité lumineuse. La loi de Wien établit ensuite la correspondance entre la température de la surface de l'étoile T et λ_m.

6 **a.**, **b.** et **c. Vrai**. Les étoiles dégagent de l'énergie par des réactions thermonucléaires. Cette énergie est transférée par émission d'ondes de fréquences de plusieurs ordres de grandeur différents. La relation d'équivalence masse-énergie permet de conclure que l'émission électromagnétique s'accompagne d'une perte de masse pour l'étoile.

7 **a. Vrai**. La température absolue a un minimum : $T = 0$ K, mais pas de maximum (**c. Faux**). Pour l'obtenir à partir de la température en degrés Celsius, on ajoute 273, ce qui permet d'obtenir une valeur chiffrée supérieure (**b. Faux**).

Entraînement

1 Puissance rayonnée reçue par la Terre

1. La constante solaire correspond à la puissance rayonnée par le Soleil par unité de surface à une distance proche de la distance Terre-Soleil puisque mesurée à l'extérieur de l'atmosphère terrestre.

La puissance rayonnée par le Soleil est donc $P_S = C \times S_{Soleil} = C \times 4\pi D^2$ avec S_{Soleil} la surface d'un disque de rayon égal à la distance D Terre-Soleil.

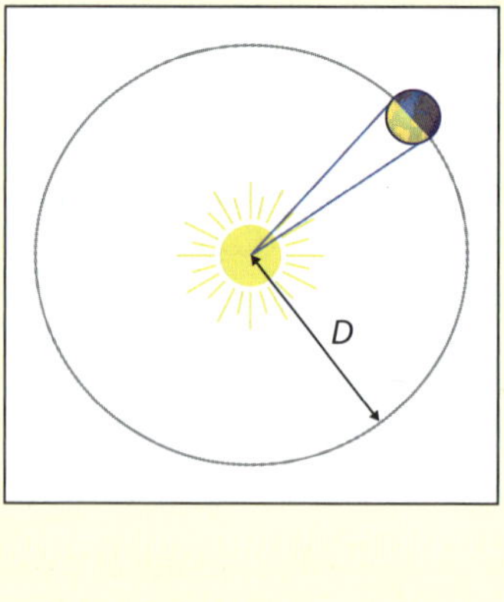

$P_S = 1{,}4 \times 10^3 \times 4\pi \times (1{,}5 \times 10^{11})^2 = 4{,}0 \times 10^{26}$ W.

2. Si on assimile la Terre à une sphère et que l'on suppose que la moitié de cette sphère est exposée au rayonnement solaire à chaque instant, alors la surface exposée S est telle que $S = \frac{1}{2} \times 4\pi R_T^2$.

On en déduit que la puissance P_T reçue par la Terre est : $P_T = C \times \frac{1}{2} \times 4\pi R_T^2$.

Finalement, $P_T = 1{,}4 \times 10^3 \times 0{,}5 \times 4\pi \times (6{,}4 \times 10^6)^2 = 3{,}6 \times 10^{17}$ W.

3. On en déduit la proportion de la puissance totale émise par le Soleil et atteignant la Terre, soit $\frac{P_T}{P_S} = \frac{3,6 \times 10^{17}}{4,0 \times 10^{26}} = 9,0 \times 10^{-10}$, ce qui correspond à une infime partie de la puissance rayonnée par le Soleil.

Piège à éviter

Pensez à convertir toutes les distances en mètres avant tout calcul.

2 Variabilité de la température des sols

Gagnez des points !

La longueur d'onde d'émission maximale calculée en utilisant la loi de Wien s'obtient en µm.

1. Les mesures sont des « mesures IR aériennes », car les températures évoquées dans le document sont comprises entre une vingtaine et une quarantaine de degrés Celsius. Cela correspond donc à une température absolue de l'ordre de 300 K.
La loi de Wien permet alors de déterminer la longueur d'onde d'émission maximale : $\lambda_m = \frac{3000}{T} = \frac{3000}{300} = 10$ µm, qui appartient au domaine des ondes infrarouges (IR).

2. Les sols les plus chauds sont ceux pour lesquels on a mesuré les températures les plus importantes. Dans le cas des sols nus, un « sol sec a une température moyenne comprise entre 37,2 °C et 42,4 °C », alors que pour un sol irrigué, « les températures moyennes se situent entre 25 °C et 28,8 °C » : les sols nus et secs sont donc plus chauds que les sols irrigués.

3. Les variations de température sont de 42,4 – 37,2 = 5,2 °C pour les sols secs et de 28,8 – 25 = 3,5 °C pour les sols irrigués : la température varie davantage pour les champs nus et secs que pour les champs irrigués.

4. Les champs irrigués ont donc des températures plus faibles et variant moins que celles des sols secs. On en déduit que l'eau a un rôle de régulation sur les températures.

3 Bilan énergétique, effet de serre et albédo

1. Si chaque humain consomme en moyenne 1 000 W, l'énergie solaire peut subvenir aux besoins de $1,76 \times 10^{17}/1\,000 = 1,76 \times 10^{14}$ individus, soit un nombre très largement inférieur à celui de la population mondiale.

2. La dernière phrase fait référence à l'effet de serre.

3. Le document permet de conclure que la partie de la puissance réfléchie par la Terre est constituée de 20 W « réémis par le sol » et de 10 W « transmis par convection à l'atmosphère », soit un total de 30 W sur 100 W. L'albédo du sol terrestre est donc de 30/100 = 0,3.

CHAPITRE 5

Une conversion biologique de l'énergie solaire : la photosynthèse

1 Végétaux chlorophylliens et photosynthèse

De quoi s'agit-il ? **L'énergie solaire lumineuse permet la photosynthèse dans les parties chlorophylliennes des végétaux.**

1 Conversion de l'énergie lumineuse en énergie chimique

- Grâce à la lumière, les végétaux chlorophylliens synthétisent leur propre matière organique (du glucose notamment) à partir de matière minérale (eau, ions et dioxyde de carbone) : c'est la photosynthèse.
- L'énergie lumineuse est ainsi convertie en énergie chimique contenue dans les molécules organiques (**Doc. 1**).
- La photosynthèse s'accompagne par ailleurs d'un dégagement de dioxygène ; son bilan peut s'écrire :

$$6CO_2 + 6H_2O \xrightarrow{\text{lumière}} C_6H_{12}O_6 + 6O_2$$

- Elle se réalise en plusieurs étapes au sein d'organites spécialisés, les chloroplastes, présents dans les cellules chlorophylliennes des feuilles.

2 Chlorophylle et absorption de l'énergie lumineuse

- Le spectre d'absorption (radiations lumineuses absorbées) de la chlorophylle contenue dans les chloroplastes montre un maximum d'absorption (**Doc. 2**) dans le rouge (680 nm) et le bleu (440 nm). Elle n'absorbe pas le vert, d'où sa couleur.
- L'intensité de la photosynthèse peut être mesurée par la quantité d'O_2 dégagée au cours du temps (ou la quantité de CO_2 absorbée). Sa variation selon la longueur d'onde correspond au spectre d'action de la photosynthèse (**Doc. 2**).
- Le spectre d'action de la photosynthèse se superpose au spectre d'absorption de la chlorophylle. L'énergie lumineuse absorbée par la chlorophylle est donc bien utilisée pour réaliser la photosynthèse.

Doc. 1 Une molécule organique : le glucose (glucide)

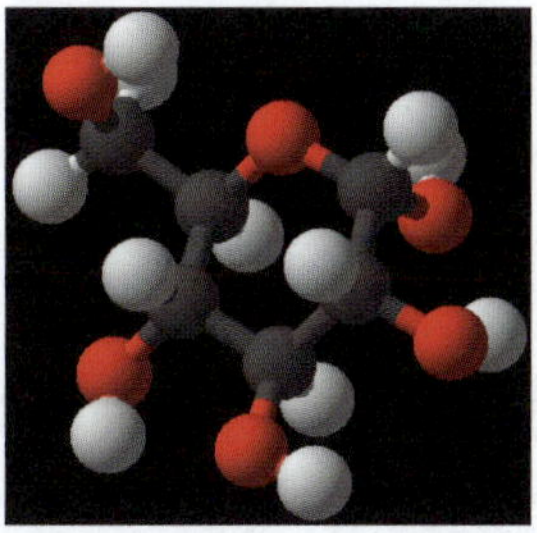

O est en rouge, H en blanc et C en noir.

Les atomes de carbone associés constituent un squelette carboné.

Doc. 2 Spectre d'absorption des différents pigments foliaires et spectre d'action de la photosynthèse

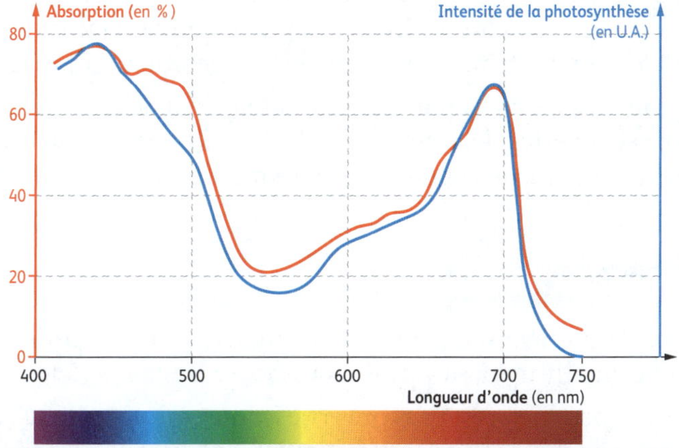

La chlorophylle brute extraite des feuilles est constituée d'un mélange de pigments (chlorophylles a et b, xantophylles et caroténoïdes).

Vocabulaire

Molécules organiques : molécules produites par les êtres vivants. Composées de C, H, O (glucides et lipides) et N (protides et acides nucléiques), elles sont caractérisées par un squelette carboné.

Spectre d'absorption : absorption de la lumière en fonction de la longueur d'onde.

Chlorophylle : pigment vert contenu dans les chloroplastes, capable de capter l'énergie lumineuse et de déclencher les réactions de la photosynthèse.

Spectre d'action : variation de l'activité en fonction de la longueur d'onde.

2 Des rendements énergétiques faibles

De quoi s'agit-il ? **La photosynthèse n'utilise qu'une infime partie de l'énergie solaire, et son rendement est très faible.**

1 À l'échelle de la planète

- On estime à environ 350 $W{\cdot}m^{-2}$ la puissance radiative du Soleil reçue par la Terre, soit $5{,}5 \times 10^{24}$ J d'énergie solaire en une année. Cette énergie sert en partie à la production de biomasse végétale, dont l'accroissement annuel est appelé productivité primaire nette.
- Ainsi, on peut évaluer le rendement de la photosynthèse : c'est le rapport de la quantité d'énergie contenue dans la biomasse produite par l'énergie reçue provenant du rayonnement solaire (**Doc. 1**).
- Les résultats varient selon la nature du rayonnement pris en compte, rayonnement total ou seulement celui utilisé par la photosynthèse, ainsi que la période, totalité de l'année ou durée pendant laquelle la végétation est présente.
- Toutefois, si on mesure ce rapport sur l'ensemble de la planète, en tenant compte des zones non recouvertes de végétation (glaciers, déserts…) ou à faible productivité végétale, l'efficacité de la photosynthèse tombe à moins de 0,1 %.

2 À l'échelle de la feuille

- Seule une partie du rayonnement solaire qui arrive sur la feuille est absorbée. Le reste est réfléchi, diffusé à sa surface, ou encore transmis (**Doc. 2**).
- Toute l'énergie absorbée n'est pas convertie en matière organique : elle peut être libérée sous forme de chaleur, ou par vaporisation de l'eau qui s'échappe à travers de petits orifices à la surface des feuilles, les stomates, lors de la transpiration foliaire.
- Les proportions de ces différentes pertes varient d'une part selon la composition chimique et physique des feuilles, c'est-à-dire selon l'espèce végétale, et d'autre part, selon l'intensité lumineuse absorbée. Sous faible intensité lumineuse, une plus grande partie de l'énergie absorbée est utilisée pour la synthèse de matière organique.
- Enfin, près de 80 % de la matière organique produite est dégradée au cours de la respiration pour libérer l'énergie dont la plante a besoin.
- Ces différentes pertes d'énergie expliquent le faible rendement de la photosynthèse.

Doc. 1 Rendement de la photosynthèse à l'échelle de la planète

Productivité primaire nette mondiale	Environ 180 Gt par an, soit* : $3,25 \times 10^{21}$ J
Énergie solaire reçue par le globe en un an	$5,5 \times 10^{24}$ J
Rendement	0,06 %

* 1 kg de biomasse sèche contient environ 18×10^6 J.

Doc. 2 Bilan énergétique de la photosynthèse au niveau d'une feuille

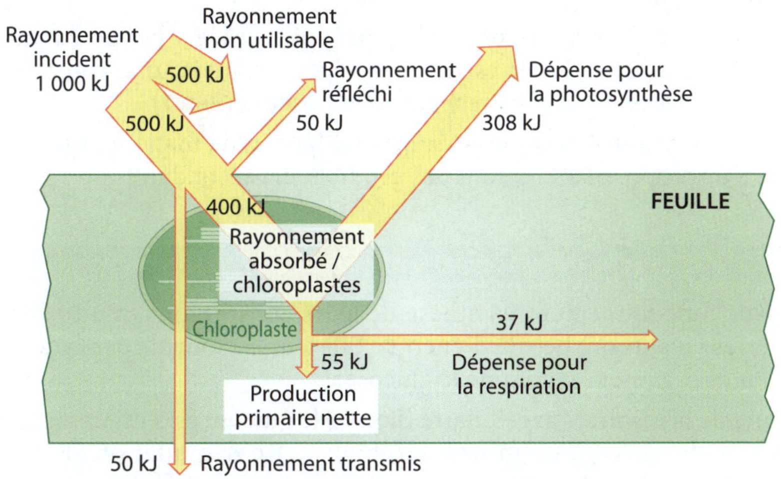

Pour 1 000 kJ d'énergie reçue, la production nette de matière organique est ici de 55 kJ, soit un rendement de 5,5 %.

Vocabulaire

Biomasse : masse de matière vivante.

Productivité primaire nette (PPN) : augmentation de la biomasse végétale par unité de surface et par année. La biomasse réellement produite (la productivité primaire brute) est plus importante, mais environ 80 % est consommé par la respiration.

Rendement de la photosynthèse : rapport entre l'énergie stockée sous forme de matière organique et l'énergie reçue.

Réfléchi : renvoyé dans une direction.

Diffusé : renvoyé dans toutes les directions.

Vaporisation : passage de l'état liquide à l'état gazeux.

3 Importance de la photosynthèse pour toute la biosphère

De quoi s'agit-il ? **L'énergie, stockée sous forme chimique par la photosynthèse, est ensuite utilisée par tous les êtres vivants, grâce à la respiration et la fermentation.**

1 Entrée de matière minérale et d'énergie dans la biosphère

- À l'inverse des végétaux chlorophylliens autotrophes, les animaux sont hétérotrophes. Les végétaux sont donc des producteurs primaires à la base de toutes les chaînes trophiques.
- Par conséquent, la matière organique produite grâce à la photosynthèse est nécessaire à l'ensemble des êtres vivants : végétaux, mais aussi consommateurs (animaux herbivores et carnivores) et décomposeurs (**Doc. 1**).
- Consommateurs et décomposeurs, qui ont besoin de matière organique pour produire leur propre matière, sont des producteurs secondaires.

2 Utilisation de la matière organique et libération d'énergie

- Pour leur fonctionnement (synthèse de leurs constituants, multiplication…), tous les êtres vivants ont besoin d'énergie. Elle leur est fournie par la dégradation de molécules organiques (comme le glucose).
- Au cours de la respiration cellulaire (**Doc. 2**), le glucose est entièrement dégradé en présence de dioxygène (milieu aérobie). Cette dégradation se déroule en plusieurs étapes, dans le cytoplasme puis dans la mitochondrie, et aboutit à la formation de molécules minérales : de l'eau (H_2O) et du dioxyde de carbone (CO_2).
- Durant ces réactions, l'énergie libérée est stockée sous forme de molécules d'ATP, facilement utilisables pour les besoins cellulaires en énergie.
- En absence de dioxygène (milieu anaérobie), les cellules peuvent dégrader partiellement la matière organique par la fermentation (**Doc. 2**). Dans ce cas, la dégradation incomplète du glucose aboutit à la formation de molécules organiques comme l'éthanol (alcool) ou l'acide lactique. La fermentation libère ainsi moins d'énergie que la respiration.

Doc. 1 Flux de matière dans la biosphère

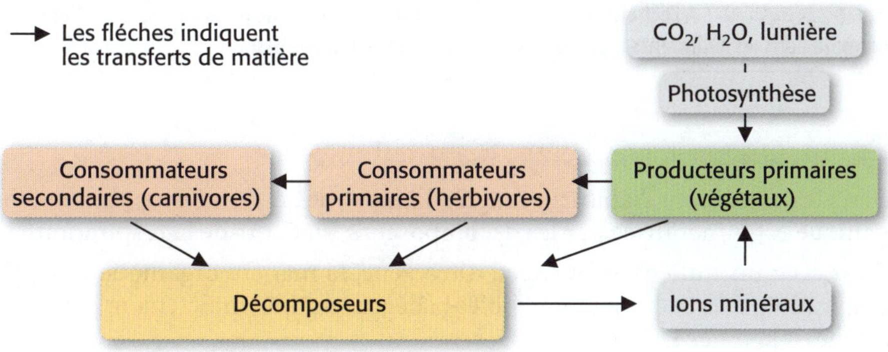

Doc. 2 Respiration et fermentation, deux modes de libération d'énergie

	Respiration	Fermentation (alcoolique)
Réactif	Glucose $C_6H_{12}O_6$	Glucose $C_6H_{12}O_6$
Produits	$6\ H_2O + 6\ CO_2$	$2\ CO_2 + 2\ CH_5OH$ (éthanol)
Milieu	Aérobie	Anaérobie
Localisation	Cytoplasme et mitochondrie	Cytoplasme
Nombre de molécules d'ATP formées par molécule de glucose	36 à 38	2

Vocabulaire

Autotrophe : être vivant capable de produire sa matière organique sans utiliser celle d'autres êtres vivants.

Hétérotrophe : être vivant qui produit sa matière organique à partir de celle d'autres êtres vivants.

Producteur primaire : premier producteur de matière organique, à la base d'une chaîne trophique.

Chaîne trophique : succession d'êtres vivants dans laquelle chacun se nourrit de celui qui le précède.

Aérobie : en présence de dioxygène.

ATP (adénosine triphosphate) : molécule phosphatée utilisée par les cellules comme source d'énergie pour leurs différentes réactions. Sa conversion en ADP (adénosine diphosphate) libère environ 30 kJ par mole.

4 Fossilisation de l'énergie solaire

De quoi s'agit-il ? À l'échelle des temps géologique, une partie de la matière organique s'accumule dans les sédiments, puis se transforme en combustible fossile.

1 Transformation de la matière organique

- Dans les conditions habituelles, après la mort des êtres vivants, leur matière organique est minéralisée par les décomposeurs, au cours de la respiration.
- Dans certains milieux pauvres en dioxygène, la matière organique échappe à la respiration. Des bactéries anaérobies la dégradent incomplètement et la transforment en kérogène.
- Au fur et à mesure de son accumulation, la matière organique s'enfonce en profondeur et subit une élévation de température (et de pression).
- Soumis à des températures élevées, le kérogène se transforme alors en roches carbonées : charbon, pétrole ou gaz. Pétrole et gaz sont des hydrocarbures fluides, composés essentiellement de carbone et d'hydrogène.
- Il subsiste des traces de végétaux fossiles dans le charbon, et des molécules proches de la chlorophylle possédant un squelette carboné (**Doc. 1**) dans le pétrole.
- Ainsi, charbons, gaz et pétrole sont des combustibles fossiles, riches en énergie issue de la conversion photosynthétique. On parle d'« énergie fossile ».

2 Gisements de roches carbonées

- Les gisements de roches carbonées sont localisés dans des roches sédimentaires. Leur formation nécessite une haute productivité biologique et l'enfouissement rapide de la biomasse à l'abri de l'air.
- Ces conditions sont réunies dans des circonstances géologiques particulières : des bassins sédimentaires caractérisés par une forte subsidence qui favorise l'accumulation des sédiments (en milieu continental pour le charbon, marin pour le pétrole).
- Les hydrocarbures fluides, pétrole et gaz, ont tendance à quitter la roche mère dans laquelle ils se sont formés (**Doc. 2**). Ils s'accumulent dans des pièges à hydrocarbures constitués d'une roche-réservoir poreuse et perméable (grès, calcaire) recouverte d'une couche imperméable (argile).

Doc. 1 Molécules trouvées dans le pétrole

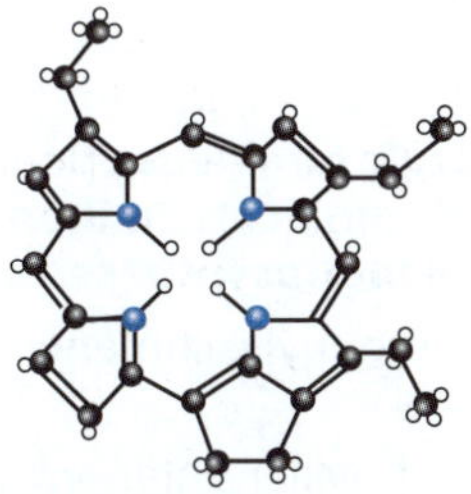

Porphyrine de vanadium
(très fréquente dans les pétroles)

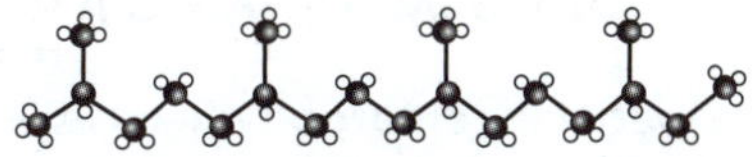

Phytane

● Carbone ○ Hydrogène ● Azote
— Liaison chimique

Doc. 2 Conditions de formation d'un gisement d'hydrocarbures

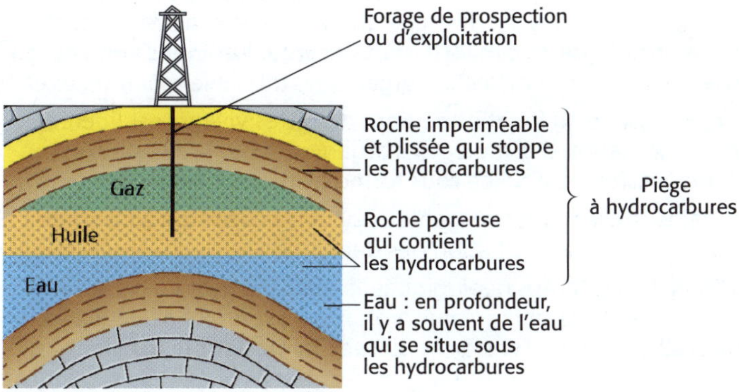

Vocabulaire

Kérogène : matière organique partiellement dégradée contenue dans les sédiments, à l'origine des combustibles fossiles.

Roche carbonée : roche sédimentaire riche en carbone, comme le pétrole ou le charbon.

Hydrocarbure : molécule organique principalement composée de carbone et d'hydrogène.

Bassin sédimentaire : zone dans laquelle s'accumule une importante quantité de sédiments.

Subsidence : enfoncement progressif du fond d'un bassin sédimentaire.

RÉVISION EXPRESS

LES POINTS IMPORTANTS À RETENIR

- Les végétaux **chlorophylliens** utilisent l'**énergie lumineuse** pour réaliser la **synthèse de matière organique** à partir de **molécules minérales** (eau, sels minéraux et dioxyde de carbone) : c'est la **photosynthèse**.
- Les végétaux captent la lumière grâce à la chlorophylle contenue dans les chloroplastes.
- À l'échelle de la planète, les organismes chlorophylliens utilisent pour la photosynthèse environ 0,1 % de la puissance solaire totale disponible.
- À l'échelle de la feuille, la photosynthèse n'utilise qu'une petite partie de la **puissance radiative** reçue. Le reste est soit **diffusé**, soit **transmis** ou **absorbé** et perdu sous forme de chaleur (échauffement, évapotranspiration). Seule une partie de l'énergie absorbée sert à la synthèse de la matière organique.
- La photosynthèse permet l'**entrée de matière minérale et d'énergie** dans la biosphère. Grâce à elle, les végétaux sont les **premiers producteurs de matière organique**. Ils **convertissent l'énergie lumineuse en énergie chimique**, sous forme de molécules organiques utilisables par tous les êtres vivants.
- L'énergie nécessaire au fonctionnement des êtres vivants est libérée lors de la dégradation des molécules organiques par la **respiration** ou la **fermentation** et stockée sous forme de **molécules d'ATP**.
- Dans certains cas, la matière organique peut être **enfouie à l'abri de l'air** ; elle échappe alors à la respiration des décomposeurs et n'est pas minéralisée.
- Ainsi, à l'échelle des temps géologiques, la matière organique s'accumule dans des sédiments de plus en plus profonds et, soumise à une **élévation de température**, elle se transforme alors en **combustible fossile** : gaz, pétrole, charbon.
- Les gisements de **roches carbonées** se forment dans des **bassins sédimentaires** caractérisés par une forte **subsidence**, avec constitution de **piège à hydrocarbures**.

Vidéo

LES MOTS IMPORTANTS

- ATP
- Chaîne trophique
- Chlorophylle
- Conversion d'énergie
- Énergie chimique
- Énergie fossile
- Énergie solaire
- Fermentation
- Hydrocarbure
- Kérogène
- Molécule organique
- Photosynthèse
- Piège à hydrocarbures
- Producteur primaire
- Respiration
- Roche carbonée
- Spectre d'absorption
- Spectre d'action
- Subsidence

LE SCHÉMA IMPORTANT À RETENIR

La photosynthèse et l'entrée de l'énergie solaire dans la biosphère

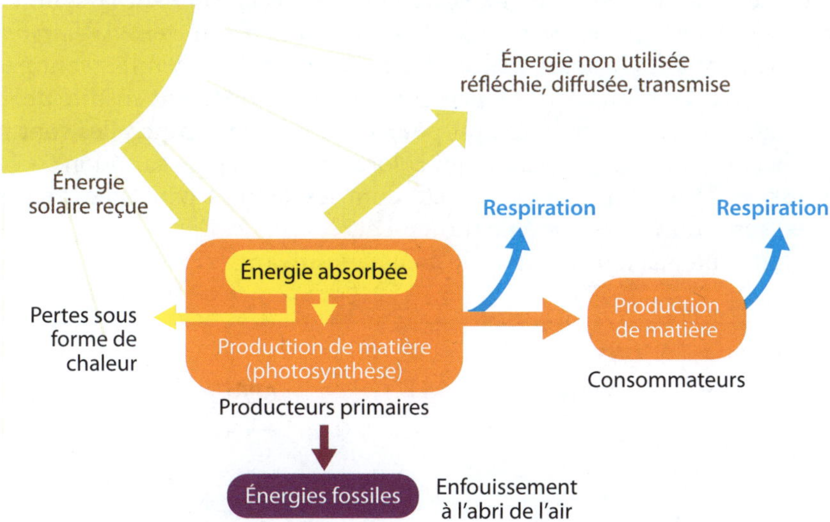

Quiz

1. Les combustibles fossiles se forment assez rapidement.
☐ Vrai ☐ Faux

2. Tout le rayonnement solaire absorbé par une feuille est transformé en énergie chimique.
☐ Vrai ☐ Faux

3. La chlorophylle absorbe essentiellement les radiations vertes.
☐ Vrai ☐ Faux

4. L'ensemble des êtres vivants utilise indirectement l'énergie solaire.
☐ Vrai ☐ Faux

5. Les molécules organiques renferment de l'énergie chimique.
☐ Vrai ☐ Faux

→ Réponses p. 88

Analyser les résultats d'une expérience

ÉNONCÉ

On cherche à mettre en évidence les conditions nécessaires à la synthèse de matière organique chez les végétaux. Pour cela, une plante verte (*Pélargonium*) est éclairée pendant plusieurs heures, tandis que certaines feuilles sont partiellement recouvertes d'un cache de papier noir. Les feuilles sont ensuite prélevées puis plongées dans l'alcool bouillant pour les décolorer. Enfin, elles sont mises en présence d'eau iodée (un réactif qui colore en brun bleuté l'amidon).
On utilise également une autre variété dont les feuilles panachées (en partie blanches) sont soumises au même traitement.
Les résultats obtenus figurent dans le **document** suivant.

Doc. Feuilles avant et après traitement

AVANT | **APRÈS**

1. Exploitez les résultats de cette expérience pour déterminer les conditions nécessaires à la synthèse de matière organique par la feuille.

2. Indiquez le phénomène biologique mis en jeu et récapitulez ses caractéristiques.

MÉTHODE

► La molécule d'amidon colorée en brun bleuté par l'eau iodée est une molécule organique (elle est formée d'un assemblage de molécules de glucose). Sa présence dans la feuille témoigne donc de la synthèse de matière organique par celle-ci.

► Pour déterminer les conditions de production de matière organique, on doit procéder facteur par facteur, en comparant deux situations, l'une en présence de ce facteur, l'autre en l'absence de ce facteur :

– dans un premier temps, il faut comparer les résultats obtenus en présence et en absence de lumière, les interpréter, puis conclure à partir de la différence constatée ;

– dans un second temps, on reprend la même démarche en comparant les résultats obtenus dans les parties de la feuille contenant ou non de la chlorophylle.

CORRIGÉ

1. Les feuilles exposées à la lumière se colorent en brun bleuté après traitement à l'eau iodée. Elles contiennent donc de l'amidon. En revanche, dans les parties placées à l'obscurité, le traitement à l'eau iodée ne révèle pas la présence d'amidon.
On peut en déduire que la synthèse d'amidon nécessite de la lumière.
Si l'on compare, à présent, les résultats d'un traitement à l'eau iodée dans les parties vertes (chlorophylliennes) et blanches (non chlorophylliennes) de la feuille, on observe une coloration brun bleuté (et donc la présence d'amidon) uniquement dans la partie chlorophyllienne.
On peut donc en conclure que la chlorophylle est indispensable à la synthèse d'amidon.

> **Remarque**
> Sans la décoloration préalable des feuilles, la réaction à l'eau iodée serait masquée par la couleur de la chlorophylle.

2. La synthèse de matière organique réalisée dans les feuilles nécessite la présence de lumière et de chlorophylle. C'est la photosynthèse. La chlorophylle permet de capter l'énergie lumineuse nécessaire à la synthèse de matière organique (glucose) à partir de matière minérale (eau + CO_2).

Vérification des connaissances

Pour chaque question ou affirmation, il y a entre 0 et 3 bonnes réponses.

1. Au cours de la photosynthèse, les radiations lumineuses :
a. bleues et rouges sont absorbées et utilisées.
b. vertes sont absorbées et utilisées.
c. bleues et rouges sont absorbées mais pas utilisées.

2. La photosynthèse permet l'entrée dans la biosphère :
a. de matière minérale.
b. de matière organique.
c. d'énergie.

3. Le rendement énergétique de la photosynthèse :
a. correspond à la quantité d'énergie reçue sur la quantité d'énergie stockée sous forme chimique.
b. est très faible.
c. varie selon les végétaux et les conditions du milieu.

4. En milieu anaérobie, le glucose consommé est transformé :
a. en éthanol et dioxyde de carbone.
b. en dioxygène.
c. en eau et dioxyde de carbone.

5. Les producteurs primaires :
a. sont hétérotrophes.
b. produisent la matière organique nécessaire à l'ensemble des êtres vivants.
c. sont des organismes photosynthétiques.

6. Le pétrole se forme :
a. dans les milieux oxygénés.
b. dans un bassin subsident.
c. indirectement à partir de la photosynthèse.

7. Les combustibles fossiles :
a. sont de nature minérale.
b. sont de nature organique.
c. sont de l'énergie solaire stockée.

Entraînement

1 Une expérience historique

Exploitation de document

Un filament d'algue verte *Cladophora* est placé entre lame et lamelle sur la platine d'un microscope, puis éclairé. Un prisme, interposé entre la source lumineuse et le filament d'algue verte, décompose la lumière en radiations monochromatiques de telle sorte qu'un fragment de filament ne reçoit qu'une seule longueur d'onde. Par ailleurs, des bactéries aérobies sont uniformément réparties dans la préparation au début de l'expérience. On observe ci-dessous le résultat de l'expérience après quelques minutes d'éclairage.

Doc. Résultat de l'expérience

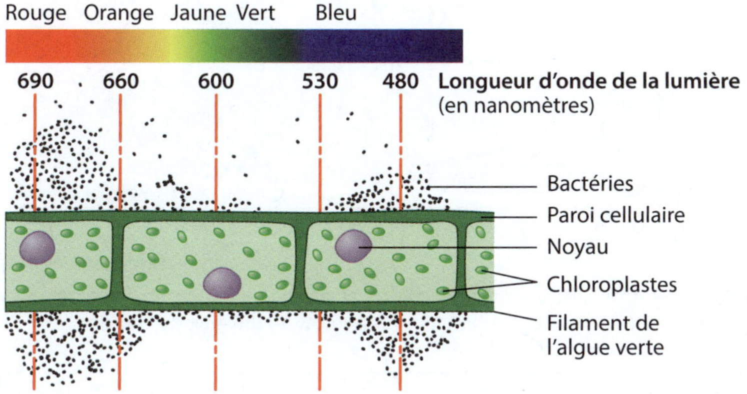

QUESTIONS

1. Décrivez la répartition des bactéries aérobies selon les différentes radiations.

2. Quel élément du milieu ces bactéries peuvent-elles trouver à proximité des cellules chlorophylliennes ?

3. Expliquez alors la répartition des bactéries.

2 Les échanges gazeux de la photosynthèse

Exploitation de document

On étudie l'évolution de la concentration en dioxygène dans un milieu contenant des algues unicellulaires chlorophylliennes. Celles-ci sont placées à l'obscurité ou à la lumière.

Au début de l'expérience, le milieu de culture est dépourvu de dioxyde de carbone, puis on y ajoute une solution enrichie en dioxyde de carbone. Les résultats obtenus figurent sur le graphique suivant.

Doc. Évolution de la concentration de dioxygène au cours du temps dans un milieu contenant des algues chlorophylliennes placées dans différentes conditions

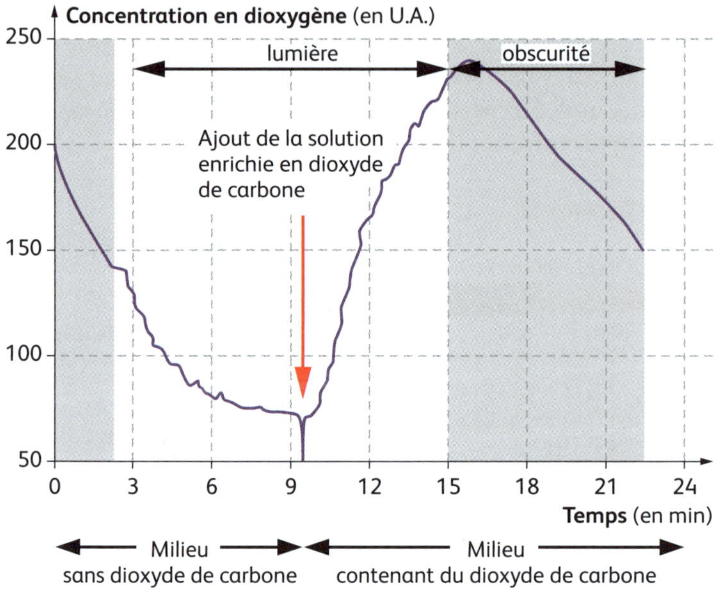

QUESTIONS

1. Indiquez comment varie la concentration de dioxygène à l'obscurité et expliquez quel phénomène biologique est à l'origine de cette variation.

2. Comparez les résultats obtenus à la lumière, en absence et en présence de dioxyde de carbone. Expliquez ces résultats.

3. Indiquez alors les conditions nécessaires à la photosynthèse et par quels échanges gazeux elle se manifeste.

3 La production de biomasse

Exploitation de document

Le phytoplancton (plancton végétal) est constitué d'algues unicellulaires chlorophylliennes. Le zooplancton (plancton animal) comprend surtout des petits crustacés qui se nourrissent à la fois de phytoplancton et d'autres petits crustacés.

Le graphique ci-dessous représente l'évolution des biomasses du phytoplancton et du zooplancton au cours de l'année, ainsi que les variations de l'ensoleillement, de la température et des teneurs en sels minéraux (azote et phosphore) des eaux de surface.

Doc. Variations océaniques

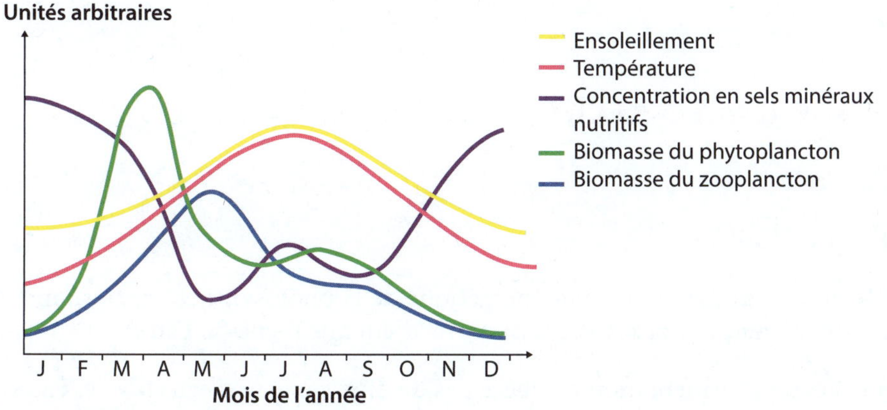

QUESTIONS

1. Décrivez les variations saisonnières de la biomasse du phytoplancton.

2. Expliquez ces variations après avoir rappelé le mode de nutrition du phytoplancton.

3. Décrivez les variations de la biomasse du zooplancton au cours du temps.

4. Expliquez alors ces variations.

Quiz

1 **Faux**. Les combustibles fossiles se forment très lentement sur plusieurs dizaines, voire centaines, de millions d'années.

2 **Faux**. Seule une partie de l'énergie solaire absorbée est convertie en énergie chimique. Le reste est dissipé sous forme de chaleur.

3 **Faux.** Elle n'absorbe pas le vert (d'où sa couleur), mais le bleu et le rouge.

4 **Vrai.**

5 **Vrai.**

Vérification des connaissances

1 **a. Vrai.**

2 **a.** et **c. Vrai.**

3 **b.** et **c. Vrai.** Le rendement énergétique de la photosynthèse correspond à la quantité d'énergie stockée sur la quantité d'énergie reçue (**a. Faux**).

4 **a. Vrai.** La fermentation ne libère pas de dioxygène ni d'eau (**b.** et **c. Faux**).

5 **b.** et **c. Vrai.** Les producteurs primaires sont autotrophes (**a. Faux**).

6 **b.** et **c. Vrai.** Le pétrole se forme dans des milieux pauvres en dioxygène où la respiration ne peut avoir lieu (**a. Faux**).

7 **b.** et **c. Vrai.**

Entraînement

1 Une expérience historique

1. Les bactéries aérobies se répartissent au niveau des radiations rouges et bleues, elles sont absentes dans le vert.

2. Ces bactéries peuvent trouver du dioxygène dégagé par les algues chlorophylliennes au cours de la photosynthèse.

3. Les bactéries aérobies se répartissent au niveau des radiations rouges et bleues : ce sont les seules efficaces pour la photosynthèse. Elles sont absorbées par un pigment. Celui-ci n'absorbe pas le vert, il est donc de couleur verte : c'est la chlorophylle.

L'astuce du prof

Il faut se souvenir que le terme « aérobie » signifie « en présence de dioxygène ».

2 Les échanges gazeux de la photosynthèse

1. À l'obscurité, la concentration en dioxygène diminue. Les algues consomment du dioxygène au cours de la respiration.

2. À la lumière, la concentration en dioxygène continue à diminuer en l'absence de dioxyde de carbone. En revanche, après ajout de dioxyde de carbone, elle augmente. Les algues dégagent du dioxygène au cours de la photosynthèse.

3. La présence de lumière et de CO_2 est donc indispensable au déroulement de la photosynthèse. Celle-ci se manifeste par un dégagement de dioxygène et une absorption de dioxyde de carbone.

Remarque

Les algues continuent à respirer, mais elles rejettent plus de dioxygène au cours de la photosynthèse qu'elles n'en consomment pour la respiration.

3 La production de biomasse

1. On observe une variation saisonnière de la biomasse du phytoplancton : faible en janvier, elle devient maximale entre mars et avril, puis diminue. Elle augmente à nouveau en été pour diminuer ensuite.

2. Le phytoplancton réalise la photosynthèse : il utilise l'énergie lumineuse pour produire sa matière organique à partir de matière minérale.
L'augmentation de la biomasse du phytoplancton suit celle de la concentration en sels minéraux : le phytoplancton a besoin des sels minéraux pour produire sa matière. La baisse de la concentration en sels minéraux en mai entraîne par la suite une diminution de la biomasse du phytoplancton. Par ailleurs, la diminution de biomasse du phytoplancton constatée après l'été s'explique par une diminution de l'ensoleillement.

Réflexe à avoir

Il faut se rappeler quelles sont les conditions nécessaires à la production de matière chez les organismes chlorophylliens.

3. On observe que la biomasse du zooplancton augmente après celle du phytoplancton à la fin de l'hiver, puis diminue quand celle du phytoplancton diminue.

4. Le zooplancton est un producteur secondaire. Il produit sa matière organique à partir de celle du phytoplancton, lequel est un producteur primaire (premier producteur de matière organique).

CHAPITRE

6 Alimentation et santé

1 Des besoins alimentaires qualitatifs

De quoi s'agit-il ? **L'alimentation doit fournir les matériaux nécessaires à la croissance, l'entretien et le fonctionnement de l'organisme.**

1 Des aliments source de nutriments

- La digestion réduit les constituants des aliments en nutriments. Ainsi, les protéines sont découpées en acides aminés, les glucides en sucres simples (comme le glucose), et les graisses en acides gras et glycérol.
- Les aliments fournissent également des micronutriments : vitamines, minéraux et autres éléments chimiques (fer, zinc…).
- Tous les constituants des aliments ne sont pas entièrement digérés. C'est le cas des fibres des végétaux mais celles-ci jouent néanmoins un rôle important en facilitant le transit intestinal.

2 Des besoins en eau et micronutriments

- L'organisme humain est constitué d'environ 70 % d'eau. Un apport moyen de 2,5 L d'eau par jour est nécessaire pour compenser les pertes (transpiration et évaporation (1,1 L), excrétion urinaire (0,5 L), respiration (0,5 L), excréments (0,1 L).
- Différents minéraux et éléments chimiques sont essentiels au fonctionnement et à l'entretien de l'organisme (calcium et phosphore présents dans les os, fer dans l'hémoglobine…).
- Enfin, les vitamines (**Doc. 1**) doivent être fournies par l'alimentation (notamment dans les produits frais) car l'organisme ne peut généralement pas les fabriquer. La plupart sont détruites par la chaleur, les UV et l'air.

3 Des besoins en molécules organiques

- Les protéines sont des aliments « bâtisseurs » nécessaires aux synthèses (croissance et renouvellement). Elles participent aussi au fonctionnement de l'organisme (anticorps, enzymes, hormones, transport du dioxygène). Parmi les 20 acides aminés constitutifs de celles-ci, 9 sont indispensables et doivent être obligatoirement apportés par l'alimentation.

- Seules les protéines animales apportent tous les acides aminés indispensables (**Doc. 2**).
- Il faut combiner plusieurs protéines végétales (céréales et légumineuses) pour apporter tous les acides aminés indispensables en quantité suffisante.
- Certains acides gras sont aussi indispensables et jouent un rôle bâtisseur (dans les membranes cellulaires par exemple).

Doc. 1 Les principales vitamines et leur rôle

Vitamines	Rôle dans l'organisme
Vitamines hydrosolubles	
B1	Métabolisme des glucides
B12	Fonctionnement du cerveau
C	Antioxydant, synthèse du collagène
Vitamines liposolubles	
A	Synthèse des pigments visuels, construction des os
D	Absorption et fixation du calcium sur l'os
E	Antioxydant
K	Intervient dans la coagulation sanguine et la construction osseuse

Doc. 2 Teneur en quelques acides aminés essentiels de deux protéines

	Valine	Leucine	Isoleucine	Phénylalanine	Tryptophane	Thréonine	Lysine	Méthionine
Caséine	7,2	9,2	6,1	5,0	1,2	4,9	8,2	3,4
Zéine	3,0	24,0	7,2	6,4	0,1	3,0	0	0

La caséine est une protéine animale (protéine du lait) et la zéine une protéine végétale (protéine du maïs).

Vocabulaire

Nutriments : molécules de taille réduite provenant de la digestion des aliments.

Micronutriments : nutriments indispensables à l'organisme mais en quantité infime.

Vitamine : substances organiques sans valeur énergétique mais essentielles à l'organisme, à faible dose.

Acides aminés indispensables : acides aminés que l'organisme est incapable de synthétiser et pourtant essentiels à son fonctionnement.

2 Alimentation et besoins énergétiques

De quoi s'agit-il ? **Les aliments satisfont des besoins énergétiques qui sont variables selon les individus et leur activité.**

1 Les aliments, source d'énergie

- Les aliments renferment de la matière organique, riche en énergie. On peut évaluer la valeur énergétique d'un aliment en réalisant sa combustion à l'intérieur d'une bombe calorimétrique et en mesurant l'élévation de température produite.
- La valeur énergétique d'un aliment est en réalité supérieure à la quantité d'énergie libérée dans l'organisme par cet aliment. En effet, la digestion d'un aliment est consommatrice d'énergie, notamment par le travail musculaire du tube digestif et la production d'enzymes. De plus, l'énergie contenue dans les aliments est libérée, non pas par une combustion comme dans une bombe calorimétrique, mais au cours de la respiration (ou encore de la fermentation en absence de dioxygène).
- Tous les nutriments ne contiennent pas la même quantité d'énergie (**Doc. 1**). Les aliments utilisés comme source d'énergie par l'organisme sont les glucides et les lipides. Les protéines peuvent être utilisées comme carburant énergétique uniquement en cas de jeûne prolongé.

2 Des besoins variables

- Le métabolisme de base correspond à la dépense énergétique minimale nécessaire au fonctionnement des organes d'un sujet assis au repos et à température de neutralité thermique. Chez un homme de 70 kg, sa valeur est d'environ 300 kJ/h.
- Le métabolisme augmente avec l'activité physique, et ce d'autant plus que celle-ci est intense (**Doc. 2**). L'activité physique s'accompagne donc d'une augmentation des besoins énergétiques.
- Enfin, lorsque la température extérieure varie de part et d'autre de la température de neutralité thermique, l'organisme augmente sa dépense d'énergie pour maintenir constante sa température, soit pour favoriser la dissipation de chaleur, soit au contraire pour augmenter la production de chaleur.
- La dépense énergétique varie par ailleurs selon le sexe et l'âge. Elle est plus élevée durant la croissance. Elle augmente chez une femme enceinte et lors de l'allaitement.

Doc. 1 Valeur énergétique des aliments

Aliments simples	Valeur énergétique (kJ/g)	Énergie libérée dans l'organisme (kJ/g)
Glucides	17,1	16,7
Lipides	23,5	16,7
Protides	39,5	37,7

Remarque : la valeur énergétique des aliments est aussi exprimée en kilocalories ou Cal (1 kcal = 4,184 kJ).

Doc. 2 Activité physique et dépense énergétique

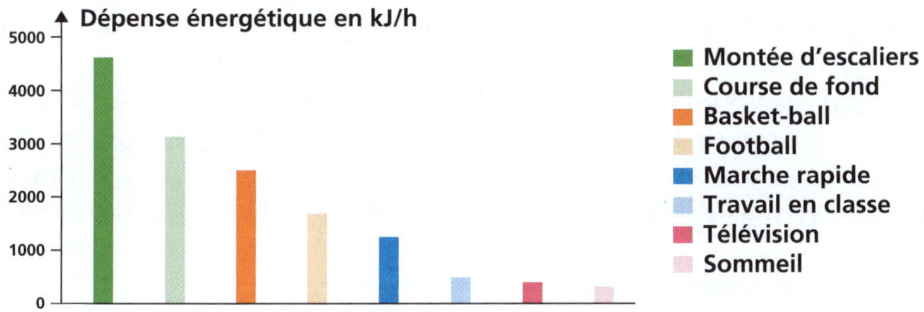

Vocabulaire

Combustion : transformation chimique au cours de laquelle un combustible brûle en présence d'un comburant (le dioxygène).

Bombe calorimétrique : dispositif permettant d'évaluer la valeur énergétique d'un corps en mesurant l'élévation de température produite par sa combustion.

Métabolisme de base : dépense énergétique minimale.

Température de neutralité thermique : température extérieure pour laquelle les dépenses énergétiques sont minimales (autour de 20 °C chez un adulte).

3 Une alimentation équilibrée

De quoi s'agit-il ? La ration alimentaire doit compenser les dépenses énergétiques et satisfaire les besoins en matériaux, faute de quoi s'installent des maladies.

1 Critères d'une ration alimentaire équilibrée

- La ration énergétique doit compenser les dépenses, variables selon l'âge, le sexe et l'activité. (**Doc. 1**). Celles-ci sont estimées en moyenne à 10 000 kJ par jour (2 400 kcal).
- L'alimentation doit par ailleurs apporter tous les matériaux nécessaires : minéraux et éléments chimiques (calcium, fer…), vitamines, fibres végétales et 1,5 L d'eau, acides aminés essentiels et acides gras. Au cours de chacun des trois repas, il est recommandé de consommer 4 portions de glucides, 2 de protides et 1 de lipides.
- L'équilibre de la ration alimentaire peut être facilement atteint par des menus variés, comprenant les différents groupes d'aliments (viandes et poissons, produits laitiers, matières grasses, céréales et féculents, fruits et légumes), avec une modération des sucres à index glycémique (IG) élevé et des aliments riches en graisses.

2 Déséquilibres alimentaires et malnutrition

- Lorsque la consommation alimentaire habituelle d'un individu est insuffisante pour fournir l'apport énergétique alimentaire nécessaire à une vie normale, on parle de sous-nutrition. En 2021, selon un rapport de l'ONU, 828 millions de personnes dans le monde souffraient de la faim. Par ailleurs, les carences alimentaires, notamment en vitamines, en fer, en calcium ou en acides aminés essentiels provoquent aussi une dénutrition. Celle-ci joue un rôle dans environ 45 % des décès d'enfants âgés de moins de 5 ans.
- La malnutrition peut aussi résulter d'une suralimentation. Ainsi, un abus de graisses et de sucres à index glycémique élevé (sodas, sucreries), une absence de fruits et légumes, associée à un manque d'exercice physique, favorisent l'apparition du surpoids. Si les réserves de graisse deviennent trop importantes, c'est l'obésité (**Doc. 2**). C'est une véritable maladie qui diminue l'espérance de vie des individus qui en sont atteints. En effet, elle augmente le risque de diabète, de maladies cardiovasculaires et de certains cancers. 42 millions d'enfants et 1,9 milliard d'adultes dans le monde sont en surpoids ou obèses.
-

Doc. 1 Ration énergétique conseillée

Âge, état et activité	Besoins énergétiques quotidiens	
	Homme	Femme
Enfants de 1 à 3 ans	5 700 kJ	
Adolescents de 13 à 15 ans	12 100 kJ	10 400 kJ
Adultes		
– activité faible	8 800 kJ	7 500 kJ
– activité moyenne	11 300 kJ	8 400 kJ
– activité intense	12 500 kJ	9 200 kJ
– grossesse		8 300 à 9 000 kJ

Doc. 2 Prévalence de l'obésité dans le monde (en 2020)

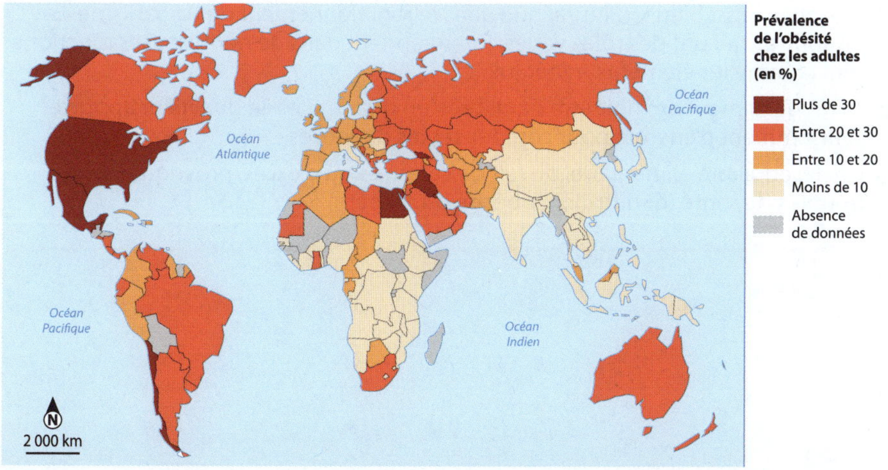

Vocabulaire

Index glycémique : mesure de la capacité d'un aliment glucidique à élever la glycémie (taux de glucose dans le sang) après un repas.

Dénutrition : ensemble des troubles causés par une alimentation déficitaire (retard de croissance, amaigrissement extrême…).

Malnutrition : troubles physiologiques provoqués par une consommation insuffisante, déséquilibrée ou excessive de certains nutriments.

RÉVISION EXPRESS

LES POINTS IMPORTANTS À RETENIR

- L'alimentation apporte des nutriments nécessaires au fonctionnement et à l'entretien de l'organisme.
- Parmi ces nutriments, les **molécules organiques** qui renferment de l'**énergie chimique** sont utilisées pour satisfaire les besoins énergétiques. La **valeur énergétique** des nutriments varie selon leur nature : 1 g de glucides fournit environ 17 kJ, tandis que 1 g de lipides apporte 38 kJ.
- Le **métabolisme de base** désigne la dépense énergétique minimale de l'organisme, au repos et à température de neutralité thermique, c'est-à-dire pour laquelle le maintien de la température corporelle ne consomme pas d'énergie. Les besoins énergétiques augmentent avec l'activité physique.
- L'organisme a également des besoins qualitatifs. Les **protéines** jouent un rôle essentiel, aussi bien structural que dans le fonctionnement de l'organisme. Les **vitamines** qui ont des rôles variés, interviennent dans de nombreuses fonctions, tout comme les éléments minéraux.
- La ration alimentaire doit être équilibrée en quantité et en qualité et apporter suffisamment d'énergie pour compenser les dépenses.
- Un déséquilibre alimentaire, du fait de carences ou d'excès, provoque des troubles de santé (dénutrition, obésité ou diabète).

LES MOTS IMPORTANTS

- Acides aminés essentiels
- Aliments bâtisseurs
- Athérosclérose
- Besoins qualitatifs
- Besoins quantitatifs
- Déséquilibre alimentaire
- Malnutrition
- Métabolisme de base
- Molécules organiques
- Nutriments
- Obésité
- Ration alimentaire
- Valeur énergétique
- Vitamines

LE SCHÉMA IMPORTANT À RETENIR

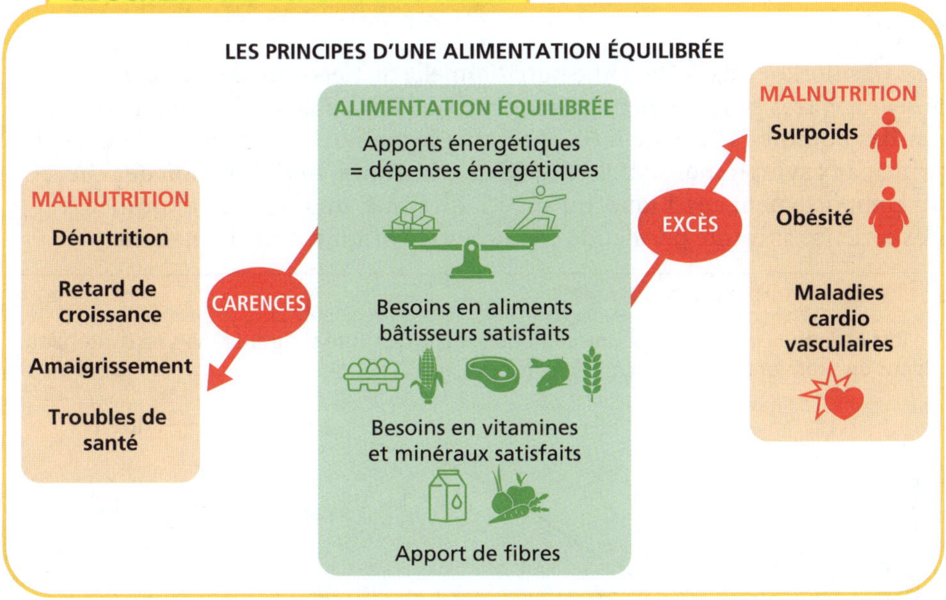

Quiz

1. Les besoins énergétiques sont satisfaits par des éléments minéraux.

☐ Vrai ☐ Faux

2. La valeur énergétique des glucides est identique à celle des lipides.

☐ Vrai ☐ Faux

3. Le métabolisme dépend de l'activité physique.

☐ Vrai ☐ Faux

4. Les lipides jouent un rôle bâtisseur.

☐ Vrai ☐ Faux

5. En cas d'élévation de la température extérieure au-delà de 19 °C, l'organisme réduit sa dépense d'énergie.

☐ Vrai ☐ Faux

→ **Réponses p. 103**

Expliquer un retard de croissance

ÉNONCÉ

Le Kwashiorkor est une maladie nutritionnelle du tiers-monde qui survient après le sevrage, très généralement au moment où l'alimentation lactée est remplacée par des bouillies à base de farines comme le manioc, la banane ou le maïs. Les principaux symptômes sont un retard de croissance, une altération des cheveux, un comportement apathique, un appétit diminué, un foie très volumineux. L'expérience suivante permet de comprendre l'origine de cette maladie.

Doc. Expérience d'Osborne et Mendel

4 lots de jeunes rats reçoivent une alimentation en quantité suffisante mais ne contenant, dans un premier temps, que certains protides.

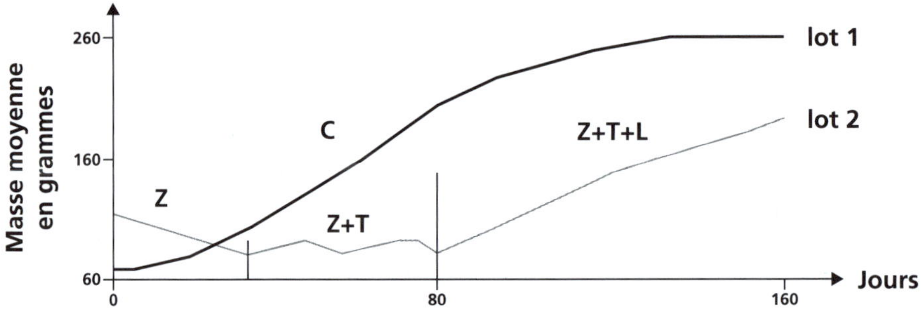

Le lot 1 reçoit de la caséine, protéine présente dans le lait (C). Sa croissance est alors normale.

Le lot 2 reçoit de la zéine, protéine présente dans le maïs (Z), puis on rajoute successivement du tryptophane (T) et de la lysine (L). On pèse les rats régulièrement afin d'établir leur courbe de croissance.

Montrez que les résultats de l'expérience d'Osborne et Mendel permettent de comprendre l'origine des troubles de croissance du Kwashiorkor et indiquez comment on pourrait y remédier.

MÉTHODE

- L'expérience présentée doit être mise en relation avec l'alimentation des enfants après le sevrage : ils passent d'une alimentation lactée (à base de protéines animales comme la caséine) à une alimentation ne contenant que des protéines végétales (comme celles présentes dans le maïs, la zéine).
- L'étude de la courbe permet de comparer les effets sur le rat d'une telle différence d'alimentation.

- Les conséquences des apports successifs en différents acides aminés permettent d'en déterminer l'importance dans l'alimentation.
- La cause des troubles observés chez les enfants peut alors être expliquée.

CORRIGÉ

Le Kwashiorkor semble être une maladie liée à l'alimentation puisqu'elle survient à la suite d'un changement de régime alimentaire, le lait maternel étant remplacé par une alimentation exclusivement d'origine végétale.

Dans l'expérience présentée, le lot de jeunes rats recevant de la caséine a une croissance normale. C'est le lot témoin qui servira de référence pour la comparaison avec les autres lots. Le lot 2 reçoit de la zéine dans un premier temps, sa masse diminue. Comme on précise que l'alimentation est donnée en quantité suffisante, on peut supposer que la zéine n'est pas une protéine suffisante pour une croissance normale.

> **L'astuce du prof**
> Il ne faut pas oublier de dégager la notion d'acides aminés essentiels.

Avec l'ajout de tryptophane, la masse des rats ne diminue plus. On peut en déduire que cet acide aminé est indispensable à la croissance des rats et qu'il fait défaut dans la zéine. Toutefois, il faut ajouter aussi de la lysine pour que la croissance des rats redevienne normale. La vitesse de croissance est la même qu'avec une alimentation à base de caséine (même pente des courbes).

On peut donc penser que la maladie est due à l'absence de tryptophane et de lysine dans la zéine. Ces deux acides aminés sont des acides aminés essentiels que l'organisme est incapable de synthétiser. Ils doivent être fournis par l'alimentation.

Pour résoudre ce problème, il faudrait ajouter dans l'alimentation des enfants, soit des protéines animales soit des protéines végétales riches en lysine et tryptophane.

Vérification des connaissances

Pour chaque question ou affirmation, il y a entre 0 et 3 bonnes réponses.

1. Les protéines :
a. contiennent des acides aminés dont certains sont indispensables.
b. sont riches en graisses.
c. sont des aliments bâtisseurs.

2. Les besoins énergétiques :
a. augmentent avec l'activité physique.
b. augmentent avec la croissance.
c. sont satisfaits par les vitamines.

3. Une ration alimentaire déséquilibrée :
a. accélère la croissance.
b. peut engendrer un diabète.
c. provient de menus variés.

4 Les carences alimentaires peuvent concerner :
a. les molécules minérales comme organiques.
b. les acides aminés si l'alimentation est riche en viande.
c. les vitamines.

5. Les neuf acides aminés indispensables :
a. sont présents dans toutes les protéines végétales.
b. ne peuvent être synthétisés par l'organisme.
c. sont fournis par les lipides.

6. Le métabolisme de base :
a. dépend de l'activité physique.
b. varie selon l'âge.
c. est mesuré à jeun.

7. Les micronutriments :
a. apportent de l'énergie.
b. comprennent les minéraux et les vitamines.
c. sont nécessaires à faible dose.

Entraînement

1 L'alimentation des adolescents et l'obésité

Exploitation de document

Dans les repas type restauration rapide, les glucides correspondent en grande majorité à des sucres rapides ; on constate un déficit en minéraux, en vitamines. Il manque souvent des légumes frais, des fruits... Le tableau indique les apports nutritionnels fournis par ce type de repas et ceux conseillés à l'adolescence.

Doc. Les apports nutritionnels du repas de midi

	Apports nutritionnels conseillés pour les adolescents (repas de midi)	Apports nutritionnels d'un repas de restauration rapide (viande hachée – frites – boisson lactée)
Énergie	3 600 kJ	5 800 kJ
Protéines	25,5 à 27 g	30 g
Lipides	30 à 31,5 g	50 g
Glucides	115,5 à 117 g	200 g

QUESTIONS

1. En utilisant vos connaissances, expliquez en quoi la couverture des besoins nutritionnels est particulièrement importante à l'adolescence.

2. Exploiter le document pour montrer quels sont les déséquilibres alimentaires engendrés par les repas servis en restauration rapide.

3. Quelles conséquences peuvent avoir ces déséquilibres lorsque le recours à la restauration rapide est quasi exclusif ?

2 Importance du lait frais dans la croissance

Exploitation de document

Deux lots A et B de jeunes rats en croissance, de mêmes masse, sexe et origine, sont placés dans les mêmes conditions et nourris avec le même régime de base : eau, sels minéraux indispensables, lactose comme source de glucides, caséine comme source de protides, lipides.

Chaque rat du lot A reçoit en plus de ce régime de base 3 cm^3 de lait frais entier par jour. Au bout de 18 jours, cet apport supplémentaire de lait est supprimé au lot A et transféré au lot B. Les deux lots de rats sont pesés tous les 3 jours. Les résultats sont réunis dans le tableau ci-après.

Doc. **Résultats de l'expérience (Hopkins 1912)**

Jours	0	3	6	9	12	15	**18**	21	24	27	30	33	36	39	42	48
Masse des rats du lot A en grammes	44	51	57	62	67	71	74	78	80	80	81	81	81	80	78	74
Masse des rats du lot B en grammes	44	46	48	50	50	46	46	45	48	53	58	62	66	70	73	76

QUESTIONS

1. Comparer l'évolution des masses des deux lots de rats.

2. On cherche à montrer l'importance, pour la croissance des rats, de l'apport des vitamines dans l'alimentation. En quoi l'expérience proposée permet-elle de tester cette hypothèse ?

3 Le métabolisme de base

Exploitation de document

On donne dans le graphique ci-dessous les valeurs du métabolisme de base pour l'homme et la femme au cours de la vie.

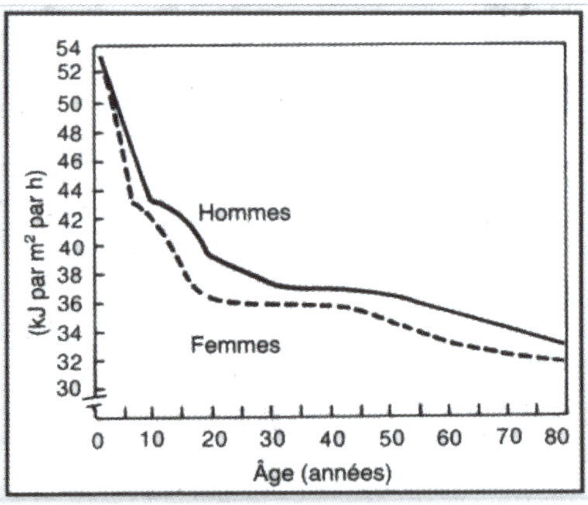

1. Rappeler la définition du métabolisme de base et expliquer la signification de l'unité retenue.

2. Décrire et expliquer les variations du métabolisme de base au cours de la vie.

3. Comparer le métabolisme de base chez la femme et l'homme. Peut-on expliquer les différences par l'activité ?

Quiz

1 Faux. Ils sont satisfaits par les molécules organiques, les glucides et les lipides.

2 Faux. La valeur énergétique de 1 g de glucides est d'environ 17 kJ, celle de 1 g de lipides est d'environ 38 kJ.

3 Vrai. Il augmente avec l'intensité de l'activité physique.

4 Vrai.

5 Faux. Lorsque la température s'élève au-delà de 19 °C, l'organisme dépense de l'énergie pour maintenir sa température corporelle constante.

Vérification des connaissances

1 a. et **c. Vrai. (b. Faux)**

2 a. et **b. Vrai.** Les vitamines, indispensables à faible dose, n'apportent pas d'énergie (**c. Faux**).

3 b. Vrai. Une ration déséquilibrée entraîne des troubles de croissance. Des menus variés permettent d'apporter tous les types de nutriments nécessaires. (**a.** et **c. Faux**)

4 a. et **c. Vrai.** Une alimentation riche en protéines animales apporte tous les acides aminés essentiels, toutefois elle peut apporter trop de graisses. (**b. Faux**)

5 b. Vrai. Il faut combiner différentes protéines végétales pour apporter tous les acides aminés essentiels, présents dans les protéines et non dans les lipides. (**a.** et **c. Faux**)

6 b. et **c. Vrai.** Le métabolisme de base se mesure au repos. (**a. Faux**)

7 b. et **c. Vrai. (a. Faux)**

Entraînement

1 L'alimentation des adolescents et l'obésité

1. L'adolescence est une période de croissance qui se caractérise par des besoins élevés en énergie et aliments bâtisseurs, notamment des protéines mais aussi des minéraux.

Réflexe à avoir

Il faut relier l'adolescence à une période de croissance.

2. Le repas de restauration rapide fournit une alimentation déséquilibrée, par des excès concernant l'apport énergétique, l'apport glucidique principalement en sucres rapides (à index glycémique élevé), l'apport lipidique et l'apport en protides d'origine animale.

L'apport nutritionnel est par ailleurs carencé en minéraux, vitamines, protides d'origine végétale, fibres végétales.

Réflexe à avoir

Ne pas oublier qu'un déséquilibre alimentaire résulte aussi bien d'excès que de carences.

3. Une alimentation exclusive par ce type de restauration entraîne à la fois des risques d'obésité par ses excès et des risques de maladies par carences.

2 Importance du lait frais dans la croissance

1. Du 1er au 18e jour, la masse des rats du lot A qui reçoivent du lait frais augmente (environ de 30 g). Par contre, celle des rats du lot B qui ne reçoivent pas de lait frais augmente très légèrement, puis diminue.

Du 18e au 48e jour, la masse des rats du lot B qui reçoivent du lait frais augmente (environ de 30 g) alors que celle du lot A privé de lait frais augmente très légèrement, puis diminue.

Réflexe à avoir

Il faut se demander quel type de nutriment contenu dans les produits frais est nécessaire à faible dose.

2. La croissance des rats diminue en absence de lait frais. Or celui -ci est fourni en très petite quantité et ne satisfait donc pas des besoins quantitatifs. En revanche, il doit contenir des éléments indispensables à faible dose pour la croissance. Par rapport au témoin, la seule différence introduite par le lait frais est donc vraisemblablement la présence de vitamines.

Les vitamines sont des substances indispensables au bon fonctionnement de l'organisme. Elles ne sont pas fabriquées par l'organisme et doivent donc être apportées par l'alimentation, et ce à faible dose.

3 Le métabolisme de base

1. Le métabolisme de base correspond à la quantité d'énergie minimale dépensée par un organisme au repos et à température de neutralité thermique. Les joules (J), comme les calories, sont une unité énergétique. Le métabolisme de base est mesuré par une unité de masse ou de surface, ce qui permet de faire des comparaisons entre différents individus. On reporte ces mesures à l'unité de temps.

2. Le métabolisme de base est maximal dès le plus jeune âge et décroit régulièrement jusqu'à l'âge adulte. Cela s'explique notamment par le phénomène de la croissance, consommateur en énergie (les proportions du corps chez le jeune fait aussi qu'il dépense plus d'énergie).

3. Quelle que soit la période de la vie, le métabolisme de base est supérieur chez l'homme. On remarque que la différence est la plus grande entre 10 et 20 ans, soit pendant la croissance. Comme cette mesure est faite au repos, on ne peut l'expliquer par une différence d'activité.

CHAPITRE 7

Une diversité de sources d'énergie utilisables par l'Humanité

1 Sources d'énergie issues du Soleil

De quoi s'agit-il ? **Une partie des sources d'énergie disponibles sur Terre ont pour origine le rayonnement solaire. Elles sont disponibles sous la forme de stocks et de flux, comme par exemple les combustibles fossiles ou la biomasse.**

1 Sources d'énergie directement ou indirectement issues du Soleil

- L'énergie radiative des rayons du Soleil est une source d'énergie directement transférée par le Soleil.
- D'autres sources d'énergie sont quant à elles indirectement issues de l'énergie radiative transférée par le Soleil :

– les combustibles fossiles (pétrole, charbon, gaz naturel) se sont formés il y a plusieurs dizaines à plusieurs centaines de millions d'années à partir de la matière organique produite par photosynthèse, grâce à l'énergie radiative transférée par le Soleil ;

– la biomasse est constituée de matière organique, elle aussi produite par photosynthèse, grâce à l'énergie radiative transférée par le Soleil.

2 Transformations utilisées pour obtenir de l'énergie

- L'énergie résultant de l'utilisation des combustibles fossiles comme source d'énergie est obtenue, comme le nom « combustibles » l'indique, par combustion, c'est-à-dire grâce à une transformation chimique entre les combustibles et le dioxygène, ce qui produit des gaz à effet de serre.
- L'énergie résultant de l'utilisation de la biomasse comme source d'énergie est obtenue par combustion ou par fermentation, c'est-à-dire grâce à une transformation chimique entre la biomasse et des enzymes sécrétées par des micro-organismes.

Vocabulaire

Biomasse : végétaux et les déchets organiques.

Transfert d'énergie : échange d'énergie entre deux systèmes sans changement de forme d'énergie.

2 Utilisation des sources d'énergie issues du Soleil

De quoi s'agit-il ? Certaines sources d'énergie ayant pour origine le rayonnement solaire sont des sources d'énergie renouvelables tandis que d'autres sources d'énergie issues du Soleil sont des sources d'énergie non renouvelables.

- Les sources d'énergie issues du Soleil peuvent être renouvelables ou non renouvelables, c'est-à-dire qu'elles peuvent être exploitées, ou non, de façon illimitée à l'échelle humaine (**Doc.**).

Doc. Sources d'énergie issues du Soleil

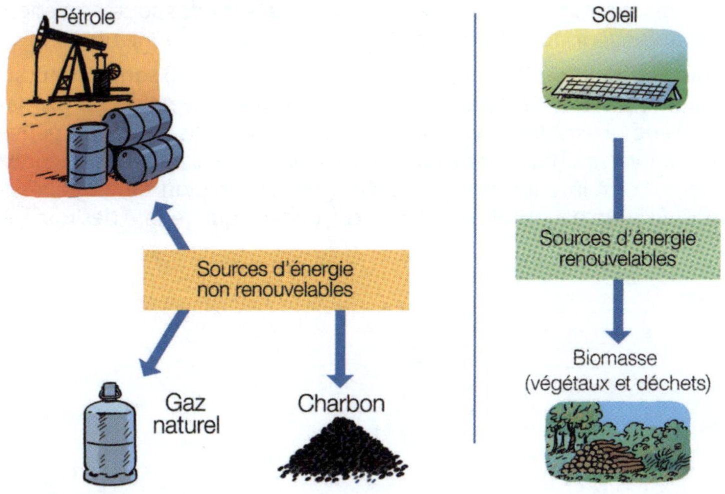

- L'utilisation de chaque source d'énergie, renouvelable ou non renouvelable, a des avantages et des inconvénients. Il n'y a malheureusement aucune utilisation de source d'énergie, même renouvelable, qui permette d'obtenir de l'énergie électrique (ou de l'énergie sous une autre forme) sans inconvénient.

Vocabulaire

Source d'énergie renouvelable : source d'énergie pouvant être exploitée de façon illimitée à l'échelle humaine car sa durée prévisible d'épuisement est supérieure à sa durée de reconstitution.

Source d'énergie non renouvelable : source d'énergie dont les stocks limités ne peuvent pas se renouveler à l'échelle des temps de l'humanité car sa durée prévisible d'épuisement est inférieure à sa durée de reconstitution.

RÉVISION EXPRESS

LES POINTS IMPORTANTS À RETENIR

- L'**énergie radiative** des rayons du Soleil est une **source d'énergie directement transférée par le Soleil**.
- La **biomasse**, c'est-à-dire les végétaux et les déchets organiques, est **indirectement issue de l'énergie radiative transférée par le Soleil**. Elle a été produite par photosynthèse, grâce à l'énergie radiative transférée par le Soleil.
- L'énergie radiative des rayons du Soleil et la biomasse sont des **sources d'énergie renouvelables** : elles peuvent être exploitées de façon illimitée à l'échelle humaine car leur durée prévisible d'épuisement est supérieure à leur durée de reconstitution. Cependant, même si ce sont des sources d'énergie renouvelables, leur utilisation a tout de même des inconvénients.
- Les **combustibles fossiles** (pétrole, gaz naturel, charbon) sont eux aussi **indirectement issus de l'énergie radiative transférée par le Soleil** mais ces sources d'énergie sont **non renouvelables**. Leurs stocks limités ne peuvent alors pas se renouveler à l'échelle des temps de l'humanité car leur durée prévisible d'épuisement est inférieure à leur durée de reconstitution. L'énergie résultant de leur utilisation est obtenue par combustion, ce qui génère des gaz à effet de serre.

LES MOTS IMPORTANTS

- Biomasse
- Charbon
- Combustible fossile
- Combustion
- Énergie radiative
- Fermentation
- Gaz à effet de serre
- Gaz naturel
- Panneau photovoltaïque
- Pétrole
- Pollution
- Rayons du Soleil
- Source d'énergie renouvelable
- Source d'énergie non renouvelable
- Transfert d'énergie

LE SCHÉMA IMPORTANT À RETENIR

Une diversité de sources d'énergie utilisables par l'Humanité

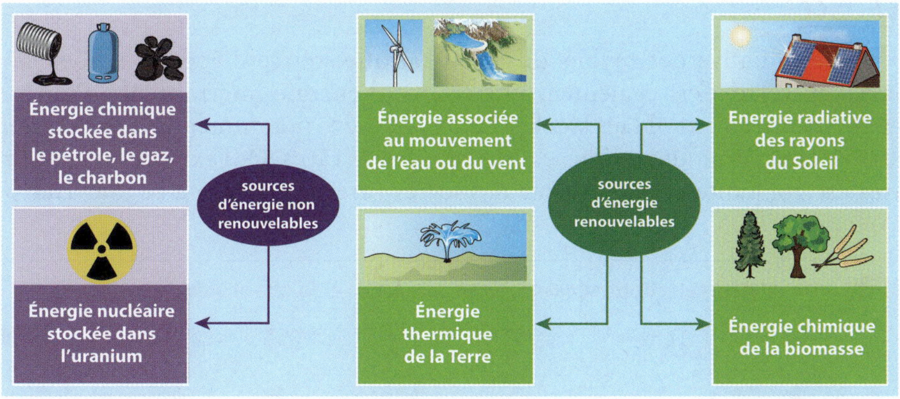

Vidéo

Quiz

1. L'énergie directement transférée par le Soleil est de l'énergie électrique.
☐ Vrai ☐ Faux

2. Les combustibles fossiles (pétrole, charbon, gaz naturel) se sont formés il y a plusieurs dizaines à plusieurs centaines de millions d'années.
☐ Vrai ☐ Faux

3. Une combustion génère des gaz à effet de serre.
☐ Vrai ☐ Faux

4. L'énergie résultant de l'utilisation de la biomasse comme source d'énergie est obtenue uniquement par fermentation.
☐ Vrai ☐ Faux

5. Toutes les sources d'énergie issues du Soleil sont renouvelables.
☐ Vrai ☐ Faux

6. Il existe des sources d'énergie pour lesquelles leur utilisation comme source d'énergie n'a aucun inconvénient.
☐ Vrai ☐ Faux

→ Réponses p. 114

Décrire les atouts et les limites liés à l'utilisation d'une source d'énergie

ÉNONCÉ

L'énergie radiative des rayons du Soleil est une source d'énergie renouvelable mais, sur Terre, c'est également une source d'énergie intermittente. Pour pallier cet inconvénient, il faut stocker l'énergie, grâce notamment à des accumulateurs électrochimiques qui nécessitent des terres rares. Or l'extraction des terres rares est polluante et le recyclage des terres rares est encore à ce jour très peu développé.

Doc. **Accumulateurs électrochimiques dans un parc éolien et solaire en Australie**

1. Donnez le nom du dispositif permettant de convertir l'énergie radiative des rayons du Soleil en énergie électrique.

2. Indiquez dans un tableau au moins deux atouts et au moins deux limites liés à l'utilisation de l'énergie radiative des rayons du Soleil comme source d'énergie.

MÉTHODE

- Nommer le dispositif de conversion sans expliquer son fonctionnement car cela n'est pas demandé dans la consigne.
- Grâce à des connaissances ou à des recherches sur Internet, lister les atouts et les limites au brouillon avant de tracer le tableau.
- Ne pas oublier d'évoquer, dans les atouts ou les limites, l'émission, ou non, de gaz à effet de serre, car la lutte contre le réchauffement climatique est un enjeu actuel majeur.

CORRIGÉ

1. Le dispositif qui permet de convertir l'énergie radiative des rayons du Soleil en énergie électrique est un panneau photovoltaïque.

2. Quelques atouts et limites liés à l'utilisation de l'énergie radiative des rayons du Soleil comme source d'énergie peuvent être énumérés dans le tableau suivant.

Vocabulaire

Un panneau photovoltaïque est nommé communément panneau solaire.

Atouts	Limites
• Utilisation d'une source d'énergie renouvelable. • Pas de gaz à effet de serre émis lors de l'utilisation. • Moins de problèmes avec les riverains lors de l'installation de panneaux photovoltaïques par rapport à l'installation d'éoliennes. • …	• Source d'énergie intermittente, nécessitant un stockage de l'énergie dont les dispositifs sont polluants durant leur cycle de vie. • Rendement encore assez faible à ce jour. • Fabrication des panneaux photovoltaïques polluante et générant des gaz à effet de serre. • …

Gagnez des points

Si uniquement deux atouts et deux limites sont demandés, n'en notez pas plus dans votre tableau. Sinon, vous risquez de perdre du temps et de ne pas réussir à finir l'ensemble des exercices demandés.

Vérification des connaissances

Pour chaque question ou affirmation, il y a entre 0 et 3 bonnes réponses.

1. L'énergie radiative des rayons du Soleil :
a. est stockée du Soleil vers la Terre.
b. est convertie du Soleil vers la Terre.
c. est transférée du Soleil vers la Terre.

2. La durée de reconstitution d'une source d'énergie renouvelable est :
a. inférieure à sa durée d'épuisement.
b. égale à sa durée d'épuisement.
c. supérieure à sa durée d'épuisement.

3. La durée de reconstitution d'une source d'énergie non renouvelable est :
a. inférieure à sa durée d'épuisement.
b. égale à sa durée d'épuisement.
c. supérieure à sa durée d'épuisement.

4. Les combustibles fossiles sont des sources d'énergie issues indirectement :
a. de l'énergie radiative du Soleil.
b. de l'énergie thermique de la Terre.
c. de l'énergie cinétique des océans.

5. La combustion d'un combustible fossile génère essentiellement :
a. du dioxygène.
b. du dioxyde de carbone.
c. de l'air.

6. La biomasse est constituée de :
a. matière organique.
b. minéraux.
c. végétaux.

7. L'énergie résultant de l'utilisation de la biomasse comme source d'énergie est obtenue par :
a. oxydation ou réduction.
b. fermentation ou combustion.
c. condensation ou liquéfaction.

Entraînement

Centrale électrique « verte » sur l'île de la Réunion

Exploitation de documents et calcul

Sur l'île française de la Réunion, une centrale électrique utilise du charbon, mais aussi de la bagasse pour fonctionner.

Doc. Description de la centrale

Construite en 1892 sur l'île de la Réunion, l'usine du Gol consomme de l'énergie pour générer de la vapeur nécessaire au traitement de la canne à sucre. Parallèlement, depuis 1996, elle produit également de l'électricité par cogénération à partir des déchets issus de la canne à sucre. C'est la bagasse, la fibre de canne à sucre résiduelle après le broyage, qui est utilisée comme combustible durant la période de récolte sucrière, qui s'étale chaque année du 1er juillet au 31 décembre.

Lors de chaque campagne sucrière, plus de 300 000 tonnes de bagasses produites sont utilisées comme combustible. Cette centrale, dite à cogénération hybride bagasse/charbon, peut fournir une puissance maximale de 95 MW en fonctionnement bagasse. Hors période sucrière en fonctionnement charbon, la puissance totale du site atteint 111,5 MW.

D'après www.connaissancesdesenergies.org

QUESTIONS

1. Nommez le type de réaction chimique qui intervient dans la centrale du Gol et indiquez si le fonctionnement de la centrale contribue au réchauffement climatique.

2. Expliquez l'intérêt environnemental de la centrale électrique du Gol.

3. Calculez l'énergie électrique maximale que la centrale du Gol peut fournir pendant une période sucrière.

Quiz

1 Faux. L'énergie directement transférée par le Soleil est de l'énergie radiative.

2 Vrai. Les combustibles fossiles (pétrole, charbon, gaz naturel) se sont formés il y a plusieurs dizaines à plusieurs centaines de millions d'années : ce sont des sources d'énergie non renouvelables.

3 Vrai. Une combustion génère des gaz à effet de serre.

4 Faux. L'énergie résultant de l'utilisation de la biomasse comme source d'énergie est obtenue par fermentation mais aussi par combustion.

5 Faux. Toutes les sources d'énergie issues du Soleil ne sont pas renouvelables, comme par exemple les combustibles fossiles.

6 Faux. Il n'existe malheureusement aucune source d'énergie pour laquelle son utilisation comme source d'énergie n'a pas d'inconvénient.

Vérification des connaissances

1. c. Vrai. L'énergie radiative des rayons du Soleil est transférée du Soleil vers la Terre. Elle n'est ni convertie, ni transférée.

2. a. Vrai. La durée de reconstitution d'une source d'énergie renouvelable est inférieure à sa durée d'épuisement. Son utilisation est illimitée à l'échelle humaine.

3. c. Vrai. La durée de reconstitution d'une source d'énergie non renouvelable est supérieure à sa durée d'épuisement : ses stocks sont limités à l'échelle humaine.

4. a. Vrai. Les combustibles fossiles sont des sources d'énergie issues indirectement de l'énergie radiative du Soleil.

5. b. Vrai. La combustion d'un combustible fossile génère essentiellement du dioxyde de carbone qui est un gaz à effet de serre.

6. a. et c. Vrai. La biomasse est constituée de végétaux et de déchets organiques, qui sont de la matière organique.

7. b. Vrai. L'énergie résultant de l'utilisation de la biomasse comme source d'énergie est obtenue par fermentation ou combustion.

Entraînement

1. D'après le document, la bagasse est utilisée comme combustible dans la centrale du Gol : la transformation chimique qui intervient est donc une combustion.

Le fonctionnement de la centrale contribue au réchauffement climatique car les combustions produisent des gaz à effet de serre, comme du dioxyde de carbone par exemple.

2. La centrale du Gol est dite à cogénération hybride bagasse/charbon. Le combustible utilise durant la moitié de l'année la bagasse, qui est la fibre de canne à sucre résiduelle après le broyage, c'est-à-dire un déchet organique. L'emploi de ce combustible, qui est une source d'énergie renouvelable, permet donc à la centrale électrique de fonctionner sans puiser dans les sources d'énergie non renouvelables de la Terre.

> **Gagnez des points**
> Répondez en deux ou trois phrases et pas plus afin d'avoir le temps de répondre à toutes les questions posées.

3. L'énergie électrique maximale E que peut fournir la centrale thermique du Gol pendant la période sucrière dépend de sa puissance P et de sa durée de fonctionnement Δt :

$E = P \times \Delta t$.

> **Rappel**
> L'unité légale de la puissance est le watt (W) tandis que l'unité légale de l'énergie est le joule (J).

Pendant la période sucrière, la centrale du Gol génère une puissance maximale :

$P = 95\,\text{MW} = 95 \times 10^6\ \text{W}$.

De plus, la période sucrière s'étale du 1er juillet au 31 décembre. La durée de fonctionnement Δt de la centrale pendant la période sucrière est donc :

$\Delta t = 6$ mois $= (31 + 31 + 30 + 31 + 30 + 31)$ jours

$\Delta t = (31 + 31 + 30 + 31 + 30 + 31) \times 24$ heures

$\Delta t = (31 + 31 + 30 + 31 + 30 + 31) \times 24 \times 3\,600$ secondes

> **Astuce**
> Pensez à convertir la durée de fonctionnement en secondes avant de réaliser le calcul.

Ainsi, l'énergie électrique maximale E que peut fournir la centrale thermique du Gol pendant la période sucrière est égale à :

$E = 95 \times 10^6 \times (31 + 31 + 30 + 31 + 30 + 31) \times 24 \times 3\,600 = 1{,}5 \times 10^{15}\ \text{J}$.

CHAPITRE

8 La forme de la Terre

1 Mesure de la longueur d'un méridien terrestre

De quoi s'agit-il ? Dès l'Antiquité, des mesures géométriques d'angles ou de longueurs permettent de conclure que la Terre est sphérique, et ainsi de mesurer sa circonférence ou la longueur d'un méridien.

1 Méthode d'Ératosthène

- Dès l'Antiquité, des observations permettent de conclure que la Terre est sphérique, alors qu'elle apparaît localement plane.
- En 230 av. J.-C., Ératosthène, un savant grec directeur de la grande Bibliothèque d'Alexandrie, réussit à calculer la circonférence de la Terre par une mesure d'angles. Ces mesures avaient été réalisées à Syène (actuelle ville d'Assouan) et à Alexandrie.
- On peut reprendre cette méthode afin de calculer la distance entre deux points A et B d'un même méridien, en supposant que la Terre est sphérique, non aplatie au pôle.
- La méthode consiste à repérer au même moment l'ombre portée d'un bâton vertical de même hauteur au point A et au point B (**Doc. 1**). On mesure les angles $\widehat{A}$ et $\widehat{B}$ entre la verticale du bâton et le rayon lumineux : l'angle $\widehat{AOB}$ vaut alors la différence entre les angles $\widehat{A}$ et $\widehat{B}$ avec O le centre de la Terre.
- Si l'on connaît la distance entre les points A et B correspondant à l'angle $\widehat{AOB}$, on peut alors déterminer la longueur du méridien correspondant à un angle de 180°.
- Par cette méthode, entre Syène et Alexandrie le jour du solstice d'été, Ératosthène obtient une longueur de méridien qui diffère seulement de 1,7 % de la valeur actuellement admise de 40 070 km.
- Dans l'hypothèse d'une planète sphérique, la mesure d'un méridien terrestre correspond à la circonférence de la Terre, soit $p = 2\pi R_T$ avec R_T le rayon terrestre, d'où $R_T = \dfrac{p}{2\pi}$.

2 Méthode de triangulation plane de Delambre et Méchain

- En 1791, l'Assemblée constituante charge Delambre et Méchain de déterminer la longueur d'arc de méridien Dunkerque-Barcelone. L'objectif est d'obtenir la mesure du mètre, défini comme le « dix millionième du quart » du méridien terrestre.

- La méthode de triangulation plane utilisée est fondée sur le fait que la connaissance de deux angles et de la longueur d'un côté d'un triangle quelconque permet de connaître le troisième angle et les deux autres côtés (**Doc. 2**). En effet, la loi des sinus met en évidence une relation entre les angles $\widehat{A}$, $\widehat{B}$ et $\widehat{C}$ et les longueurs a, b et c des côtés BC, AC et AB : $\dfrac{a}{\sin \widehat{A}} = \dfrac{b}{\sin \widehat{B}} = \dfrac{c}{\sin \widehat{C}}$.
- Delambre et Méchain ont l'idée de découper l'arc de méridien Dunkerque-Barcelone en une série de morceaux de méridien s'inscrivant dans plusieurs triangles adjacents formés par des points de repère géographiques comme des clochers, des tours, des sommets, etc. (**Doc. 3**).
- Cette mesure historique a nécessité 90 triangles et près de 500 000 mesures d'angles et le résultat final ne diffère que de 10 m avec la mesure par satellite actuelle !

Doc. 1 **Méthode d'Eratosthène**

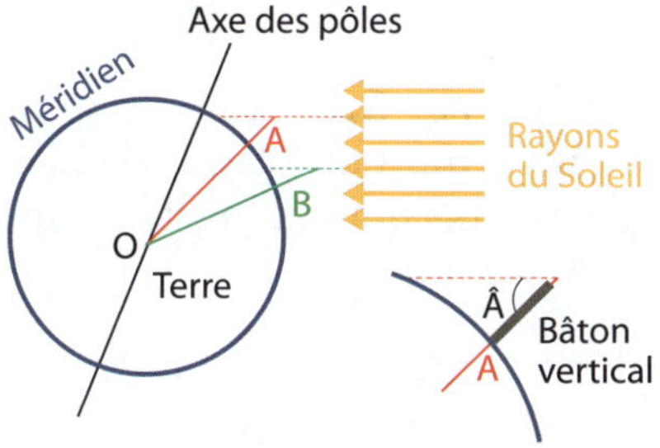

Doc. 2 **Angles, sommets et côtés d'un triangle**

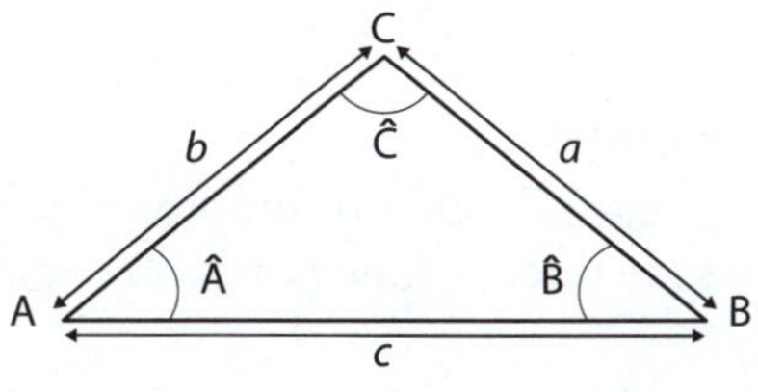

Doc. 3 **Méthode de Delambre et Méchain**

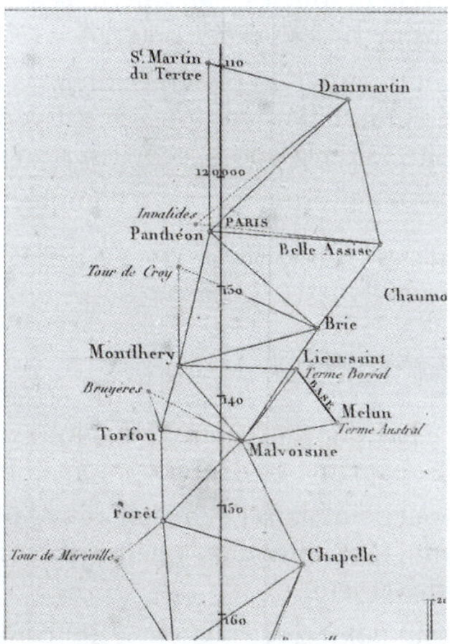

Vocabulaire

Méridien : cercle imaginaire « dessiné » sur la surface de la Terre et passant par ses pôles.

Ombre portée : zone non éclairée par les rayons lumineux éclairant un objet du fait de leur inclinaison.

Triangulation : méthode utilisée en géométrie ou en trigonométrie pour mesurer des distances.

2 Chemins entre deux points de la surface terrestre

De quoi s'agit-il ? On repère un point sur la surface de la Terre par son altitude et par deux coordonnées angulaires : sa longitude et sa latitude. Ces dernières permettent de calculer la longueur entre deux points de la surface terrestre.

1 Longitude

- La longitude est l'angle entre le plan méridien d'un lieu et un plan méridien de référence (**Doc.**). Elle s'exprime en degrés (°).
- Le plan méridien de référence est celui du plan de Greenwich en Angleterre.
- Tous les points d'un même plan méridien ont la même longitude. En particulier, les points du plan de Greenwich ont une longitude de 0°.
- Le globe terrestre est divisé verticalement en quartiers dont les plans qui les délimitent sont les plans méridiens. Ils sont au nombre de 24, et l'angle entre deux plans méridiens est de 360°/24 = 15°.
- Tout point d'un plan méridien « à gauche » du plan de Greenwich a une longitude Ouest (W) comptée négativement, et tout point d'un plan méridien « à droite » du plan de Greenwich a une longitude Est (E) comptée positivement.
- Les longitudes sont ainsi comptées de 180° W ou (– 180°) à 180° E (ou +180°).

Exemples : la longitude de Paris est 2°20′55″ E ou + 2°20′55″, celle de New York 74°00′21″ W ou – 74°00′21″.

2 Latitude

- La latitude d'un point P du globe est l'angle entre l'équateur et le point P (**Doc.**). Elle s'exprime en degrés (°), tout comme la longitude.
- Tout point dans l'hémisphère sud possède une latitude sud (S) comptée négativement ; tout point dans l'hémisphère nord possède une latitude nord (N) comptée positivement.
- Tout point de l'équateur a donc une latitude de 0°.
- Le globe terrestre est divisé horizontalement en plusieurs plans parallèles à l'équateur. Les parallèles sont les lignes circulaires imaginaires de points ayant la même latitude. Le diamètre d'un parallèle est d'autant plus petit qu'il est proche des pôles.
- Les parallèles sont perpendiculaires aux méridiens : les méridiens sont de longueur fixe correspondant au périmètre terrestre alors que chaque parallèle a sa propre longueur.

3 Altitude

L'altitude d'un point, en mètres (m), est mesurée par rapport à un niveau de référence, souvent le niveau de la mer.

4 Chemin entre deux points

- Le plus court chemin entre deux points à la surface de la Terre est l'arc de cercle qui les relie.
- En assimilant la Terre à une sphère, la longueur d'un arc de méridien entre deux points A et B de ce méridien, noté $\widehat{AB}$ (en m), se calcule à partir des latitudes φ_A et φ_B de A et B : $\widehat{AB} = |\varphi_A - \varphi_B| \times R_T$ avec $|\varphi_A - \varphi_B|$ la valeur absolue de la différence des latitudes de A et B (en rad) et R_T le rayon terrestre (en m).
- En assimilant la Terre à une sphère, la longueur d'un arc de parallèle entre deux points A et B de ce parallèle, noté $\widehat{AB}$ (en m), se calcule à partir des longitudes λ_A et λ_B de A et B : $\widehat{AB} = |\lambda_A - \lambda_B| \times R_\beta$ avec $|\lambda_A - \lambda_B|$ la valeur absolue de la différence des longitudes de A et B (en rad) et R_β le rayon du parallèle (en m).

Doc. Latitudes et longitudes terrestres

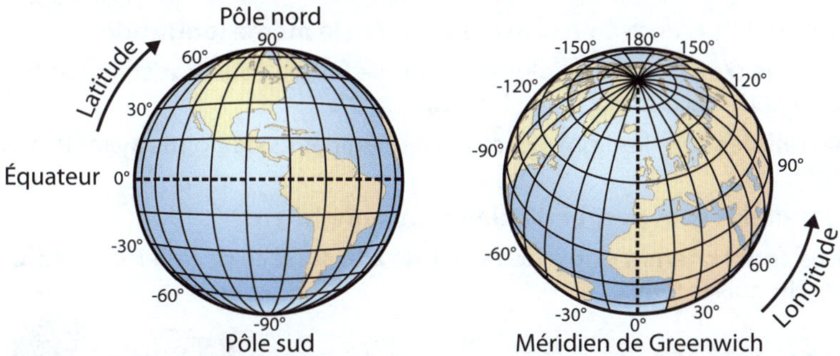

Vocabulaire

Longitude : angle entre le plan méridien d'un lieu et un plan méridien de Greenwich. La longitude s'exprime en degrés (°).

Plan de Greenwich : plan méridien de référence de longitude 0°.

Latitude d'un point P : angle entre l'équateur et le point P. La latitude s'exprime en degrés (°).

Parallèle : ligne circulaire imaginaire sur le globe terrestre parallèle à l'équateur, lieu des points ayant la même latitude.

RÉVISION EXPRESS

LES POINTS IMPORTANTS À RETENIR

- Dès l'Antiquité, des observations de différentes natures permettent de conclure que la Terre est **sphérique**, alors même que, **localement, elle apparaît plane** dans la plupart des expériences quotidiennes.
- Historiquement, des méthodes géométriques ont permis de calculer la longueur d'un méridien (environ 40 000 km) à **partir de mesures d'angles ou de longueurs**.
- Les méthodes de calcul de la longueur d'un méridien sont les méthodes d'Ératosthène ou de triangulation plane, comme celle utilisée par Delambre et Méchain.
- La longueur d'un arc de cercle est **proportionnelle** à l'angle qui l'intercepte.
- On repère un point sur la surface de la Terre par **deux coordonnées angulaires : sa latitude et sa longitude**.
- La **longitude** est l'angle entre le plan méridien d'un lieu et un plan méridien de référence. Elle s'exprime en degrés (°).
- Le plan méridien de référence est celui du **plan de Greenwich** en Angleterre.
- Tous les points d'un même plan méridien ont la **même longitude.**
- La **latitude** d'un point P du globe est l'angle entre l'équateur et le point P. Tout point de l'**équateur** a une **latitude de 0°.**
- Les **parallèles** sont les lignes circulaires imaginaires de points ayant la même latitude.
- Les **parallèles sont perpendiculaires aux méridiens**.
- Le **plus court chemin entre deux points à la surface** de la Terre est l'**arc de cercle** qui les relie.

Vidéo

LES MOTS IMPORTANTS

- Angle
- Arc de méridien
- Arc de parallèle
- Cercle polaire
- Circonférence terrestre
- Coordonnée angulaire
- Delambre et Méchain
- Équateur
- Ératosthène
- Hémisphère
- Latitude
- Longitude
- Méridien
- Méridien de Greenwich
- Ombre portée
- Parallèle
- Relation des sinus
- Repère géographique
- Triangles adjacents
- Triangulation
- Tropique

LE SCHÉMA IMPORTANT À RETENIR

Méridiens et parallèles

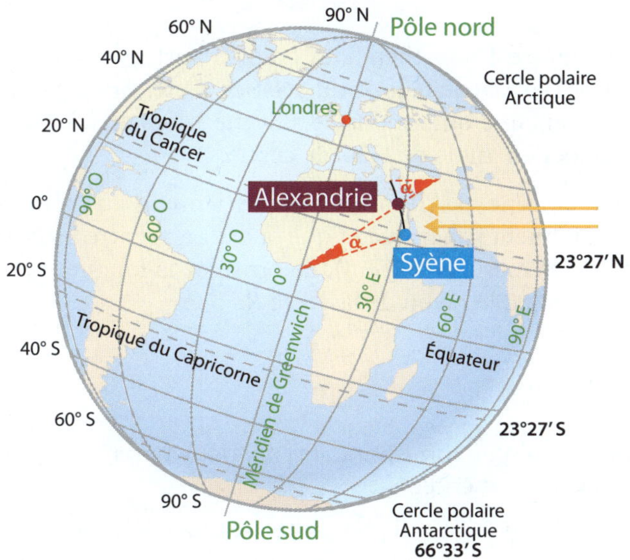

Quiz

1. La méthode d'Ératosthène a permis de mesurer la longueur d'un méridien.

☐ Vrai ☐ Faux

2. Deux points sur un même méridien ont même latitude.

☐ Vrai ☐ Faux

3. Le méridien de référence est celui de Greenwich en Angleterre.

☐ Vrai ☐ Faux

4. Les parallèles correspondent à des quartiers de globe terrestre.

☐ Vrai ☐ Faux

5. Deux points du même parallèle appartiennent à des méridiens différents.

☐ Vrai ☐ Faux

6. L'équateur est à 0° de longitude.

☐ Vrai ☐ Faux

→ **Réponses p. 127**

Calculer le rayon terrestre par la méthode d'Ératosthène

ÉNONCÉ

La mesure historique d'Ératosthène des ombres portées de bâtons verticaux est faite à Syène et à Alexandrie le jour du solstice d'été. Ératosthène constate que ce jour-là, il n'y a aucune ombre portée à Syène, alors qu'à Alexandrie, l'ombre portée correspond à un angle de 1/50e de cercle.

En supposant que Syène et Alexandrie appartiennent au même méridien, que la Terre est parfaitement sphérique et que la distance entre les deux villes est de 5000 stades (1 stade mesure 157,5 m), déterminez la longueur p d'un méridien terrestre et déduisez-en le rayon de la Terre R_T.

MÉTHODE

- Déterminer les angles correspondant aux deux ombres portées des points choisis sur le même méridien.
- En déduire la différence (positive), notée α, de ces angles.
- Exprimer la distance entre les deux villes en unités du système international, c'est-à-dire en mètres.
- Sachant que la longueur d'un arc de cercle est proportionnelle à l'angle qui l'intercepte, déterminer la longueur d'un méridien terrestre.
- Cette longueur étant le périmètre d'un cercle de rayon terrestre, en déduire R_T.

CORRIGÉ

- À Syène, il n'y a pas d'ombre portée, donc l'angle entre le morceau de bois vertical et les rayons du Soleil est nul.

À Alexandrie, l'ombre portée correspond à un angle de 1/50e de cercle $= \frac{1}{50} \times 360°$ ou 7,2°.

À retenir

Si l'ombre portée est nulle, cela signifie que le Soleil est au zénith, c'est-à-dire à la verticale du lieu.

• L'angle α correspond à la différence entre les angles mesurés à Syène et à Alexandrie : $\alpha = 7{,}2 - 0 = 7{,}2°$.

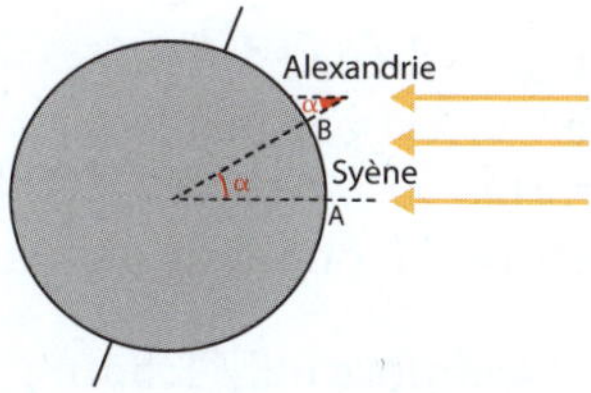

• La distance entre les deux villes (mesurée à l'époque à dos de chameau !) est de 5 000 stades. Or chaque stade est estimé à 157,5 m, soit un total de :

$d_{\text{Syène-Alexandrie}} = 5\,000 \times 157{,}5 = 787\,500 \text{ m} = 787{,}5 \text{ km}$.

En ne gardant qu'un nombre raisonnable de chiffres significatifs, on obtient : $d_{\text{Syène-Alexandrie}} = 8 \times 10^5 \text{ m}$.

On suppose ici que la distance de 5 000 stades n'est connue qu'à une précision correspondant à 1 chiffre significatif.

Piège à éviter

Attention au nombre de chiffres significatifs du résultat obtenu : le résultat d'un calcul ne peut pas être plus précis que les mesures dont il dépend.

• On a donc obtenu qu'un angle entre les deux villes $\alpha = 7{,}2°$ correspond à un arc de méridien ou une distance sur la croûte terrestre $d_{\text{Syène-Alexandrie}} = 8 \times 10^5 \text{ m}$.

Le périmètre p de la Terre ou mesure de la longueur d'un méridien correspond à un angle $\alpha_{\text{total}} = 360°$. On peut alors écrire, par un simple rapport de proportionnalité :

$$p = \frac{d_{\text{Syène - Alexandrie}} \times \alpha_{\text{total}}}{\alpha} = \frac{8 \times 10^5 \times 360°}{7{,}2°} = 4 \times 10^7 \text{ m}.$$

À retenir

La mesure d'un méridien terrestre est de l'ordre de 40 000 km. Elle correspond bien au résultat trouvé.

• L'expression du périmètre d'un cercle permet d'en déterminer son rayon.

On a donc, dans le cas de la longueur d'un méridien terrestre : $p = 2\pi R_T$, soit $R_T = \dfrac{p}{2\pi}$.

$R_T = \dfrac{4 \times 10^7}{2\pi} = 6 \times 10^6 \text{ m}$ ou $6 \times 10^3 \text{ km}$ avec un chiffre significatif.

À retenir

La valeur du rayon terrestre est en moyenne $R_T = 6{,}4 \times 10^3 \text{ km}$, avec 2 chiffres significatifs.

Vérification des connaissances

Pour chaque question ou affirmation, il y a entre 0 et 3 bonnes réponses.

1. La méthode de mesure d'Ératosthène :
a. se base sur le fait que la Terre n'est pas plate.
b. est une mesure d'ombre portée.
c. a permis seulement de mesurer la longueur d'un arc de méridien.

2. La méthode de mesure de Delambre et Méchain :
a. est plus ancienne que celle d'Ératosthène.
b. est une méthode de triangulation.
c. se fonde sur un certain nombre de repères géographiques.

3. La longitude :
a. est une longueur exprimée en kilomètres.
b. est la même pour deux points d'un même méridien.
c. est nulle en Angleterre.

4. Deux points appartenant au même méridien sont équidistants :
a. de l'équateur.
b. de Greenwich.
c. du méridien de référence.

5. La latitude :
a. est un angle mesuré à partir de l'équateur.
b. est de 0° pour tout point de l'équateur.
c. peut être positive ou négative.

6. Les parallèles :
a. sont parallèles entre eux.
b. sont perpendiculaires aux méridiens.
c. sont parallèles à l'équateur.

7. Deux points du globe terrestre peuvent avoir :
a. la même longitude.
b. la même latitude.
c. des longitudes et latitudes toutes différentes.

Entraînement

1 Deux points à la surface de la Terre

Calcul

QUESTIONS

1. Exprimez la circonférence p de la Terre en fonction de son rayon R_T. Déduisez-en, à partir de la longueur moyenne d'un méridien, la valeur du rayon terrestre. Comparez-la à la valeur du rayon équatorial.

2. Le Caire en Égypte et Saint-Pétersbourg en Russie sont deux villes situées sur le même méridien dans l'hémisphère nord. Quelle coordonnée géographique ont-elles en commun ? La différence de leurs latitudes étant égale à 30°, calculez la distance la plus courte entre ces deux villes. Comparez à la distance $D = 3\,323$ km donnée par une agence de voyages sur son site web.

3. Les villes de Siaya au Kenya et de Macapa au Brésil sont situées pratiquement sur l'équateur. La longitude de Siaya est de 34° E, celle de Macapa est de 51° O. Donnez les coordonnées géographiques de ces deux villes. Calculez la distance entre ces deux villes.

Données : longueur moyenne d'un méridien $L = 40\,070$ km ; rayon équatorial $R = 6\,378$ km.

2 Principe de la méthode de Delambre et Méchain

Calcul

Soit une triangulation à trois triangles (ABC), (ACD) et (ADE). On ne s'intéressera dans cet exercice qu'aux deux premiers triangles adjacents (ABC) et (ACD), afin de ne montrer que le principe du découpage de la mesure d'un méridien par la méthode de Delambre et Méchain. La mesure totale du méridien est alors la somme des différents segments qui le composent, dont la longueur se calcule toujours de la même manière, telle que montrée dans cet exercice.

[BE] joue ici le rôle de l'arc de méridien Dunkerque-Barcelone. On décompose ainsi cet arc en trois segments tels que :

$$[BE = BF + FG + GE]$$

Les premières mesures réalisées sont : AC = 9,0 ; $\widehat{CAB} = 45°$; $\widehat{BCA} = 53°$ et $\widehat{ABF} = 22°$.

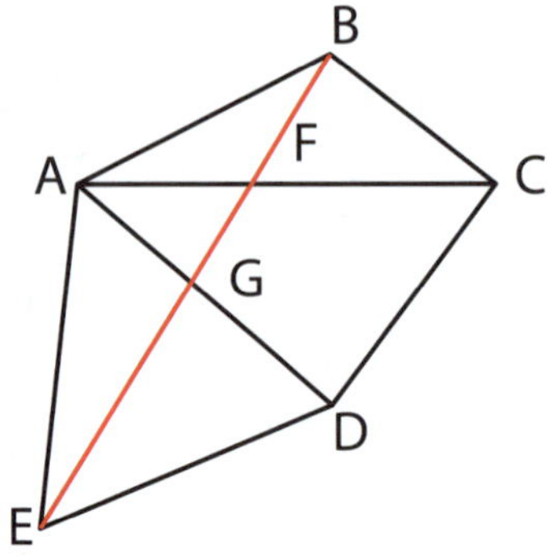

QUESTIONS

1. La somme des angles d'un triangle étant égale à l'angle plat, calculez l'angle $\widehat{ABC}$.

2. En utilisant la loi des sinus dans le triangle (ABC), calculez la longueur AB.

3. Dans le triangle (ABF), donnez la valeur de l'angle $\widehat{BFA}$, puis calculer les longueurs AF et BF, le premier segment de l'arc de méridien.

On se place maintenant au point D et on réalise deux autres mesures d'angles : $\widehat{DAC} = 34°$ et $\widehat{ACD} = 41°$.

4. Dans le triangle (ACD), déduisez-en l'angle $\widehat{CDA}$, puis la valeur de AD.

5. Dans le triangle (AFG), donnez la valeur de l'angle $\widehat{AFG}$, puis calculez la longueur FG, deuxième segment de l'arc de méridien.

Quiz

1 Vrai. La méthode d'Ératosthène a permis de mesurer la longueur d'un méridien par une méthode d'ombre portée.

2 Faux. Deux points d'un même méridien ont même longitude.

3 Vrai. Le méridien de référence de longitude 0° est le méridien de Greenwich.

4 Faux. Les parallèles sont des cercles formant des plans parallèles entre eux et en particulier parallèles au plan de l'équateur.

5 Vrai. Deux points du même parallèle ont la même latitude, mais des longitudes différentes. Ils appartiennent donc à des méridiens différents.

6 Faux. L'équateur est le parallèle de latitude 0°.

Vérification des connaissances

1. a. et **b. Vrai.** La méthode d'Ératosthène est fondée sur une mesure d'angles qui ne sont pas mesurables dans le cas d'une hypothèse de Terre plate. La mesure a permis d'obtenir la circonférence terrestre (**c. Faux**).

2. b. et **c. Vrai.** La méthode de Delambre et Méchain est plus récente que celle d'Ératosthène (**a. Faux**). En utilisant des repères géographiques tels que les sommets de montagnes, de monuments, etc., elle permet de définir un certain nombre de triangles adjacents.

3. b. Vrai. La longitude est un angle (**a. Faux**) et est la même pour tout point du même méridien. Or l'Angleterre n'est pas un méridien ! Seuls les points appartenant au méridien de Greenwich ont une longitude nulle (**c. Faux**).

4. c. Vrai. Deux points appartenant au même méridien sont équidistants du méridien de référence ou méridien de Greenwich et non de la ville de Greenwich (**b. Faux**) ou de l'équateur qui n'est pas un méridien (**a. Faux**).

5. a., b. et **c. Vrai.** La latitude est bien un angle mesuré à partir de l'équateur, positif pour l'hémisphère nord et négatif pour l'hémisphère sud.

6. **a., b. et c. Vrai.** Les parallèles sont des lignes parallèles entre elles et en particulier à celle de l'équateur. Les parallèles et les méridiens sont des lignes perpendiculaires entre elles.

7. **a., b. et c. Vrai.** Deux points du globe terrestre peuvent avoir la même longitude s'ils appartiennent au même méridien, la même latitude s'ils appartiennent au même parallèle. Ces deux points peuvent aussi avoir des latitudes et longitudes sans aucun lien entre elles.

Entraînement

1 Deux points à la surface de la Terre

1. La circonférence de la Terre correspond au périmètre maximal, c'est-à-dire à la longueur d'un méridien : $L = 2\pi R_T$. On en déduit $R_T = \frac{L}{2\pi} = \frac{40\,070}{2\pi} = 6\,377$ km.

Le taux de variation entre la valeur calculée et le rayon équatorial est :

$$\tau = \frac{|R_T - R|}{R} = \frac{6\,378 - 6\,377}{6\,378} = 1{,}6 \times 10^{-4}$$, soit une variation extrêmement faible.

2. Le Caire en Égypte et Saint-Pétersbourg en Russie sont deux villes situées sur le même méridien, elles ont donc la même longitude.

La distance $D_{C\text{-}SP}$ entre ces deux villes est :

$$D_{C\text{-}SP} = |\varphi_C - \varphi_{SP}| \times R_T = \frac{30° \times \pi}{180°} \times 6\,377 = 3\,339 \text{ km.}$$

> **Réflexe à avoir**
> La conversion des degrés en radians est telle que :
> $\text{angle (rad)} = \frac{\text{angle (°)} \times \pi}{180°}$.

Le taux de variation entre la valeur calculée et la valeur annoncée est :

$$\tau = \frac{|D_{C\text{-}SP} - D|}{D} = \frac{3\,339 - 3\,323}{3\,323} = 4{,}8 \times 10^{-3}$$, soit une variation très faible.

3. Les villes de Siaya au Kenya et de Macapa au Brésil sont situées pratiquement sur l'équateur : leur latitude est donc de 0°. Leurs coordonnées géographiques sont donc : Siaya (0° ; 34° E) et Macapa (0° ; 51° O). La distance $D_{S\text{-}M}$ entre ces deux villes est $|\lambda_S - \lambda_M| \times R_\beta$ avec $|\lambda_S - \lambda_M|$ la valeur absolue de la différence des longitudes des deux villes (en rad) et R_β le rayon du parallèle, c'est-à-dire le rayon équatorial.

$$D_{S\text{-}M} = \frac{|-51° - 34°| \times \pi}{180°} \times 6\,378 = 9\,462 \text{ km.}$$

2 Principe de la méthode de Delambre et Méchain

Rappel
La somme des angles d'un triangle est égale à un angle plat, soit 180°.

1. La somme des angles d'un triangle étant égale à l'angle plat, on peut écrire $\widehat{ABC} + \widehat{BCA} + \widehat{CAB} = 180°$.
Soit $\widehat{ABC} = 180° - \widehat{BCA} - \widehat{CAB} = 180 - 53 - 45 = 82°$.

2. La loi des sinus dans le triangle (ABC) s'écrit :
$\dfrac{BC}{\sin\widehat{CAB}} = \dfrac{AC}{\sin\widehat{ABC}} = \dfrac{AB}{\sin\widehat{BCA}}$. D'où $AB = \dfrac{AC \times \sin\widehat{BCA}}{\sin\widehat{ABC}}$.

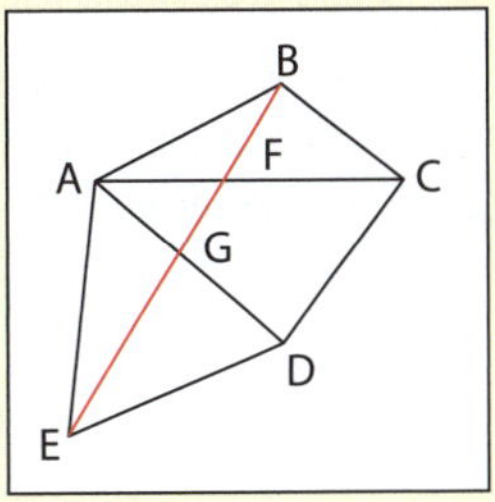

$AB = \dfrac{9{,}0 \times \sin 53°}{\sin 82°} = 7{,}3$.

3. Dans le triangle (ABF), la somme de ses angles est telle que $\widehat{ABF} + \widehat{BFA} + \widehat{FAB} = 180°$ avec $\widehat{ABF} = 22°$.
Or $\widehat{FAB} = \widehat{CAB} = 45°$.
On en déduit que : $\widehat{BFA} = 180° - \widehat{ABF} - \widehat{CAB} = 180 - 22 - 45 = 113°$.
La loi des sinus dans ce triangle s'écrit :
$\dfrac{AF}{\sin\widehat{ABF}} = \dfrac{BF}{\sin\widehat{FAB}} = \dfrac{AB}{\sin\widehat{BFA}}$. On obtient donc :
$AF = \dfrac{AB \times \sin\widehat{ABF}}{\sin\widehat{BFA}} = \dfrac{7{,}3 \times \sin 22°}{\sin 113°} = 3{,}0$ dont on va se servir pour le calcul de la seconde portion de l'arc de méridien.

$BF = \dfrac{AB \times \sin\widehat{FAB}}{\sin\widehat{BFA}} = \dfrac{7{,}3 \times \sin 45°}{\sin 113°} = 5{,}6$ (première portion de l'arc de méridien).

4. Dans le triangle (ACD), la somme de ses angles est telle que $\widehat{CDA} + \widehat{DAC} + \widehat{ACD} = 180°$. On en déduit que $\widehat{CDA} = 180° - \widehat{DAC} - \widehat{ACD} = 180 - 41 - 34 = 105°$ et

$AD = \dfrac{AC \times \sin\widehat{ACD}}{\sin\widehat{CDA}} = \dfrac{9{,}0 \times \sin 41°}{\sin 105°} = 6{,}1$.

5. L'angle $\widehat{BFG}$ est un angle plat.
$\widehat{AFG} = 180° - \widehat{BFA} = 180 - 113 = 67°$.
Dans le triangle (AFG), $\widehat{GAF} = \widehat{FAB} = \widehat{DAC} = 34°$.
On en déduit que $\widehat{FGA} = 180° - \widehat{DAC} - \widehat{AFG} = 180 - 34 - 67 = 79°$ et

$FG = \dfrac{AF \times \sin\widehat{GAF}}{\sin\widehat{FGA}} = \dfrac{3{,}0 \times \sin 34°}{\sin 79°} = 1{,}7$ (deuxième portion de l'arc de méridien).

CHAPITRE

9 L'histoire de l'âge de la Terre

1 Émergence d'une idée

De quoi s'agit-il ? Les Hommes ont commencé à s'interroger sur l'âge de la Terre à partir du moment où ils ont pensé que l'Univers avait un commencement. Les premières estimations de l'âge de la Terre reposent sur différentes observations.

1 Une idée ancienne

- Portée par Aristote, la conception qui domine durant l'Antiquité est celle d'une Terre (et d'un Univers) ayant toujours existé. Sans commencement, la Terre n'avait donc pas d'âge.
- L'idée d'une naissance de la Terre est apportée par les religions monothéistes et le dogme de la Création, mais aucun texte religieux ne la date. Toutefois, au Moyen Âge, à partir des informations contenues dans la Bible, des érudits tentèrent de calculer l'âge de la Terre pour arriver à une valeur d'environ 6000 ans.

2 Apport des naturalistes

- Avec les Temps modernes, la découverte de lois physiques universelles, applicables partout et à toute époque, remet en cause l'âge biblique de la Terre.
- Au XVIIe siècle, l'étude des strates de roches sédimentaires, plus tard dénommée stratigraphie, relie l'épaisseur d'une couche au temps nécessaire à son dépôt (**Doc.**). Le caractère très lent de la sédimentation, un millimètre par siècle – voire moins –, permet à G.-L. Buffon (1707-1788), naturaliste français, d'aboutir à un âge de quelques millions d'années pour les énormes couches sédimentaires des Alpes.
- Si B. Palissy (1510-1590) fut un des premiers Européens à interpréter les fossiles comme des restes d'êtres vivants, il faut attendre la fin du XVIIIe siècle pour voir se développer la paléontologie, avec notamment G. Cuvier (1769-1832). On admet que les fossiles ont l'âge des roches qui les contiennent et, selon le principe de l'actualisme, qu'ils témoignent des conditions du passé.
- Ainsi, les dents de requin retrouvées dans les Alpes, interprétées au Moyen Âge comme les preuves du déluge, attestent plus vraisemblablement de l'existence d'un océan aujourd'hui disparu.

De telles transformations étant inconnues dans l'histoire humaine, l'âge de la Terre doit être envisagé à une autre échelle.

Doc. Succession des couches de roches sédimentaires dans le massif de Fiz (Alpes)

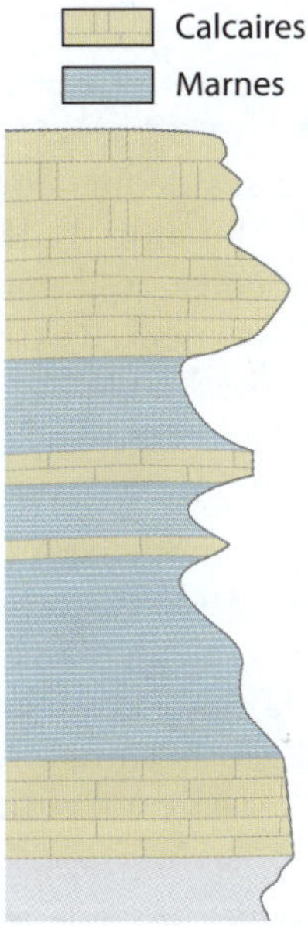

L'observation de la distribution des strates a conduit les géologues à établir le principe de superposition : une couche est plus récente que celle qu'elle recouvre. On observe ici une succession de couches calcaires et de marnes sur une épaisseur de 200 m, l'ensemble représentant une épaisseur de dépôt aujourd'hui évaluée à 70×10^6 ans.

Vocabulaire

Dogme de la Création : idée d'un commencement du monde, présente dans le Livre de la Genèse.

Temps modernes : époque historique allant de la fin du Moyen Âge à la Révolution française.

Roches sédimentaires : roches formées par l'accumulation de sédiments et déposées en strates superposées.

Stratigraphie : science qui étudie la succession des différentes couches géologiques ou strates au cours du temps.

Paléontologie : science qui étudie les fossiles.

Actualisme : principe selon lequel les phénomènes du passé se produisent de la même manière que ceux du présent. Par extension, les espèces du passé ont le même mode de vie que les espèces actuelles qui leur ressemblent.

2 Des controverses scientifiques

De quoi s'agit-il ? Du XVIIIe au XIXe siècle, plusieurs scientifiques s'affrontent sur la question de l'âge de la Terre. Ils proposent des estimations contradictoires obtenues par différentes méthodes.

1 Du modèle théorique à l'expérimentation

• G.-L. Buffon imagine la Terre à ses débuts comme une sphère en fusion, se refroidissant au cours des temps. Il a alors l'idée de modéliser le phénomène à partir de boulets de tailles différentes qu'il porte à haute température. Après avoir mesuré leur temps de refroidissement, il extrapole les résultats à l'échelle de la Terre. Mais la méthode a ses limites, faute par exemple d'informations sur la température initiale de notre planète. Il arrive néanmoins à un âge de 10 millions d'années, si étonnant à l'époque, qu'il n'ose le publier.

• Lord Kelvin (1824-1907), physicien, modélise lui aussi une Terre en fusion, mais il définit sa température d'origine à 3 900 °C (celle de la roche en fusion) et tient compte du gradient géothermique (calculé dans les mines) de 3 °C par 100 m. En s'appuyant sur « l'équation de la chaleur », il calcule le temps mis par la Terre pour qu'elle atteigne son gradient géothermique actuel (**Doc.**). Il obtient ainsi un âge de 20 à 400 millions d'années (MA), qu'il réduira à 24 MA après avoir estimé l'âge du Soleil à 100 MA.

Mais il suppose que la Terre dissipe sa chaleur par conduction seulement et qu'elle n'en produit plus. Or elle en dissipe une partie par convection, et de plus, elle continue à produire de la chaleur avec la désintégration d'éléments radioactifs (voir p. 134).

2 Autres méthodes pour dater la Terre

• Avec la théorie de l'évolution, C. Darwin (1809-1882) conteste les résultats de Lord Kelvin. En effet, dans des couches géologiques correspondant à plusieurs millions d'années, les fossiles montrent très peu de variations. Le passage des premiers unicellulaires aux mammifères devrait alors s'étendre sur quelques milliards d'années.

• J. Joly (1857-1933) reprend l'idée de E. Halley (1656-1742), selon laquelle le sel marin provient de l'eau des rivières. En se basant sur la masse de sodium contenue dans les océans et l'apport annuel des rivières, il arrive à un âge d'une centaine de millions d'années. Toutefois, son calcul ne tient pas compte du sel déposé sous forme de sédiments (évaporites) ou échangé lors de l'altération du plancher océanique.

Doc. **Profils de température pour différentes durées de refroidissement de la Terre**

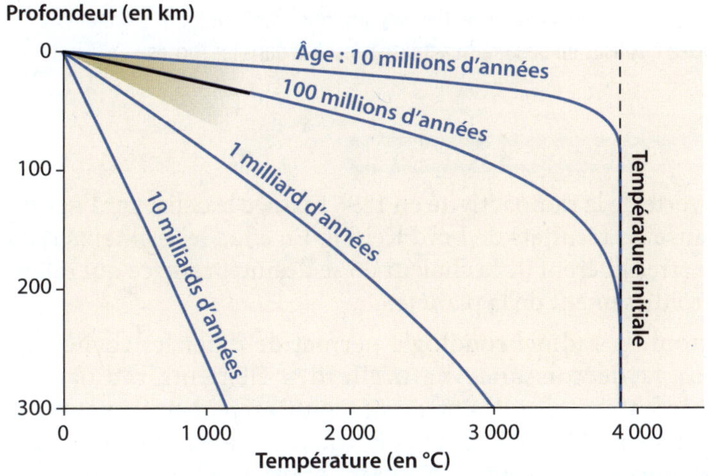

La planète se refroidit d'abord par sa surface, puis en profondeur. Le gradient géothermique qui en résulte dépend de l'âge de la Terre : il est d'autant plus élevé qu'elle est jeune. Ainsi, Kelvin avait estimé l'âge de la Terre à 100 MA (en noir sur le graphique).

Vocabulaire

Gradient géothermique : variation de la température en fonction de la profondeur.

Équation de la chaleur : due à J. Fourier (1768-1830), équation qui donne l'évolution de la température d'un corps en fonction du temps.

Conduction : transfert de chaleur de proche en proche.

Convection : transfert de chaleur par le biais de matière en mouvement.

Théorie de l'évolution : théorie selon laquelle, au cours du temps, de nouvelles espèces apparaissent à partir de la transformation d'espèces préexistantes. Pour C. Darwin, l'évolution se fait par sélection naturelle.

Évaporite : roche formée lors de l'évaporation d'eaux riches en sels.

3 Radioactivité et âge de la Terre

De quoi s'agit-il ? L'âge de la Terre, fixé aujourd'hui à 4,57 milliards d'années, est connu grâce à l'utilisation de la radioactivité présente dans les roches.

1 Principe de la radiochronologie

- La découverte de la radioactivité en 1896 relance le débat sur l'âge de la Terre et remet en cause les résultats de Lord Kelvin. En effet, les éléments radioactifs des roches terrestres libèrent de la chaleur en se désintégrant, ce qui ralentit évidemment le refroidissement de la planète.
- Mais surtout, la radiochronologie permet de dater les roches. La méthode s'appuie sur la décroissance naturelle des éléments radioactifs instables (éléments-père). Ceux-ci se désintègrent régulièrement en éléments stables radiogéniques (éléments-fils). Ainsi, plus la roche est ancienne, plus la proportion d'éléments radiogéniques augmente par rapport à celle des éléments radioactifs.
- Il est alors possible de dater une roche, une fois le rapport « père-fils » mesuré, en tenant compte de la vitesse de désintégration de l'élément radioactif considéré. Celle-ci est déterminée à partir de la période ou demi-vie de l'élément, c'est-à-dire du temps nécessaire pour que sa quantité diminue de moitié (**Doc. 1**). Pour dater des roches anciennes, il faut choisir des isotopes radioactifs dont la période est suffisamment grande, de façon à ce qu'ils n'aient pas tous disparu. De plus, la roche doit être considérée comme un système clos depuis sa formation, sans apport extérieur d'éléments radioactifs ou radiogéniques.
- L'Anglais E. Rutherford (1871-1937) fit le premier ce calcul pour un minéral et obtint, à partir de la désintégration de l'uranium en thorium, un âge de 140 MA… supérieur à celui supposé à l'époque de la Terre.

2 Datation des météorites

- Néanmoins, pour déterminer l'âge de la Terre, il fallait disposer des roches les plus anciennes. L'application de la mesure sur des météorites, les chondrites, permit de contourner la difficulté. En effet, celles-ci sont des restes du système solaire, non agrégés en planète, et datent donc de sa formation.
- En 1953, C. Patterson utilise la spectrométrie de masse pour mesurer les proportions en différents isotopes du plomb dans des chondrites. Ses mesures, effectuées sur plusieurs échantillons, lui permettent de construire une droite isochrone (**Doc. 2**). La pente de cette droite (voir méthode p. 138) lui permet de déterminer l'âge des chondrites : 4,55 milliards d'années (Ga).

Doc. 1 Décroissance des éléments radioactifs

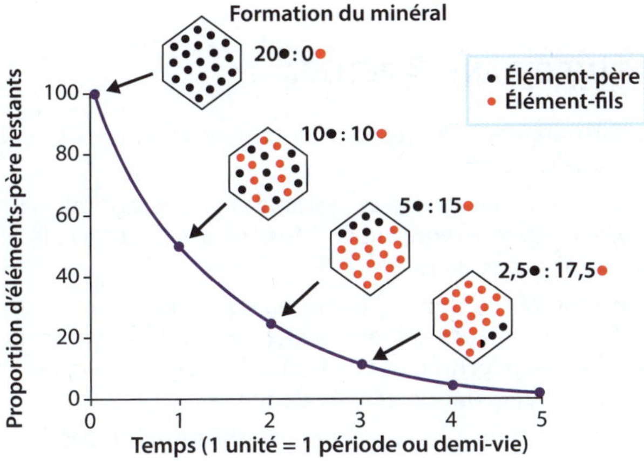

Doc. 2 Résultats de C. Patterson

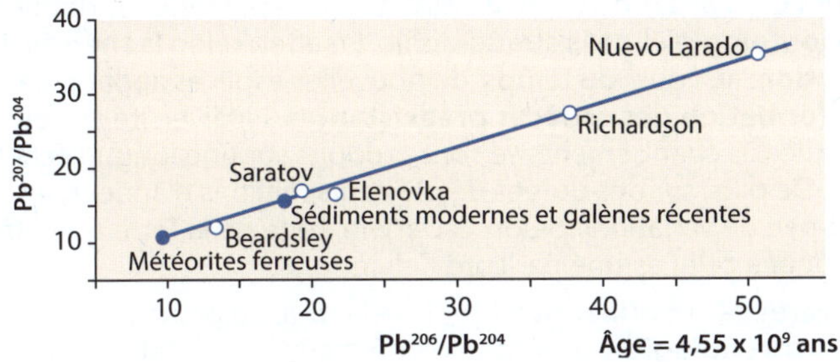

Il existe une relation mathématique entre la pente de la droite (le coefficient directeur) et l'âge des échantillons. Plus la valeur de la pente est grande et plus les échantillons sont âgés.

Vocabulaire

Éléments radioactifs : éléments instables qui se désintègrent au cours du temps et se transforment en éléments stables.

Radiochronologie : méthode de datation fondée sur la décroissance d'éléments radioactifs au cours du temps.

Éléments radiogéniques : éléments stables provenant de la désintégration d'éléments radioactifs.

Période (demi-vie) : temps nécessaire pour qu'une quantité d'éléments radioactifs donnés diminue de moitié.

Chondrites : types de météorites formées en même temps que la Terre à partir du même matériau primitif.

Droite isochrone : droite construite à partir des rapports isotopiques mesurés sur des échantillons de même âge.

RÉVISION EXPRESS

LES POINTS IMPORTANTS À RETENIR

- Au cours de l'histoire des sciences, plusieurs arguments ont été utilisés pour estimer l'âge de la Terre.
- Avec les débuts de la **stratigraphie**, l'estimation du temps mis par les roches pour se déposer conduit à remettre en cause l'âge biblique de la Terre, de 6 000 ans, admis jusqu'alors.
- Les fossiles, interprétés comme les traces ou les restes d'êtres vivants disparus, fournissent des témoignages sur les milieux du passé. On prend ainsi conscience que **la Terre s'est transformée** et que les bouleversements qu'elle a subis se sont produits sur une longue échelle de temps.
- G.-L. Buffon est le premier à proposer une **méthode scientifique** basée sur un **modèle théorique** pour dater la Terre en évaluant expérimentalement son **temps de refroidissement**.
- Lord Kelvin reprend cette idée et se base sur le **gradient géothermique** de la Terre pour calculer ce temps de refroidissement à partir de l'**équation de la chaleur**.
- Mais l'estimation de Lord Kelvin (24 MA) ne cadre pas avec les données de la **paléontologie** et de la stratigraphie. En effet, selon la **théorie de l'évolution**, au cours du temps, de nouvelles espèces apparaissent par **transformation des espèces préexistantes**. La diversité des êtres vivants suppose que ces changements se sont produits sur une longue échelle de temps. De plus, sur des durées de plusieurs millions d'années, les fossiles montrent peu de variations. Selon C. Darwin, l'âge de la Terre doit être très supérieur à celui estimé par Lord Kelvin.
- La découverte de la **radioactivité** permet la mise au point de la **radiochronologie**, c'est-à-dire d'une méthode de datation basée sur la variation du rapport entre éléments radioactifs et éléments **radiogéniques** au cours du temps. La méthode, appliquée sur des **chondrites**, aboutit à l'estimation actuelle de l'âge de la Terre : 4,57 GA.

Vidéo

LES MOTS IMPORTANTS

- Actualisme
- Chondrite
- Droite isochrone
- Fossile
- Gradient géothermique
- Période (demi-vie)
- Radioactivité
- Radiochronologie
- Refroidissement de la Terre
- Stratigraphie
- Théorie de l'évolution
- Vitesse de sédimentation

LE SCHÉMA IMPORTANT À RETENIR

Découvertes scientifiques et évolution de l'âge de la Terre

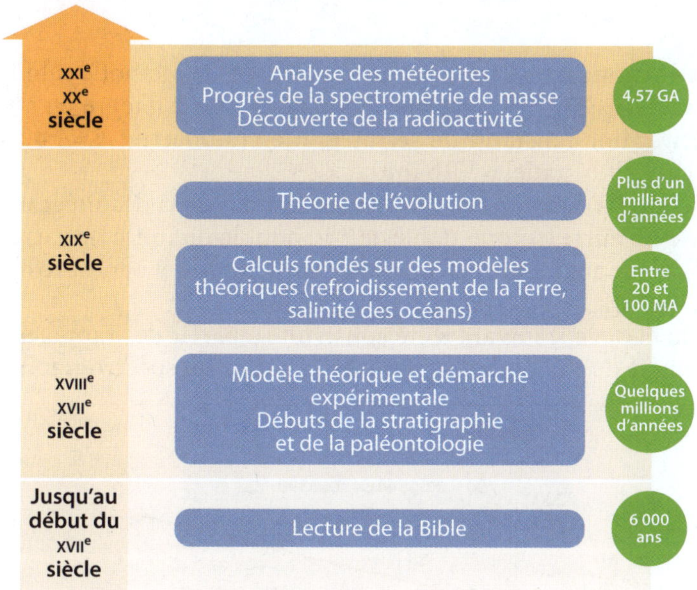

MA = million d'années ; GA = milliard d'années.

Quiz

1. L'âge de la Terre est connu de façon précise grâce à la stratigraphie.
☐ Vrai ☐ Faux

2. La paléontologie est la science qui étudie les fossiles.
☐ Vrai ☐ Faux

3. Pour construire une droite isochrone à partir de différents échantillons, il faut d'abord déterminer leur âge.
☐ Vrai ☐ Faux

4. Pour dater la Terre, J. Joly s'était basé sur la salinité des océans.
☐ Vrai ☐ Faux

5. Le principe de l'actualisme suppose que les phénomènes du passé se produisent selon les mêmes causes que les phénomènes actuels.
☐ Vrai ☐ Faux

→ Réponses p. 143

Utiliser la radiochronologie pour dater la Terre

ÉNONCÉ

La datation de chondrites a été effectuée en utilisant la méthode rubidium/strontium. Le rubidium 87 (^{87}Rb), élément radioactif, se désintègre en strontium 87 stable (^{87}Sr) avec une constante de désintégration radioactive $\lambda = 1{,}42 \times 10^{-11}$ an^{-1}. On peut écrire : ^{87}Rb actuel = ^{87}Rb initial $\times e^{-\lambda t}$.
Tout le ^{87}Sr contenu dans une roche ne provient pas de la désintégration du ^{87}Rb, mais il existe un autre isotope stable, le ^{86}Sr, dont la quantité ne varie pas. Ainsi, le rapport $^{87}Sr/^{86}Sr$ augmente au cours du temps, au fur et à mesure que le ^{87}Rb se transforme en ^{87}Sr.
La courbe du **document** suivant a été construite à partir des rapports de composition isotopique de 8 chondrites mesurés à l'aide d'un spectrographe de masse.

Doc. **Courbe isochrone des chondrites**

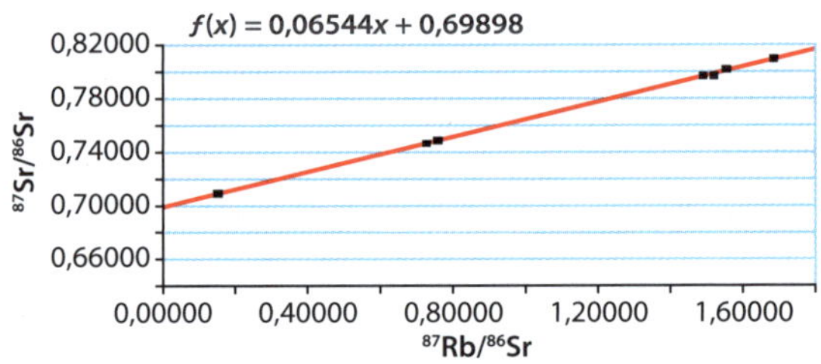

1. Exprimez la relation entre le $^{87}Sr(t)$ provenant de la désintégration du ^{87}Rb, le $^{87}Rb(t)$ actuel et le $^{87}Rb(0)$ initial. Exprimez ensuite ce $^{87}Sr(t)$ à partir de $^{87}Rb(t)$ seulement.

2. Exprimez la relation entre le $^{87}Sr(\text{Tot})$ total actuel, le $^{87}Sr(0)$ initial et le $^{87}Sr(t)$. Écrivez alors l'équation reliant le $^{87}Sr(\text{Tot})$ au $^{87}Rb(t)$.

3. Justifiez alors que la pente de la droite ci-dessus permet de déterminer l'âge des météorites, ainsi que l'expression « droite isochrone ».

4. Déterminez cet âge et comparez-le avec l'âge de la Terre actuellement admis. On précise que si $x = e^{\lambda t} - 1 \rightarrow t = \dfrac{\ln(x+1)}{\lambda}$.

MÉTHODE

- La radiochronologie repose sur le fait qu'on peut déterminer un temps *t*, à partir des quantités d'éléments radioactifs et radiogéniques mesurées à *t* connaissant la constante de désintégration λ.
- La méthode Rb/Sr présente néanmoins une difficulté, car parmi les ^{87}Sr mesurés au temps *t*, tous ne proviennent pas du ^{87}Rb.
- Pour contourner cette difficulté, on mesure des rapports isotopiques en utilisant un élément stable ^{86}Sr. Pour des roches de même âge (*t* étant alors constant), le rapport $^{87}Sr/^{86}Sr$ varie proportionnellement au rapport $^{87}Rb/^{86}Sr$; il dépend des quantités de ^{87}Rb et de ^{87}Sr initialement présentes.
- À partir de ces rapports, établis pour plusieurs roches de même âge, on peut construire une droite dite isochrone, d'équation $y = ax + b$; *a* permettant de déterminer l'âge des roches.

CORRIGÉ

1. ^{87}Sr radiogénique actuel $= {}^{87}Rb(0) - {}^{87}Rb(t)$
$= {}^{87}Rb(t)\, e^{\lambda t} - {}^{87}Rb(t)$
$= {}^{87}Rb(t) \times (e^{\lambda t} - 1)$

2. La quantité de $^{87}Sr(Tot)$ est la somme du ^{87}Sr radiogénique et du $^{87}Sr(0)$:

$$^{87}Sr(Tot) = {}^{87}Rb(t) \times (e^{\lambda t} - 1) + {}^{87}Sr(0)$$

3. En divisant chaque membre de l'équation par la quantité de ^{86}Sr (constante), on peut écrire :

$$(^{87}Sr/^{86}Sr)\text{ actuel} = (^{87}Rb/^{86}Sr)\text{ actuel} \times (e^{\lambda t} - 1) + (^{87}Sr/^{86}Sr)\text{ initial}$$

Cette équation est celle d'une droite dont le coefficient directeur *a* est égal à $e^{\lambda t} - 1$. Cela suppose que, pour tous les échantillons ayant permis la construction de cette droite, *a* étant constant, *t* est le même. Elle relie donc des échantillons de même âge : on peut parler de courbe isochrone.

4. $a = e^{\lambda t} - 1$ donc $t = \dfrac{\ln(a+1)}{\lambda}$.

$$t = \frac{\ln(0{,}06544 + 1)}{1{,}42 \times 10^{-11}}$$

$t = 4{,}463 \times 10^{9}$ années (4,46 Ga)

L'astuce du prof

On peut écrire : $\ln(e^{\lambda t}) = \lambda t$ avec ln le logarithme népérien.

Vérification des connaissances

Pour chaque question ou affirmation, il y a entre 0 et 3 bonnes réponses.

1. L'âge de la Terre actuellement admis est de :
a. 4,5 millions d'années.
b. 4,5 milliards d'années.
c. 45 millions d'années.

2. La détermination du temps de refroidissement de la Terre :
a. a permis d'établir son âge de façon fiable.
b. suppose de connaître sa température initiale.
c. a été réalisée expérimentalement par G.-L. Buffon.

3. Si la quantité d'un isotope radioactif est le quart de sa valeur initiale dans un échantillon âgé de 20 000 ans, la période de cet isotope est de :
a. 10 000 ans.
b. 5 000 ans.
c. 20 000 ans.

4. Les chondrites sont utilisées pour dater la Terre car :
a. elles ont l'âge du système solaire.
b. elles se sont formées en même temps que la Terre.
c. elles contiennent des fossiles dont l'âge est connu.

5. Un élément radiogénique :
a. est stable.
b. se désintègre pour donner un élément instable.
c. se désintègre à vitesse constante.

6. La stratigraphie :
a. est l'étude des fossiles.
b. a permis de remettre en cause l'âge biblique de la Terre.
c. renseigne sur l'âge des roches.

7. Les fossiles :
a. ont l'âge des roches qui les contiennent.
b. témoignent des milieux du passé.
c. attestent de l'évolution des êtres vivants.

Entraînement

1 L'âge de la Terre selon la méthode de Kelvin

Exploitation de document

Les variations de température à l'intérieur d'une Terre entièrement solide sont calculées selon la méthode de Kelvin, pour différents temps de refroidissement, à partir d'une température initiale de 3 870 °C.

Doc. Profils de température pour différentes durées de refroidissement

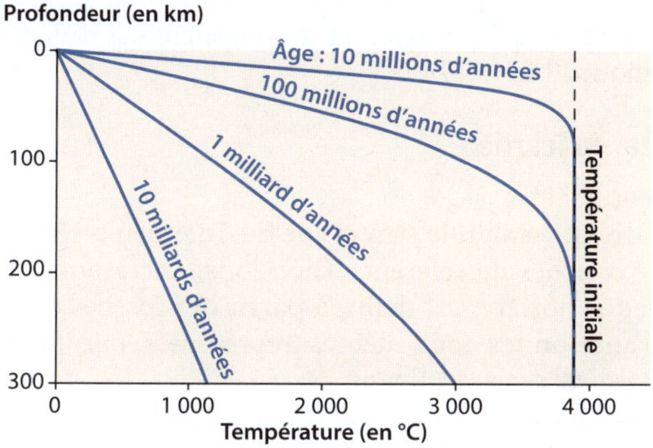

QUESTIONS

1. Indiquez parmi ces courbes celle qui représente le gradient géothermique le plus élevé. Justifiez votre réponse.

2. D'après vos connaissances, indiquez l'origine de la chaleur interne de la Terre.

3. Sachant que le gradient géothermique de la Terre est de 3 degrés Celsius tous les 100 mètres, déterminez l'âge de la Terre d'après ce graphique.

4. Expliquez pourquoi le résultat obtenu ne correspond pas à l'âge réel de la Terre.

2 Âge de la Terre et salinité des océans

Exploitation de document

E. Halley (1656-1742) est le premier à comprendre que la salinité de la mer résulte d'un apport de sels minéraux par l'eau douce des rivières. J. Joly (1857-1933) reprend en 1899 l'hypothèse de E. Halley et tente par ce moyen de calculer l'âge de la Terre. Il base son calcul sur la concentration du sodium, à partir des données suivantes :
– la salinité de l'océan est de 3,5 %, dont 77,758 % de NaCl ;

- le sodium (Na) constitue 39,32 % de la masse du NaCl;
- la masse des océans est de $1{,}3245 \times 10^{18}$ tonnes;
- le flux total des rivières est de $2{,}7176 \times 10^{4}$ km^3 d'eau par an;
- la concentration de Na de l'eau douce est de 5 250 t/km^3.

QUESTIONS

1. À partir de ces données, calculez l'âge de la Terre obtenu par J. Joly. Comparez-le à l'âge actuellement admis.

2. Quelles hypothèses sont admises par J. Joly pour établir ce calcul?

3. Expliquez alors pourquoi le résultat qu'il obtient est différent de l'âge de la Terre mesuré aujourd'hui (4,57 GA).

3 Les ammonites du Toarcien

Exploitation de document

En 1849, A. d'Orbigny établit le stratotype du Toarcien (–183 à –176 MA) : c'est un ensemble de couches de référence (horizons) correspondant à une période géologique. Chaque horizon est défini à partir des fossiles qu'il contient, différents genres d'ammonites (eux-mêmes représentés par différentes espèces), comme le montre le **document** suivant.

Doc. Associations de quelques genres d'ammonites dans les horizons du Toarcien

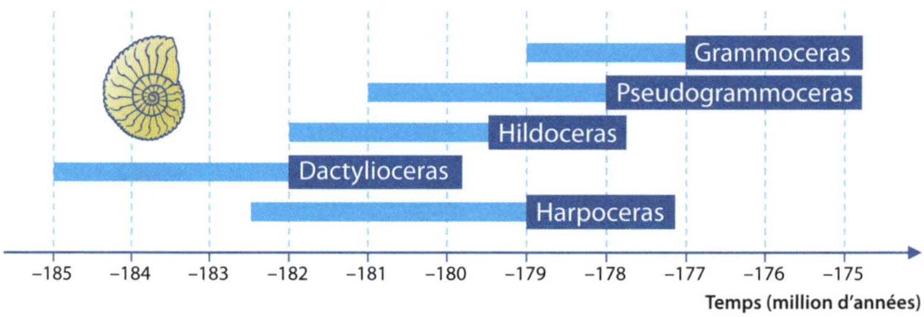

QUESTIONS

1. Déterminez la durée du Toarcien. Comment a-t-elle pu être estimée à l'époque?

2. Déterminez la durée moyenne d'existence d'un genre d'ammonite.

3. Quels arguments en faveur de la théorie de l'évolution la répartition de ces ammonites dans les horizons du Toarcien apporte-t-elle?

4. En quoi celle-ci contredit-elle les calculs de Kelvin sur l'âge de la Terre?

Quiz

1 **Faux**, la stratigraphie permet cependant d'estimer le temps de dépôt correspondant à l'épaisseur d'une couche de roches sédimentaires.

2 **Vrai.**

3 **Faux**, la pente d'une droite isochrone permet de déterminer l'âge d'échantillons formés en même temps.

4 **Vrai.**

5 **Vrai.**

Vérification des connaissances

1 **b. Vrai.** (**a.** et **c. Faux.**)

2 **b.** et **c. Vrai.** La datation basée sur cette méthode ne prend pas en compte plusieurs données inconnues à l'époque (**a. Faux**).

3 **a. Vrai**, en une période de 10 000 ans, la quantité initiale est divisée par deux ; en 20 000 ans, elle passe de ½ à ¼. (**b.** et **c. Faux.**)

4 **a.** et **b. Vrai.** Les chondrites sont d'origine extraterrestre et ne contiennent pas de fossiles (**c. Faux**).

5 **a. Vrai.** (**b.** et **c. Faux.**)

6 **b.** et **c. Vrai.** La stratigraphie étudie les couches de roches sédimentaires (**a. Faux**).

7 **a.**, **b.** et **c. Vrai.**

Entraînement

1 L'âge de la Terre selon la méthode de Kelvin

1. Le gradient géothermique est la variation de température en fonction de la profondeur. Pour une profondeur de 300 km par exemple, on constate que pour la courbe « 10 millions d'années », la variation entre la surface (0 km) et cette profondeur est d'environ 4 000 °C, bien supérieure à celle des autres courbes.

2. Les roches contiennent des éléments radioactifs qui, en se désintégrant, libèrent de la chaleur.

3. Un gradient thermique de 3 degrés tous les 100 m correspond à 3 000 °C pour 100 km de profondeur. L'âge de la Terre est, selon ce graphique, de 100 millions d'années.

4. Cette méthode ne prend pas en compte plusieurs données. La Terre continue à libérer de la chaleur du fait de la désintégration des éléments radioactifs. La dissipation de la chaleur terrestre est réalisée à la fois par conduction et convection. Enfin, la Terre est hétérogène, constituée de différentes couches de composition différente.

Remarque

Une partie de l'énergie renfermée par la Terre provient aussi de la chaleur initiale libérée au cours des chocs entre particules au moment de la formation de la Terre.

2 Âge de la Terre et salinité des océans

1. Il faut d'abord calculer la masse de sodium présente dans l'océan :

Masse de NaCl dans les océans
= Masse des océans × % de sels × % de NaCl

Masse de NaCl dans les océans
= $1{,}3245 \times 10^{18} \times 0{,}035 \times 0{,}77758 = 3{,}6 \times 10^{16}$ t de NaCl

Le sodium (Na) constitue 39,32 % de la masse du NaCl. La masse de Na contenue dans les océans est donc : $3{,}6 \times 10^{16} \times 0{,}3932 = 1{,}42 \times 10^{16}$ t.

Flux de sodium apporté par les rivières en un an
= Flux annuel des rivières × Concentration en sodium

Flux de sodium apporté par les rivières en un an
= $2{,}7176 \times 10^{4} \times 5\,250 = 1{,}426 \times 10^{8}$ t/an

Si en 1 an, les rivières apportent $1{,}426 \times 10^{8}$ t de sodium, en x années, elles ont fourni $1{,}42 \times 10^{16}$ t.

Donc Âge de la Terre = $x = \dfrac{1{,}42 \times 10^{16}}{1{,}426 \times 10^{8}} = 99 \times 10^{6}$ ans = 99 MA.

L'âge obtenu par J. Joly est 45 fois inférieur à l'âge réel (4 500 MA/100 MA).

Vocabulaire

Le terme « sels » désigne ici les sels minéraux. Dans le langage courant, le sel désigne le chlorure de sodium.

2. J. Joly suppose que la masse de l'océan est fixe, que tout le sel de l'océan provient des rivières et que tout le sel des rivières atteint l'océan. Il suppose aussi que le débit des rivières n'a pas varié.

3. En réalité, une partie du sel provenant des rivières se dépose sous forme de roches (évaporites). Par ailleurs, le sel marin participe à l'altération du plancher basaltique de l'océan. Si 100 MA suffisent pour atteindre le taux actuel de sodium dans l'océan, celui-ci a donc été renouvelé environ 45 fois.

3 Les ammonites du Toarcien

1. La durée du Toarcien est approximativement de : 183 – 174 = 9 MA.
Cette durée est estimée à partir de l'épaisseur des couches. Si on estime qu'il faut un siècle pour un dépôt de 1 mm, une épaisseur de 100 m correspond à 100 000 mm, soit 100 000 × 100 ans = 10 MA.

> **Remarque**
> En réalité, le stratotype du Toarcien fut établi dans une région où la sédimentation avait été incomplète. Son épaisseur totale n'était que de 10 m environ.

2. Les genres d'ammonites représentés ici ont une durée d'existence moyenne d'environ 3 MA. Néanmoins, certains genres se maintiennent plus longtemps que d'autres.

3. Au cours du temps, des espèces disparaissent tandis que de nouvelles espèces apparaissent. Chaque espèce a une durée d'existence finie. Les espèces se succèdent au cours du temps, comme si les nouvelles provenaient des transformations des espèces préexistantes. On peut néanmoins observer que plusieurs genres coexistent à une même période et que cette évolution n'est pas linéaire.

4. Sur une durée de 10 MA, les ammonites subissent des transformations, mais celles-ci sont minimes par rapport aux différences entre les unicellulaires et les mammifères par exemple. L'évolution des êtres vivants s'est donc déroulée sur une échelle de temps bien supérieure aux 24 MA estimés par Lord Kelvin.

CHAPITRE 10

La Terre dans l'Univers

1 Mouvement de la Terre et théorie héliocentrique

De quoi s'agit-il ? La Terre suit une trajectoire quasi-circulaire autour du Soleil lorsqu'elle est observée dans un référentiel fixe. Le passage d'une conception géocentrique à une conception héliocentrique constitue l'une des controverses majeures de l'histoire des sciences.

1 Mouvement de la Terre autour du Soleil

- Un référentiel est un repère d'espace (une origine et trois axes orthonormés) et un repère temporel (une horloge). Tout mouvement est décrit dans un référentiel d'étude.
- Le référentiel géocentrique est un référentiel dont l'origine du repère est le centre de la Terre et dont les axes pointent vers des étoiles lointaines qui paraissent fixes. Le référentiel héliocentrique a pour origine le centre du Soleil, et les axes de son repère pointent aussi vers des étoiles lointaines qui paraissent fixes.
- Observée depuis un référentiel fixe par rapport aux étoiles, la Terre parcourt une trajectoire quasi-circulaire autour du Soleil (**Doc.**). Son orbite est une ellipse de faible excentricité que l'on peut approximer par un cercle.
- La Terre parcourt son orbite en une année sidérale, soit 365,256363004 jours.
- Sa vitesse est d'autant plus importante que la Terre est proche du Soleil : elle varie entre 29,29 km/s à l'aphélie et 30,29 km/s au périhélie, avec une vitesse moyenne de 29,78 km/s. L'aphélie et le périhélie sont les points extrêmes du grand axe, ou apsides.

2 D'une conception géocentrique à héliocentrique

- L'étude du mouvement de la Terre dans l'Univers et l'organisation du système solaire ont fait l'objet de nombreux modèles au cours des siècles. Le passage de la conception géocentrique, mettant la Terre au centre, à la conception héliocentrique actuelle est l'une des controverses majeures de l'histoire des sciences.
- Dans l'Antiquité, Aristote met la Terre, immobile, au centre du système solaire et de l'Univers. Les mouvements des planètes sont alors représentés par une succession de mouvements circulaires emboîtés.

- Le modèle aristotélicien est ensuite affiné au IIe siècle après J.-C. par Ptolémée dont les travaux sont regroupés dans *La Grande Syntaxe mathématique.*
- À la Renaissance, N. Copernic, pensant que le modèle de Ptolémée est beaucoup trop complexe, élabore une nouvelle représentation « plus simple, plus logique et plus harmonieuse » dans laquelle il fixe le Soleil au centre du système solaire. La Terre est animée d'un double mouvement : un mouvement autour du Soleil en un an et un mouvement sur elle-même en 24 heures.
- Il faut attendre Galilée, pour qu'à partir des observations de ce dernier, cette représentation puisse s'imposer quelque 150 ans plus tard.
- En 1600, J. Kepler, mathématicien et astronome allemand, se voit confier par T. Brahe, grand astronome de l'époque, l'étude de l'orbite de Mars. Face à un certain nombre de difficultés observées, J. Kepler abandonne l'idée de la trajectoire circulaire pour une trajectoire elliptique dans un référentiel héliocentrique.

Doc. Trajectoire de la Terre autour du Soleil

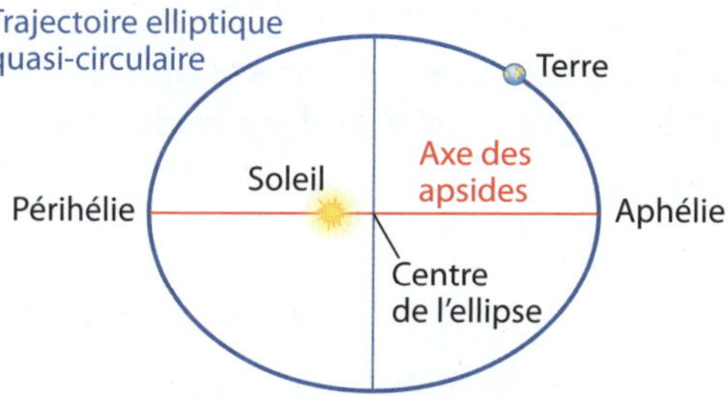

Vocabulaire

Référentiel : repère d'espace (origine et trois axes) attaché à un repère temporel (mesure du temps par une horloge).

Géocentrique : se dit d'un référentiel dont le centre du repère est le centre de la Terre et dont les axes pointent vers trois étoiles lointaines paraissant fixes.

Héliocentrique : se dit d'un référentiel dont le centre du repère est le centre du Soleil et dont les axes pointent vers trois étoiles lointaines paraissant fixes.

Ellipse : courbe mathématique plane de la famille des coniques. Un cercle est une ellipse particulière.

Excentricité : paramètre réel d'une ellipse compris entre 0 et 1. Une ellipse d'excentricité nulle est un cercle.

Année sidérale : temps mis par la Terre pour parcourir sa trajectoire autour du Soleil.

Aphélie : dans le référentiel héliocentrique, point de la trajectoire d'une planète le plus éloigné du Soleil.

Périhélie : dans le référentiel héliocentrique, point de la trajectoire d'une planète le plus proche du Soleil.

2 Mouvement de la Lune

De quoi s'agit-il ? **Dans le référentiel géocentrique, la Lune a une trajectoire quasi-circulaire. Elle possède aussi un mouvement de rotation propre.**

1 Trajectoire lunaire et rotation synchrone

- La Lune est le seul satellite naturel de la Terre situé à $3{,}8 \times 10^8$ m de cette dernière.
- La Lune est animée d'un double mouvement :

– un mouvement de rotation autour de la Terre en 29,5 jours ou période synodique ;

– un mouvement de rotation sur elle-même (rotation propre) en 27,3 jours ou période sidérale.

- Les périodes synodique et sidérale sont sensiblement les mêmes : il existe une différence d'environ 2 jours, mais durant ce laps de temps, la Terre s'est aussi déplacée autour du Soleil. On parle alors de rotation synchrone. De ce fait, la Lune nous présente le même hémisphère ou « face visible de la Lune ».
- La Lune parcourt sa trajectoire avec une vitesse moyenne de l'ordre de 1 km·s^{-1}. Sa vitesse est maximale au point de sa trajectoire le plus proche de la Terre ou périgée et minimale au point le plus loin ou apogée.

2 Phases de la Lune

- La phase lunaire est la portion éclairée de la Lune vue de la Terre. Comme la Lune est en rotation autour de la Terre, les phases lunaires varient au cours du temps et de manière périodique : un cycle lunaire ou lunaison correspond à la période temporelle de ce phénomène. La lunaison est donc égale à la période synodique de la Lune, soit 29,5 jours.
- Le cycle lunaire est ainsi toujours le même et les phases se déroulent toujours dans le même ordre (**Doc.**) :

– la nouvelle Lune : la Lune se trouve exactement entre le Soleil et la Terre, et sa face visible n'est pas éclairée ;

– le premier croissant : la surface de la Lune éclairée par le Soleil augmente de jour en jour en formant un croissant de type parenthèse fermante «) » ;

– le premier quartier : la Lune est en demi-Lune, c'est-à-dire à moitié éclairée comme la partie haute du « p » de « premier » ;

– la Lune gibbeuse croissante : la surface éclairée croît de jour en jour jusqu'à la pleine Lune ;

– la pleine Lune : la Lune et la Soleil sont en opposition par rapport à la Terre, la face de la Lune est totalement éclairée ;

– la Lune gibbeuse décroissante : la surface éclairée décroît de jour en jour jusqu'à la nouvelle Lune ;

– le dernier quartier : la Lune est en demi-Lune et la partie éclairée est comme la partie basse du « d » de « dernier » ;

– le dernier croissant : la partie éclairée ressemble à une parenthèse ouvrante « (».

Doc. **Cycle des phases de la Lune**

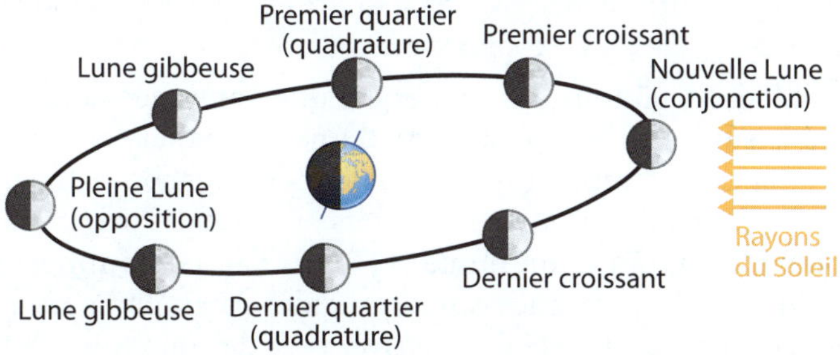

Vocabulaire

Satellite : objet qui tourne autour d'un astre massif sous l'effet de la gravitation.

Période synodique : durée de parcours de la trajectoire de la Lune autour de la Terre.

Période sidérale : période de rotation propre de la Lune.

Rotation synchrone : se dit lorsque deux périodes de rotation sont identiques (rotation propre et rotation autour d'un astre par exemple).

Périgée : dans le référentiel géocentrique, point de la trajectoire d'un astre le plus proche de la Terre.

Apogée : dans le référentiel géocentrique, point de la trajectoire d'un astre le plus loin de la Terre.

Phase lunaire : portion de la Lune éclairée par le Soleil vue de la Terre.

Lunaison : durée entre deux phases lunaires identiques.

3 Eau sur Terre

De quoi s'agit-il ? Très peu de planètes ou d'exoplanètes ont des ressources d'eau liquide, et encore moins d'eau douce. La Terre en est pourvue, ce qui explique en partie le fait qu'elle héberge de la vie.

1 Présence d'eau liquide sur Terre

- La puissance lumineuse émise par le Soleil et la distance au Soleil associée à la gravité de la Terre permettent à la Terre de conserver de l'eau liquide à sa surface. L'ensemble de ces conditions nécessaires à la présence d'eau liquide est respecté pour très peu de planètes ou d'exoplanètes.
- La zone d'habitabilité autour des étoiles est une zone théorique où l'eau peut rester liquide à la surface d'une planète ou d'une exoplanète et dans laquelle les conditions physiques (la température en particulier) sont compatibles avec l'existence de la vie, du moins sous la forme que nous lui connaissons. La distance entre la zone d'habitabilité autour d'une étoile et l'étoile varie notamment en fonction du type d'étoile et de la puissance surfacique des rayonnements qu'elle émet. Si une planète ou une exoplanète évolue trop près de son étoile, la trop grande puissance surfacique des rayonnements émis par l'étoile entraîne l'évaporation de l'eau liquide. À l'inverse, les astres trop éloignés de leur étoile ne peuvent avoir à leur surface que de l'eau solide (de la glace).
- Dans le système solaire, la zone d'habitabilité (**Doc. 1**) se trouve entre 0,95 et 1,67 unités astronomiques : seule la planète Terre évolue dans cette région. Mars se situe à la limite extérieure de cette zone d'habitabilité : elle est donc inhabitable en l'état, sans terraformation, c'est-à-dire sans intervention de l'Homme.

Doc. 1 Zone d'habitabilité du système solaire

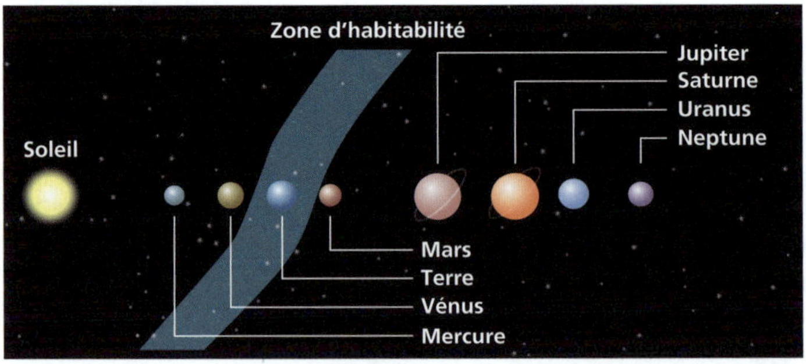

2 Répartition de l'eau liquide sur Terre

• L'eau sur Terre (**Doc. 2**) est inégalement répartie dans l'espace, mais aussi dans le temps. Seule une faible partie des réserves hydriques est directement potable.

Doc. 2 Disponibilité de l'eau potable sur Terre

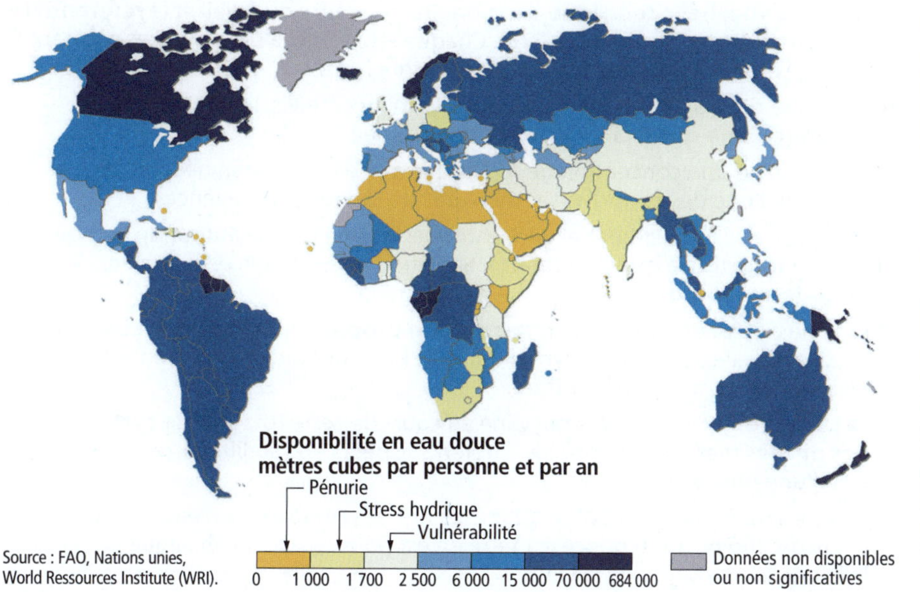

Source : FAO, Nations unies, World Ressources Institute (WRI).

• La gestion des ressources hydriques et leur protection sont un enjeu majeur pour l'Humanité.

Vocabulaire

Planète ou exoplanète : une planète appartient au système solaire tandis qu'une exoplanète tourne autour d'une autre étoile que le Soleil.

Unité astronomique : distance moyenne entre la Terre et le Soleil, soit environ 150 millions de kilomètres.

RÉVISION EXPRESS

LES POINTS IMPORTANTS À RETENIR

- Un **référentiel** est un repère d'espace auquel on a attaché un repère temporel.
- Le **référentiel héliocentrique** a son origine au centre du Soleil et le **référentiel géocentrique** au centre de la Terre. Chaque référentiel a ses trois axes pointant vers des étoiles lointaines considérées comme fixes.
- Observée dans un référentiel fixe par rapport aux étoiles, la Terre parcourt une **trajectoire quasi circulaire** autour du Soleil.
- Le passage d'une conception géocentrique à une conception héliocentrique constitue l'une des controverses majeures de l'histoire des sciences.
- Observée dans un référentiel géocentrique, la Lune tourne autour de la Terre sur une **trajectoire quasi circulaire**. Sa période de rotation est appelée **période synodique**.
- La Lune a aussi un mouvement de **rotation propre** dont la **période sidérale** est quasi égale à la période synodique. Elle présente toujours la **même face visible** à un observateur sur Terre.
- La Lune présente un aspect qui varie au cours de cette rotation : le **cycle des phases** met en évidence les différents aspects du satellite terrestre lors d'une **lunaison**.
- Très **peu de planètes ou d'exoplanètes** ont des **ressources d'eau liquide**, et encore moins d'eau douce. La Terre en est pourvue, ce qui explique en partie le fait qu'elle héberge de la vie.

Vidéo

LES MOTS IMPORTANTS

- Année sidérale
- Aphélie
- Apogée
- Aristote
- Copernic
- Croissant lunaire
- Cycle lunaire
- Eau douce
- Eau liquide
- Ellipse
- Excentricité
- Géocentrique
- Gestion des ressources
- Héliocentrique
- Kepler
- Lunaison
- Lune gibbeuse
- Mouvements circulaires emboîtés
- Nouvelle Lune
- Périgée
- Périhélie
- Période sidérale
- Période synodique
- Pleine Lune
- Ptolémée
- Quartier lunaire
- Quasi-circulaire
- Référentiel
- Rotation propre
- Rotation synchrone
- Satellite
- Tycho Brahe

LE SCHÉMA IMPORTANT À RETENIR

Référentiels géocentrique et héliocentrique

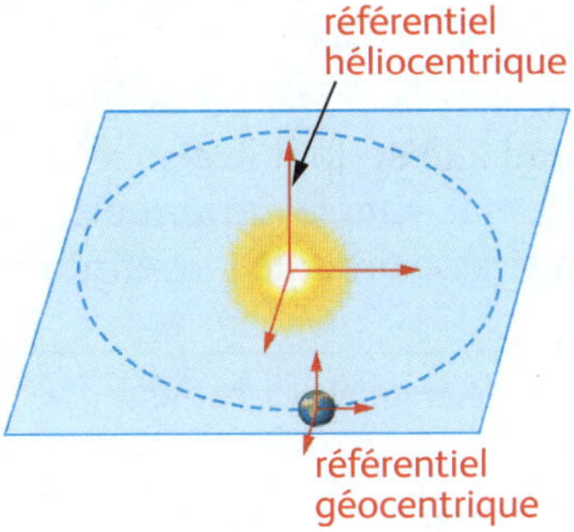

Trajectoire quasi circulaire ou elliptique à excentricité quasi nulle

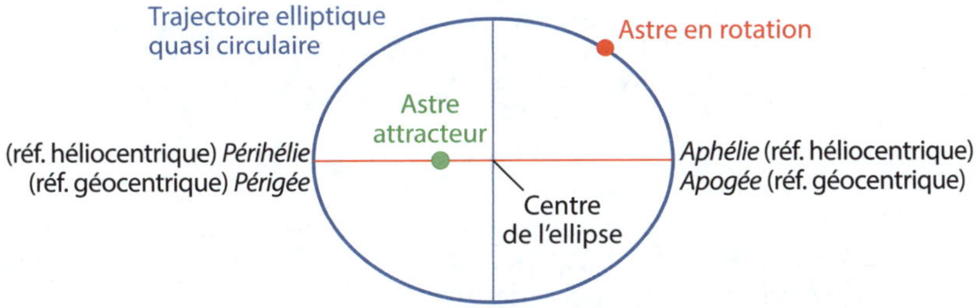

Quiz

1. Un repère est un référentiel avec une horloge.
☐ Vrai ☐ Faux

2. Le référentiel héliocentrique a son origine au centre du Soleil.
☐ Vrai ☐ Faux

3. Un cercle est une ellipse particulière d'excentricité nulle.
☐ Vrai ☐ Faux

4. La représentation actuelle du système solaire est géocentrique.
☐ Vrai ☐ Faux

5. La Lune tourne autour de la Terre en un temps appelé période sidérale.
☐ Vrai ☐ Faux

6. Toutes les ressources d'eau sur Terre sont potables.
☐ Vrai ☐ Faux

→ Réponses p. 159

Déterminer les caractéristiques du mouvement de la Lune autour de la Terre

ÉNONCÉ

La Lune est le satellite naturel de la Terre. En assimilant sa trajectoire à un cercle de diamètre égal à son grand axe et dont le centre est celui de la Terre, déterminez le périmètre de ce cercle et la vitesse moyenne de la Lune lors d'une lunaison. Comparez cette vitesse à la vitesse orbitale moyenne de la Lune : $v = 1{,}022\ \text{km}\cdot\text{s}^{-1}$.

Doc. **Trajectoire de la Lune dans le référentiel géocentrique**

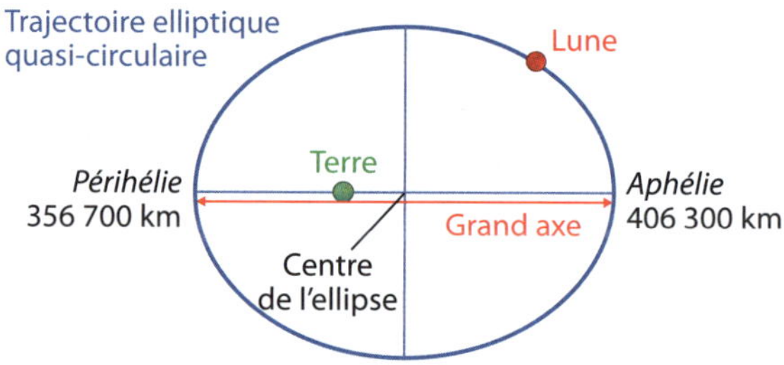

Données : apogée = 406 300 km ; périgée = 356 700 km ; période synodique $T_{\text{synodique}}$ = 29,53 jours ; période sidérale $T_{\text{sidérale}}$ = 27,32 jours ; excentricité $e = 0{,}0549$.

MÉTHODE

- Déterminer le rayon R du cercle correspondant à la trajectoire de la Lune dans le référentiel géocentrique en calculant la demi-somme du périgée et de l'apogée.
- En déduire le périmètre $p = 2\pi R$ en fonction du rayon calculé ci-avant.
- Calculer la vitesse moyenne $v_{\text{synodique}} = \dfrac{p}{T_{\text{synodique}}}$.
- Pour comparer deux valeurs de même dimension, déterminer la différence relative en calculant le taux d'erreur $\tau = \dfrac{|v_{\text{synodique}} - v|}{v}$. Multiplier par 100 pour obtenir un pourcentage et conclure quant à la valeur obtenue.

CORRIGÉ

- Au vu de l'excentricité $e = 0{,}0549$ très faible, on peut considérer que la trajectoire de la Lune autour de la Terre est une trajectoire circulaire.

Le diamètre du cercle correspondant à la trajectoire de la Lune autour de la Terre est la somme du périgée et de l'apogée. Son rayon R est égal à la moitié du diamètre.

$$R = \frac{406\,300 + 356\,700}{2} = 381\ 500 \text{ km}$$

L'astuce du prof
Les distances peuvent être conservées en km, le résultat final s'exprimant alors dans cette unité.

- Le périmètre ou circonférence du cercle est :

$p = 2\pi R = 2\pi \times 381\ 500 \times 10^3 = 2{,}397 \times 10^9$ m
en ayant pris soin d'exprimer la valeur numérique de R en mètres.

- La vitesse moyenne est égale au rapport de la distance parcourue sur la durée de parcours.

S'agissant de la rotation de la Lune autour de la Terre, on parle ici de vitesse synodique utilisant la période synodique qu'il est nécessaire de convertir en secondes avant toute application numérique (1 jour = 24 heures et 1 heure = 3 600 secondes).

$$v_{\text{synodique}} = \frac{p}{T_{\text{synodique}}} = \frac{2{,}397 \times 10^9}{29{,}53 \times 24 \times 3600} = 939{,}5 \text{ m·s}^{-1}.$$

Réflexe à avoir
On retrouve bien la valeur d'une vitesse de l'ordre de 1 km·s^{-1}.

- Pour comparer deux valeurs de même dimension, soit ici deux vitesses, on calcule un taux d'erreur en ayant bien pris soin d'exprimer les deux vitesses dans la même unité (ici en m·s^{-1}) :

$$\tau = \frac{|v_{\text{synodique}} - v|}{v} = \frac{|939{,}5 - 1022|}{1{,}022} = 0{,}08072.$$

On multiplie par 100 pour obtenir un pourcentage d'erreur : $\tau = 8{,}072$ %.

Un taux de 8 % est plus qu'acceptable pour l'hypothèse de trajectoire circulaire effectuée ci-avant de rayon égal au demi-grand axe de l'ellipse.

Piège à éviter
Pour le calcul du taux d'erreur, pensez à exprimer les valeurs numériques dans la même unité.

Vérification des connaissances

Pour chaque question ou affirmation, il y a entre 0 et 3 bonnes réponses.

1. Le référentiel héliocentrique :
a. est centré sur le Soleil.
b. a ses axes pointant vers trois étoiles lointaines fixes.
c. se définit par un repère spatial et un repère temporel.

2. Le référentiel géocentrique est un référentiel pertinent pour décrire la trajectoire :
a. de la Lune autour de la Terre.
b. de la Lune autour d'elle-même.
c. de la Terre autour du Soleil.

3. Dans le référentiel héliocentrique, la trajectoire de la Terre dans le système solaire est :
a. une ellipse à faible excentricité.
b. quasiment circulaire.
c. centrée sur le Soleil.

4. Considérant la trajectoire de la Lune autour de la Terre, le point le plus éloigné de la Terre est :
a. l'aphélie.
b. l'apogée.
c. l'un des apsides.

5. Dans l'histoire des sciences :
a. Aristote proposait une vision géocentrique de l'Univers.
b. N. Copernic a imaginé un système plus simple et plus harmonieux que celui de Ptolémée.
c. T. Brahe, se basant sur l'étude de la trajectoire de Mars, élabore un modèle héliocentrique du système solaire.

6. La période synodique :
a. est la durée mise par la Lune pour parcourir un tour autour de la Terre.
b. est synchrone avec la période sidérale.
c. est égale à une lunaison.

7. Le cycle des phases de la Lune :
a. s'appelle une lunaison ou cycle lunaire.
b. comprend 4 phases toujours identiques.
c. dure moins d'une trentaine de jours.

Entraînement

1 Théorie héliocentrique : étude de l'orbite de Mars

Exploitation de document

Doc. L'astronomie nouvelle : une physique du ciel

[…] Tycho, qui a décelé les rares capacités intellectuelles de Kepler, a décidé de lui confier l'étude de l'orbite de Mars. Ingénument, Kepler pensait résoudre le problème en quelques jours : il lui faudra six ans de calculs pour élucider les mouvements de la planète rouge ! Le jeu en vaut la chandelle : c'est dans *l'Astronomia nova* qu'on lit, en effet, que la Terre se déplace suivant un mouvement qui n'est ni uniforme ni circulaire, autour d'un Soleil qui pivote sur son axe et qui est la cause physique du mouvement des planètes. C'est aussi dans ces pages que sont énoncées les deux premières « lois de Kepler ».

Ainsi, Tycho a le mérite incontestable de fournir les données, les instruments et un soutien économique à Kepler, mais il ne lui permet pas de travailler en toute autonomie : dès qu'il a lu le *Mysterium*, il s'est opposé à la tentative de Kepler de faire de l'astronomie *a priori*. Le grand astronome danois prône que l'astronomie doit s'élaborer *a posteriori*, et se contenter d'organiser les observations patiemment recueillies.

Tycho l'a chargé de trouver la forme exacte de l'orbite de Mars, mettant à sa disposition bon nombre de ses propres mesures, mais il est sous-entendu qu'il s'attend à une description en accord avec son propre système. Fort heureusement pour nous, Kepler est loin d'être un disciple soumis. Il choisit pour son œuvre le titre de *Astronomia nova aitiologhtos, seu physica coelestis*, soit « Astronomie nouvelle, fondée sur les causes, ou physique céleste ». Afin de tenir la promesse d'employer les données pour étayer le Système de Tycho Brahe, il traite diligemment toutes les questions de l'œuvre dans ce Système, sans toutefois omettre de les représenter ensuite sous le point de vue du Système ptoléméen et, surtout, du Système copernicien. […]

[Mars] la planète rouge semble, à un certain point de son orbite, reculer : son orbite forme une sorte de lacet, caractéristique du « mouvement rétrograde ». Ce phénomène s'explique simplement et s'interprète comme un mouvement apparent si l'on admet, tel Copernic, que la Terre, d'où l'on observe Mars, n'est pas immobile, mais se déplace aussi. […]

D'après *Pour la Science*, article d'Anna Maria Lombardi, 1er août 2001

QUESTIONS

1. Quelle est la vision de J. Kepler concernant l'orbite de Mars ? Justifiez en vous appuyant sur le premier paragraphe du texte.

2. Comment cette vision est-elle confirmée dans le dernier paragraphe ?

3. Quel est l'apport de T. Brahe dans les recherches de J. Kepler ? En quoi est-ce un changement par rapport à la manière de penser le monde avant le XVIIe siècle ?

2 Cycle des phases lunaires

Exploitation de document

Doc. Cycle des phases de la Lune

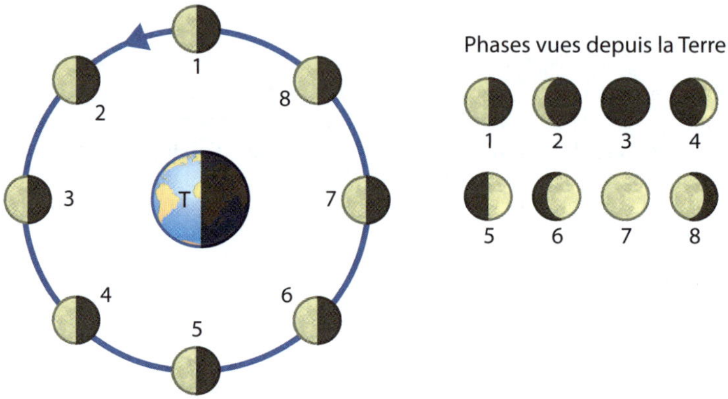

QUESTIONS

1. Dans quel référentiel se place-t-on dans la partie haute du **document** ci-avant ? Même question pour les phases vues depuis la Terre.

2. De quelle direction viennent les rayons lumineux du Soleil qui éclairent la face visible de la Lune ? Représentez-les sur le **document** ci-avant.

3. À quelle période de la journée un observateur terrestre peut-il percevoir plus facilement l'aspect de la Lune ?

4. Justifiez le fait que la Lune en position n° 7 est une pleine Lune et est donc totalement éclairée vue de la Terre.

5. Identifiez la nouvelle Lune. Justifiez.

6. À quelle position correspondent le premier quartier et la Lune gibbeuse décroissante ?

Quiz

1. Faux. Le référentiel est un repère d'espace et un repère temporel.

2. Vrai. Le référentiel héliocentrique (*hélios* signifie « Soleil ») a son repère centré sur le Soleil.

3. Vrai. Un cercle est une ellipse d'excentricité $e = 0$.

4. Faux. La représentation actuelle du système solaire est celle des planètes en rotation autour du Soleil dans le référentiel héliocentrique.

5. Faux. La période de rotation de la Lune autour de la Terre est appelée période synodique. La période sidérale est la période de rotation propre de la Lune.

6. Faux. La plupart des ressources d'eau sur Terre sont non potables.

Vérification des connaissances

1. a., **b.** et **c. Vrai.** Un référentiel est un repère d'espace et un repère temporel. Le référentiel héliocentrique est centré sur le Soleil (*hélios*), et ses axes pointent vers des étoiles fixes lointaines.

2. a. Vrai. Le référentiel géocentrique est pertinent pour décrire le mouvement d'un système autour de la Terre comme celui de la Lune. Il ne l'est pas pour la rotation propre de la Lune (**b. Faux**) ou de la Terre autour du Soleil, pour laquelle on lui préférera le repère héliocentrique (**c. Faux**).

3. a., **b.** et **c. Vrai.** La trajectoire de la Terre dans le système solaire est une ellipse d'excentricité quasi nulle qui permet de l'assimiler à un cercle dont le centre est le Soleil.

4. b. et **c. Vrai.** Le point le plus éloigné de la Terre sur la trajectoire de la Lune dans le référentiel géocentrique est l'apogée qui correspond à l'un des points extrêmes du grand axe ou apsides. Le périgée est l'autre apside. L'aphélie est le point le plus éloigné du Soleil dans le référentiel héliocentrique (**a. Faux**).

5. a. et **b. Vrai.** Les deux premières affirmations sont correctes, mais c'est J. Kepler qui, se basant sur une étude d'orbite de Mars que lui confie T. Brahe en 1600, élabore la vision héliocentrique actuelle.

6. a., b. et **c. Vrai.** La période synodique est la période correspondant à la trajectoire de la Lune autour de la Terre. Cette période est égale à la période propre de la Lune et à la lunaison.

7. a. et **c. Vrai.** La lunaison ou cycle lunaire est le cycle des différentes phases de la Lune qui en comportent plus que 4 (**b. Faux**) entre la Lune nouvelle, pleine, les quartiers, les croissants et les Lunes gibbeuses. La lunaison dure une période synodique, soit un peu plus de 29 jours.

Entraînement

1 Théorie héliocentrique : étude de l'orbite de Mars

1. J. Kepler a une vision de l'orbite de Mars et du système solaire en particulier en se plaçant dans le référentiel héliocentrique : « la Terre se déplace suivant un mouvement qui n'est ni uniforme ni circulaire, autour d'un Soleil ». Ce mouvement est dû à la présence du Soleil comme centre attracteur : « le Soleil [qui pivote sur son axe et qui] est la cause physique du mouvement des planètes ».

2. La vision décrite dans le dernier paragraphe d'une planète Mars qui tourne autour du Soleil dans le référentiel héliocentrique est confirmée par la description de sa trajectoire plus complexe lors d'un changement de référentiel : « son orbite forme une sorte de lacet », qui s'explique parce que le référentiel d'observation est le référentiel terrestre. Le mouvement de Mars est alors « un mouvement apparent » vu de la Terre qui « n'est pas immobile, mais se déplace aussi ».

> **Remarque**
> Cela conforte la théorie de N. Copernic dans le référentiel héliocentrique, d'un système solaire avec un Soleil fixe et des planètes en rotation autour du Soleil.

3. L'apport de T. Brahe est celui des données d'observation dans les recherches de J. Kepler : il fournit « les données, les instruments » et met « à sa disposition bon nombre de ses propres mesures ». « Le grand astronome danois prône que l'astronomie doit s'élaborer *a posteriori*, et se contenter d'organiser les observations patiemment recueillies » : la nouvelle manière de travailler imposée par T. Brahe place l'observation avant toute modélisation. L'expérimentation est en amont de toute formalisation.

2 Cycle des phases lunaires

1. Dans la partie haute du schéma, le référentiel d'étude est un référentiel géocentrique : son repère est centré sur le Soleil, et ses axes pointent vers trois étoiles lointaines considérées comme fixes. Quant à la seconde partie du schéma, il s'agit des phases de la Lune vues depuis la Terre, le référentiel d'étude est donc un référentiel terrestre.

2. Les rayons lumineux du Soleil qui éclairent la face visible de la Lune viennent de la gauche du schéma, sont horizontaux et vont donc dans le sens de lecture. Ainsi, on peut constater que la partie de la sphère lunaire en contact avec les rayons du Soleil est bien éclairée (partie jaune sur chaque sphère).

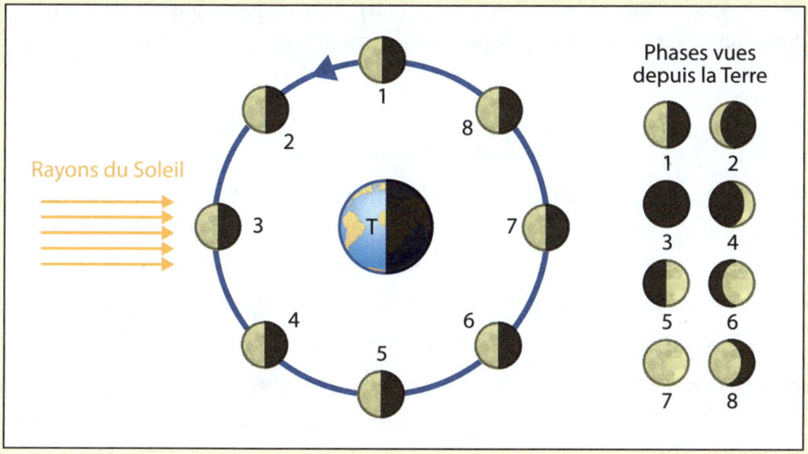

3. Un observateur terrestre peut percevoir plus facilement l'aspect de la Lune lorsqu'il fait nuit, c'est-à-dire lorsqu'il est placé dans la partie noire de la sphère centrale représentant la Terre.

4. La Lune en position n° 7 est une pleine Lune, c'est-à-dire une Lune totalement éclairée vue de la Terre. En effet, les rayons solaires, qui proviennent de la gauche du schéma, éclairent la totalité de la face pouvant être observée par un observateur terrestre situé sur la partie noire de la Terre (observation de nuit).

5. La nouvelle Lune est l'aspect de la Lune qui ne présente aucun éclairage solaire vu de la Terre en pleine nuit : il s'agit donc de la Lune en position 3.

> **L'astuce du prof**
>
> La nouvelle Lune et la pleine Lune sont opposées dans le cycle lunaire.

6. Le premier quartier lunaire est celui de la position n° 5 : la demi-sphère éclairée de la Lune correspond à la partie haute de la lettre « p », soit « D ». La lune gibbeuse décroissante est la position n° 2 entre le dernier quartier (position n° 1) et la nouvelle Lune (position n° 3).

CHAPITRE 11
Son et musique

1 Intensité d'un son

De quoi s'agit-il ? Un son musical est une onde sonore périodique. Son intensité est la puissance sonore surfacique, elle est liée au niveau d'intensité sonore en décibels.

1 Onde acoustique, onde sonore et son musical

- Une onde acoustique est une onde mécanique qui se propage par compression/dilatation de l'air. Notre récepteur, l'oreille, est sensible aux ondes acoustiques de fréquence comprise entre 20 Hz et 20 kHz : les ondes sonores (**Doc. 1**).
- Une onde sonore est telle que plus la fréquence est grande, plus le son est aigu.
- Un son musical correspond à une onde sonore périodique.
- Le diapason est l'instrument de musique permettant de produire le son le plus simple : c'est un son pur. Les autres instruments génèrent des sons composés.

2 Intensité sonore

- On définit l'intensité sonore I s'exprimant en $W \cdot m^{-2}$ comme la puissance sonore P reçue par un récepteur, par unité de surface S :

$$I = \frac{P}{S}$$

avec P la puissance (en W) et S la surface (en m^2).

- Cette intensité sonore est liée à la sensation de notre récepteur. Pour l'oreille humaine, l'intensité acoustique minimale perçue est $I_0 = 10^{-12}\ W \cdot m^{-2}$, et le seuil de douleur se situe à $I = 25\ W \cdot m^{-2}$.

Exemples : L'intensité sonore d'une conversation normale se situe autour de $10^{-6}\ W \cdot m^{-2}$; le bruit d'un marteau-piqueur, qualifié de dangereux, autour de $10^{-2}\ W \cdot m^{-2}$, et le bruit d'une fusée au décollage, qualifié de douloureux, autour de $10^{2}\ W \cdot m^{-2}$.

3 Niveau d'intensité sonore

- Le physiologiste allemand G. Fechner (1801-1887) a remarqué que les sensations variaient de manière logarithmique.

- Le niveau d'intensité sonore L (**Doc. 2**), exprimé en décibels (dB), est défini par :

$$L = 10\log\left(\frac{I}{I_0}\right)$$

avec log la fonction logarithme décimal, I l'intensité acoustique (en $W \cdot m^{-2}$) et I_0 l'intensité de référence ($I_0 = 10^{-12}$ $W \cdot m^{-2}$).

- L'intensité sonore I peut être calculée à partir du niveau d'intensité sonore L :

$$I = I_0 \times 10^{\frac{L}{10}}$$

Doc. 1 Spectre des fréquences acoustiques

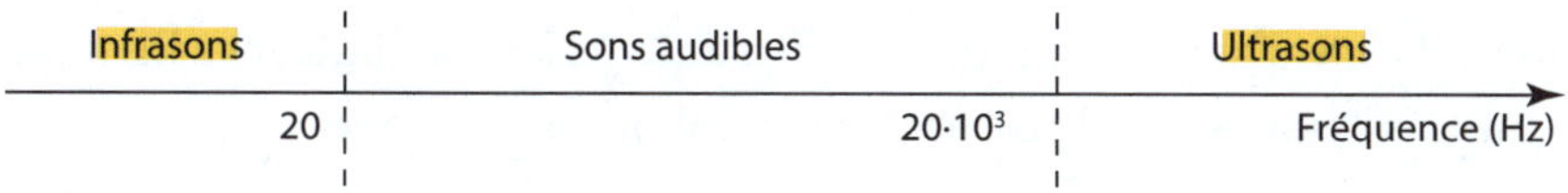

Doc. 2 Échelle de niveaux d'intensité sonore

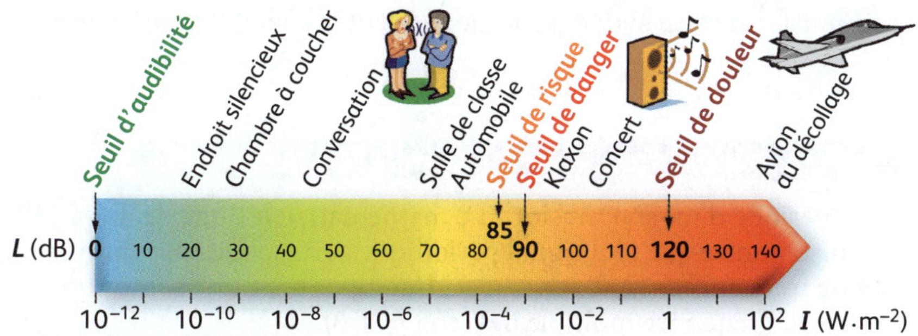

Vocabulaire

Périodique : signal représenté par un motif qui se répète dans le temps.

Intensité sonore : puissance sonore par unité de surface s'exprimant en $W{\cdot}m^{-2}$.

Niveau d'intensité sonore : grandeur physique L exprimée en décibels proportionnelle au logarithme du rapport de l'intensité sonore à une intensité sonore de référence.

2 Fréquence d'un son

De quoi s'agit-il ? Un son musical produit par un instrument à cordes ou à vent est un son complexe. Son spectre nous renseigne sur la fréquence fondamentale et les harmoniques. Dans le cas d'un instrument à cordes, la fréquence fondamentale ne dépend que des caractéristiques de l'instrument.

1 Trois familles d'instruments

- Un son musical est créé par un instrument de musique par vibration :
  - d'une corde tendue (instruments à cordes : violon, guitare, etc.) ;
  - d'une colonne d'air dans un tuyau (instruments à vent : flûte, clarinette, etc.) ;
  - ou d'un milieu matériel (percussions : tambour, xylophone, etc.).
- Un son musical nécessite un système mécanique vibrant, mais aussi un résonateur pour amplifier l'onde sonore, afin qu'elle soit suffisamment audible par toute oreille. Dans le cas de la guitare, le système mécanique vibrant est la corde, et le résonateur est la caisse de résonance.
- Un son musical est un signal périodique : seul le signal d'un diapason ou son pur est sinusoïdal.

2 Fréquences d'un son : fondamental et harmoniques

- Soit T la période d'un son musical. Le mathématicien français Joseph Fourier (1768-1830) a montré que tout signal périodique correspondant à un son musical composé de fréquence $f = 1/T$ pouvait se décomposer en une somme de signaux sinusoïdaux de fréquence multiple de f, soit f, $2f$, $3f$…
- Le spectre d'un son représente l'ensemble des fréquences multiples de f.
- Le fondamental est le son pur de fréquence égale à celle du son musical.
- Les harmoniques sont les sons représentés par des signaux sinusoïdaux de fréquences multiples de celle du fondamental.

3 Fréquence fondamentale d'un son produit par une corde

- Une corde tendue émet en vibrant un son composé. Sa fréquence fondamentale est d'autant plus importante que :

– la corde est tendue, soit que sa tension T est importante ;
– sa longueur L est faible ;
– sa masse linéique μ est faible.

• La fréquence fondamentale **ne dépend que des caractéristiques** de la corde, c'est-à-dire uniquement des trois grandeurs que sont la tension T (en N), la longueur L (en m) et la masse linéique μ (en kg/m) :

$$f = \frac{1}{2L} \times \sqrt{\frac{T}{\mu}}$$

Doc. 1 Signal sinusoïdal du diapason

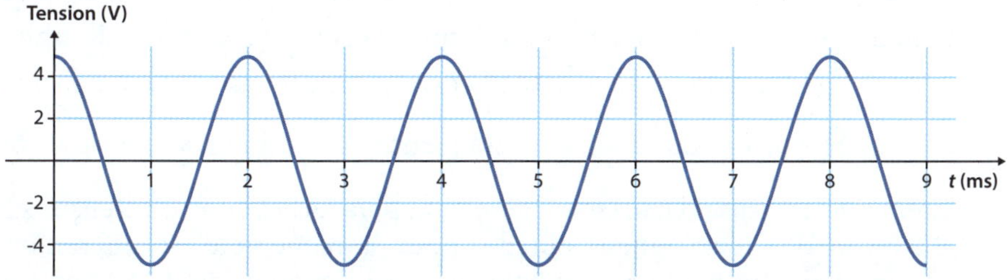

Doc. 2 Spectre d'un son composé

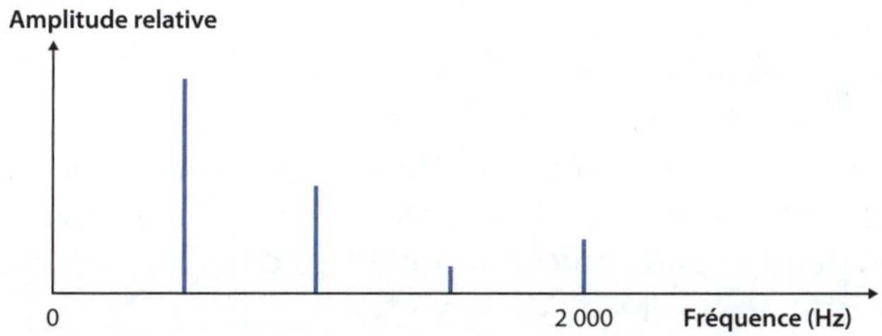

Vocabulaire

Spectre d'un son : représentation de l'ensemble des fréquences d'un son.

Fondamental : fréquence de la note jouée par l'instrument.

Harmonique : fréquence multiple de la fréquence fondamentale.

Tension : force exercée sur une corde s'exprimant en newtons (N).

Masse linéique : masse par unité de longueur s'exprimant en $kg \cdot m^{-1}$.

3 Notes, octave et gamme

De quoi s'agit-il ? La hauteur d'un son correspond à sa fréquence fondamentale. Deux notes jouées simultanément sont consonantes si l'intervalle entre elles, ou rapport entre leur fréquence fondamentale, est simple. Dans le cas d'un rapport 2/1, l'intervalle est appelé octave.

1 Caractéristique d'un son musical

- Pour un son musical, on peut définir les caractéristiques suivantes :
- l'intensité du son, qui correspond à l'amplitude de l'onde ;
- la hauteur du son, qui correspond à sa fréquence ou fréquence fondamentale ;
- le timbre de l'instrument qui l'a produit, qui correspond à la forme du signal.

- Les deux enregistrements du **document 1** correspondent à la même note, car ils ont la même période T et donc la même fréquence $f = \frac{1}{T}$. En revanche, le second enregistrement correspond à un son légèrement plus fort et donc d'intensité plus élevée. La forme des deux signaux obtenus pour la même note est différente : le timbre de l'instrument n'est pas le même. On peut imaginer qu'il s'agit de deux instruments différents.

- Une note de même intensité et de même hauteur peut être jouée par deux instruments différents et ne pas donner le même son.

2 Intervalle entre deux notes et octave

- Deux notes jouées simultanément peuvent provoquer une sensation auditive agréable ou désagréable. Dans le premier cas, les notes semblent « sonner ensemble », on parle alors de notes consonantes ; dans le second cas, les notes ne « sonnent pas ensemble » et sont dissonantes.

- Ces sensations agréables sont liées au fait que l'oreille humaine est sensible au rapport des fréquences entre deux notes.

- Ainsi, on appelle intervalle entre deux sons ou deux notes, le rapport de leur fréquence fondamentale.

- Deux sons dont les fréquences f_1 et f_2 sont dans le rapport 2/1 correspondent à une même note, à deux hauteurs différentes. Cela signifie que les fréquences sont telles que $\frac{f_2}{f_1} = \frac{2}{1}$ soit $f_2 = 2f_1$. L'intervalle qui les sépare alors s'appelle une octave (**Doc. 2**).

Doc. 1 Enregistrements de deux signaux musicaux

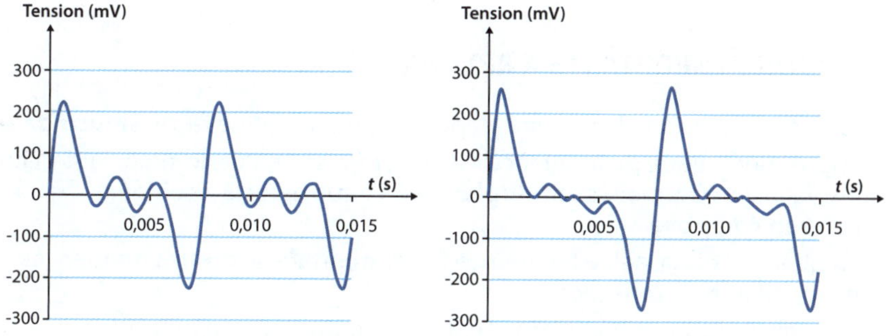

Doc. 2 Étapes de calculs de fréquences normalisées

	Do	*Do#*	*Ré*	*Ré#*	*Mi*	*Fa*	*Fa#*	*Sol*	*Sol#*	*La*	*La#*	*Si*
f_1	65,4	69,3	73,4	77,8	82,4	87,3	92,5	98,0	103,8	110,0	116,5	123,5
$f_2 = 2f_1$	130,8	138,6	146,8	155,6	164,8	174,6	185,0	196,0	207,6	220,0	233,0	247,0
$f_3 = 2f_2 = 4f_1$	261,6	277,2	293,6	311,2	329,6	349,2	370,0	392,0	415,3	440,0	466,0	494,0

3 Gamme

- Une gamme est une suite de notes réparties sur une octave.
- Dans l'Antiquité, Pythagore, mathématicien et scientifique grec, était convaincu que tous les phénomènes pouvaient s'expliquer par les nombres. Il propose donc quatre consonances fondamentales que sont : l'unisson (intervalle de rapport 1/1), l'octave (intervalle de rapport 2/1), la quinte (intervalle de rapport 3/2) et la quarte (intervalle de rapport 4/3).

Vocabulaire

Hauteur : la hauteur d'un son correspond à la fréquence du son, c'est-à-dire à sa fréquence fondamentale.

Timbre : le timbre d'un instrument correspond à la forme du motif de l'enregistrement d'une note. Cette forme est spécifique de l'instrument.

Intervalle entre deux notes : rapport de leur fréquence fondamentale.

Octave : intervalle entre deux notes dont le rapport de fréquence est de 2/1 ; la fréquence de la note de l'octave supérieure est ainsi le double de la fréquence de référence.

RÉVISION EXPRESS

LES POINTS IMPORTANTS À RETENIR

- Un son pur est associé à un signal dépendant du temps de façon **sinusoïdale**.
- Un signal périodique de fréquence *f* se décompose en une somme de signaux sinusoïdaux de **fréquences multiples de *f***. Le son associé à ce signal est un **son composé**.
- La fréquence *f* est appelée **fréquence fondamentale**, les autres fréquences sont appelées **harmoniques**.
- Le **spectre d'un son** est une représentation graphique « en bâtons » de la fréquence fondamentale et des harmoniques.
- La puissance par unité de surface transportée par une onde sonore est quantifiée par **son intensité sonore**.
- Le **niveau d'intensité sonore** est exprimé en **décibels** selon une échelle logarithmique :

$$L = 10\log\left(\frac{I}{I_0}\right)$$

avec log la fonction logarithme décimal, I l'intensité acoustique (en $W \cdot m^{-2}$) et I_0 l'intensité de référence (**$I_0 = 10^{-12}\ W \cdot m^{-2}$**).
- Une corde tendue émet en vibrant un son composé dont la fréquence fondamentale ne dépend que de ses **caractéristiques** (longueur L, tension T, masse linéique μ).
- La fréquence fondamentale est d'autant **plus grande que la tension est grande**, mais que **sa longueur et sa masse linéique sont faibles**.
- Dans les instruments à vent, un son composé se produit par vibration de l'air dans un tuyau.
- Deux sons dont les fréquences sont dans le **rapport 2/1 correspondent à une même note**, à deux **hauteurs différentes**. L'intervalle qui les sépare s'appelle **une octave**.
- Une **gamme** est une suite finie de notes réparties sur une octave.

Vidéo

LES MOTS IMPORTANTS

- Fondamental
- Fréquences audibles
- Gamme
- Harmonique
- Intensité sonore
- Niveau d'intensité sonore
- Octave
- Signal sinusoïdal
- Son aigu
- Son grave
- Spectre d'un son

LE SCHÉMA IMPORTANT À RETENIR

Enregistrement temporel et spectre d'un son

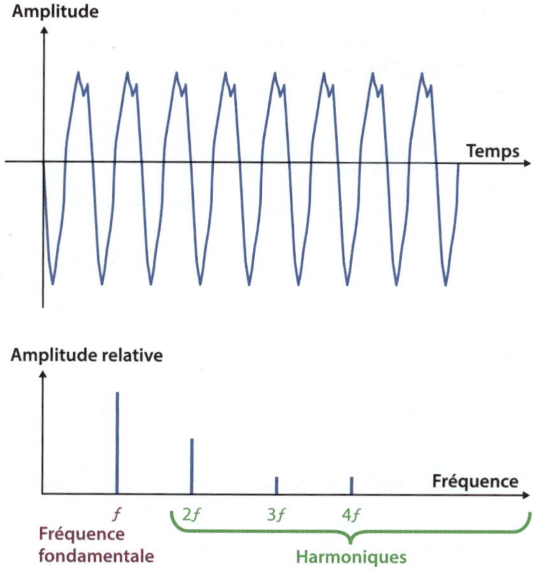

Intensité sonore ou puissance surfacique :

$$I = \frac{P}{S}$$

Niveau d'intensité sonore :

$$L = 10 \log\left(\frac{I}{I_0}\right)$$

Instruments à cordes :

$f \nearrow$ si la tension $T \nearrow$; si la longueur $L \searrow$; si la masse linéaire $\mu \searrow$

Quiz

1. Un son musical correspond à un signal périodique.
☐ Vrai ☐ Faux

2. La puissance sonore par unité de surface est le niveau d'intensité sonore.
☐ Vrai ☐ Faux

3. Le son produit par un instrument à cordes dépend de sa longueur.
☐ Vrai ☐ Faux

4. Le son émis par le diapason a une seule fréquence d'harmonique.
☐ Vrai ☐ Faux

5. Une octave correspond à un intervalle dont les fréquences sont en rapport 2/1.
☐ Vrai ☐ Faux

6. Une gamme est une suite finie de notes réparties sur une octave.
☐ Vrai ☐ Faux

→ Réponses p. 175

Comparer deux sons grâce à leur enregistrement

ÉNONCÉ

À l'aide d'un même micro relié à un oscilloscope numérique, on enregistre les deux sons A et B suivants. Comparez ces deux sons.

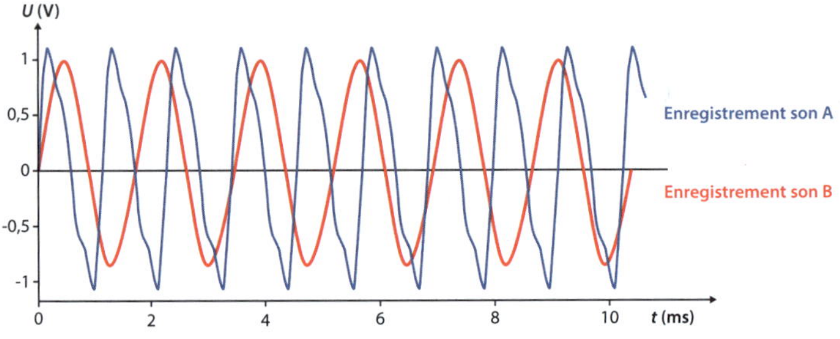

MÉTHODE

Pour comparer deux sons, il faut comparer leur hauteur, leur fréquence et leur timbre.

- Le son le plus fort est celui qui possède l'amplitude du signal la plus importante.
- Le son le plus aigu est celui qui a la fréquence la plus élevée, c'est-à-dire la période la plus petite. Cette fréquence est celle de son fondamental.
- Le son est complexe et possède donc une richesse en harmoniques, si la forme de l'enregistrement ne ressemble pas à une sinusoïde. On compare alors les timbres des instruments.

CORRIGÉ

- L'amplitude de l'enregistrement A est légèrement supérieure à celle de l'enregistrement B : on en déduit que A est un son légèrement plus fort que B.
- La période T_A du signal A est inférieure à la période T_B du signal B : on en déduit que les fréquences sont telles que $f_A > f_B$.
Le son A est donc plus aigu que B.
- Le signal B est sinusoïdal, c'est donc un son pur de fréquence f_B. En revanche, A est un son complexe possédant un fondamental à f_A et des harmoniques de fréquences multiples de f_A.

Remarque

L'enregistrement A est celui d'une flûte à bec, et B est celui d'un diapason.

Déterminer la valeur du niveau sonore

ÉNONCÉ

Dans un concert, lorsque l'ensemble de l'orchestre joue, le niveau sonore global enregistré à proximité est de 70 dB. Par la suite, l'ensemble des violons alto s'arrêtant, le niveau enregistré est abaissé à 65 dB.

Déterminez le niveau sonore des violons alto s'ils jouaient seuls.

MÉTHODE

- Traduire le niveau sonore maximal en intensité : exprimer l'intensité sonore I en fonction du niveau sonore L et de l'intensité de référence I_0. En déduire l'intensité sonore maximale I_{max} correspondant à 70 dB.
- Faire de même et calculer I_{min} correspondant à un niveau de 65 dB.
- L'intensité sonore des violons correspond à la différence entre I_{max} et I_{min} :

$$I_{violons} = I_{max} - I_{min}$$

- En déduire le niveau sonore $L_{violons}$ connaissant $I_{violons}$.

CORRIGÉ

- Le niveau sonore est tel que $L = 10\log\left(\frac{I}{I_0}\right)$. On en déduit que $\frac{I}{I_0} = 10^{L/10}$ soit $I = I_0 \times 10^{L/10}$.

$I(70\text{ dB}) = I_{max} = 10^{-12} \times 10^{70/10} = 1{,}0 \times 10^{-5}\text{ W}\cdot\text{m}^{-2}$.

- De la même manière, on a $I(65\text{ dB}) = I_{min} = 10^{-12} \times 10^{65/10} = 10^{-5{,}5}\text{ W}\cdot\text{m}^{-2}$, soit $I_{min} = 3{,}2 \times 10^{-6}\text{ W}\cdot\text{m}^{-2}$.

- L'intensité sonore des violons seuls correspond à la différence des intensités, donc on en déduit que : $I_{violons} = I_{max} - I_{min}$.

$I_{violons} = 1{,}0 \times 10^{-5} - 3{,}2 \times 10^{-6} = 6{,}8 \times 10^{-6}\text{ W}\cdot\text{m}^{-2}$.

- Comme le niveau sonore est défini par $L = 10\log\left(\frac{I}{I_0}\right)$, on a finalement :

$$L_{violons} = 10\log\left(\frac{6{,}8 \times 10^{-6}}{1{,}0 \times 10^{-12}}\right)$$

soit $L_{violons} = 68$ dB en ne gardant que 2 chiffres significatifs.

Piège à éviter

Attention, seules les intensités sont additives, ce n'est pas le cas des niveaux sonores : $L_{violons} \neq L_{max} - L_{min} = 5$ dB !

Vérification des connaissances

Pour chaque question ou affirmation, il y a entre 0 et 3 bonnes réponses.

1. Le niveau d'intensité sonore :
a. est sans dimension.
b. est une grandeur logarithmique.
c. prend toujours une valeur positive.

2. Lorsque deux instruments de musique jouent :
a. les intensités sonores s'additionnent.
b. les niveaux sonores s'additionnent.
c. les puissances sonores s'additionnent.

3. Deux sons dont les fréquences sont dans le rapport 2/1 :
a. correspondent à une même note.
b. ont la même hauteur.
c. sont séparés d'une octave.

4. Le diapason produit un son :
a. complexe à 2 harmoniques.
b. représenté par une sinusoïde.
c. périodique.

5. Un instrument à cordes produit un son dont la fréquence fondamentale dépend :
a. de la longueur de la corde.
b. de sa tension.
c. de sa couleur.

6. La fréquence fondamentale d'un son produit par une corde est d'autant plus :
a. importante que la masse linéique est importante.
b. faible que la longueur de la corde est faible.
c. importante que la tension exercée sur la corde est faible.

7. Deux spectres sonores diffèrent si :
a. les fréquences fondamentales diffèrent.
b. des instruments sont différents mais jouent la même note.
c. les notes sont différentes.

Entraînement

1 Corde d'une guitare

Calcul

En séance de TP, un élève musicien se propose de réaliser l'enregistrement de quelques notes obtenues avec sa guitare.
La fréquence de vibration et la note émise par chaque corde à vide, de longueur $L = 642$ mm, sont indiquées dans le tableau suivant :

Corde	1	2	3	4	5	6
f (Hz)	82,4	110,0	146,8	196	246,9	329,5
Note	*Mi*	*La*	*Ré*	*Sol*	*Si*	*Mi*

L'élève pince la corde n° 3 et visualise, à l'aide d'un microphone et d'un oscilloscope à mémoire, une tension électrique de même fréquence de vibration que celle de la corde. L'oscillogramme obtenu est représenté ci-dessous.

Doc. Oscillogramme de la corde n° 3

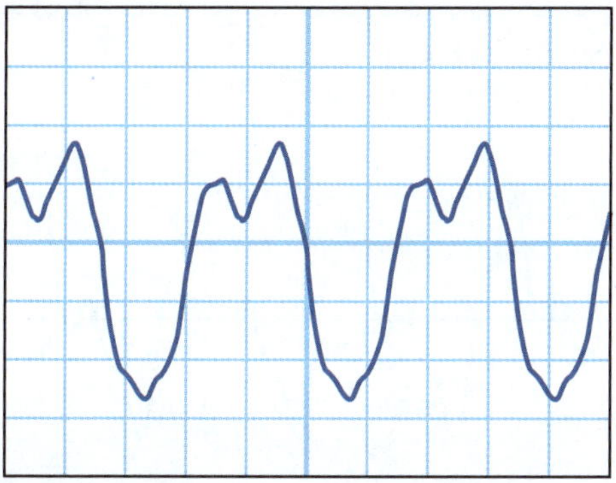

Les réglages de l'oscilloscope sont :
- base de temps : 2 ms/div ;
- sensibilité verticale : 200 mV/div.

QUESTIONS

1. Déterminez la période de vibration.

2. Vérifiez qu'elle correspond à un bon accord de la corde.

3. Déduisez-en la fréquence des deux premières harmoniques.

2 Soirée de concert

Argumentaire, calcul

Une sonorisation est réglée sur un niveau de 70 dB si les participants de la soirée sont à 25 m des haut-parleurs.

QUESTIONS

1. Quelle est l'intensité sonore à 25 m ?

2. Quel est le niveau sonore pour un participant qui s'avancerait à 10 m des enceintes ? On supposera que la puissance libérée par les enceintes est régulièrement répartie sur une sphère.

3. Lorsque les enceintes ne sont pas en fonctionnement, les participants qui discutent à 25 m des enceintes ont un niveau de bruit de 53 dB. Lors de la mise en fonctionnement de la sonorisation, quel sera alors le niveau sonore total ?

3 Étude de sons

Exploitation de document, argumentaire et calcul

Voici l'enregistrement du son produit par un synthétiseur et son analyse spectrale.

Doc. Enregistrement et spectre de Fourier correspondant

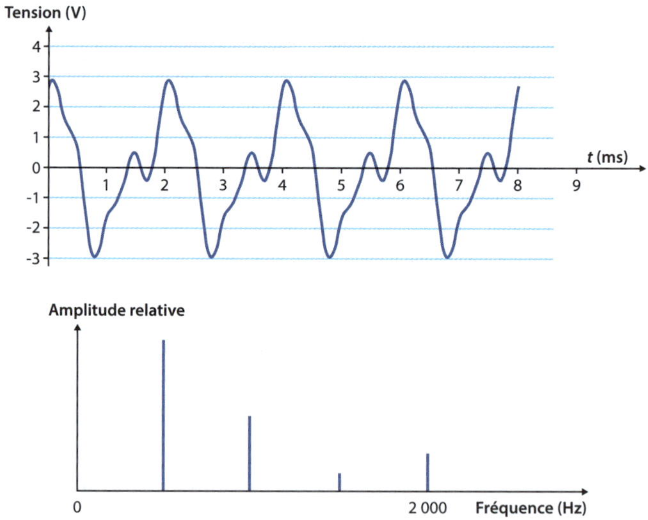

QUESTION

Montrez que la valeur de la fréquence du son émis est de 500 Hz. Justifiez.

Quiz

1 **Vrai.** Un son musical est périodique, ce qui le distingue d'un bruit.

2 **Faux.** La puissance sonore par unité de surface ou puissance sonore surfacique est l'intensité sonore et non le niveau d'intensité sonore en dB.

3 **Vrai.** La fréquence du son émis par un instrument à cordes est d'autant plus grande que la corde est courte.

4 **Faux.** Le son émis par un diapason est un son pur possédant une unique fréquence. Il s'agit davantage d'une fréquence fondamentale sans harmoniques.

5 **Vrai.** Une octave correspond à un intervalle dont les fréquences sont en rapport 2/1.

6 **Vrai.** Une gamme est une suite finie de notes réparties sur une octave.

Vérification des connaissances

1 **a.**, **b.** et **c. Vrai**. Le niveau d'intensité sonore L est une grandeur sans dimension puisque dépendant du rapport de deux intensités, mais avec unité (en dB), logarithmique puisque proportionnelle à $\log\left(\frac{I}{I_0}\right)$, et toujours positive, car si $I = I_0$, $L = 0$ dB.

2 **a.** et **c. Vrai**. Les puissances s'additionnent et pour la même surface auditive, cela correspond aussi à une addition des intensités. En revanche, il n'y a pas d'addition des niveaux sonores : $L = 10\log\left(\frac{I_1 + I_2}{I_0}\right) \neq 10\log\left(\frac{I_1}{I_0}\right) + 10\log\left(\frac{I_2}{I_0}\right)$ (**b. Faux**).

3 **a.** et **c. Vrai.** Deux sons dont les fréquences sont dans le rapport 2/1 correspondent à une même note, à deux hauteurs différentes. L'intervalle qui les sépare s'appelle une octave.

4 **b.** et **c. Vrai**. Le diapason produit un son pur (**a. Faux**), c'est-à-dire un son représenté par une sinusoïde, signal périodique.

5 **a.** et **b. Vrai**. La fréquence dépend de la tension, de la longueur et de la masse linéique de la corde.

6 **Aucune réponse n'est correcte.** La fréquence est d'autant plus importante que la tension est importante et que la masse linéique et la longueur sont faibles.

7 **a.**, **b.** et **c. Vrai**. Un spectre dépend de la note jouée et donc de sa fréquence fondamentale, ainsi que de l'instrument de musique.

Entraînement

1 Corde d'une guitare

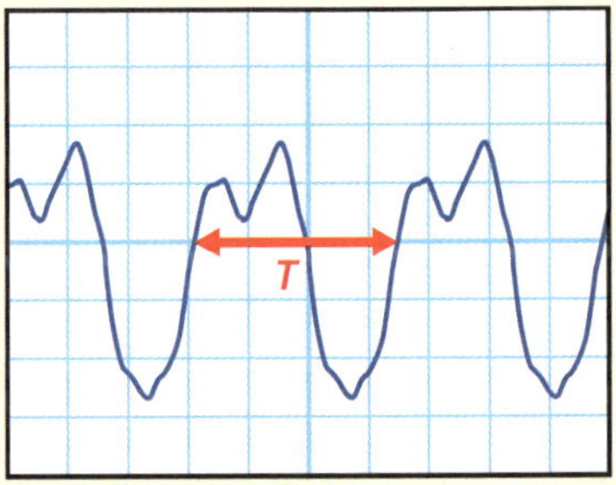

1. L'oscillogramme permet la mesure de la période T, soit une lecture correspondant à 3,4 divisions. On en déduit :
$T = 3{,}4 \text{ div} \times 2 \text{ ms/div}$, soit $T = 6{,}8$ ms.

2. La fréquence correspondante est alors :
$$f = \frac{1}{T} = \frac{1}{6{,}8 \times 10^{-3}} = 147{,}06 \text{ Hz},$$
soit $f = 1{,}5 \times 10^2$ Hz.

Avec la précision de la mesure effectuée, le résultat trouvé est bien en accord avec la fréquence du fondamental de la note générée par la corde n° 3, soit 146,8 Hz.

3. Les fréquences des harmoniques sont des multiples de la fréquence du fondamental, soit :
$2f = 2 \times 146{,}8 = 293{,}6$ Hz pour la première harmonique et $3f = 3 \times 146{,}8 = 440{,}4$ Hz pour la seconde.

Gagnez des points !
La mesure du nombre de divisions à l'oscilloscope est précise au 1/10 près, donc le résultat du calcul de la fréquence ne peut être plus précis !

2 Soirée de concert

1. L'intensité sonore I correspondante est telle que $L = 10\log\left(\frac{I}{I_0}\right)$, soit : $I = I_0 \times 10^{\frac{L}{10}}$.

$I = 10^{-12} \times 10^{\frac{70}{10}}$ soit $I = 10^{-5}$ W · m^{-2}.

2. Soit la sphère de rayon R, sa surface est alors $S = 4\pi R^2$.
$S = 4\pi \times 25^2 = 7{,}8 \times 10^3$ m^2 pour $R = 25$ m et $S' = 4\pi \times 10^2 = 1{,}3 \times 10^3$ m^2 pour $R = 10$ m.

L'intensité sonore est la puissance acoustique P par unité de surface, on a : $P = IS$.
$P = 10^{-5} \times 7{,}8 \times 10^3 = 7{,}8 \times 10^{-2}$ W en utilisant les résultats obtenus à 25 m.
En supposant la conservation de cette puissance entre $R = 10$ m et $R = 25$ m, on en déduit que $P = I'S'$, soit :

$$I' = \frac{P}{S'}$$

$$I' = \frac{7{,}8 \times 10^{-2}}{1{,}3 \times 10^3} = 6 \times 10^{-5}\ \text{W} \cdot \text{m}^{-2}.$$

3. Si $L'' = 53$ dB, alors l'intensité sonore correspondante est : $I'' = I = I_0 \times 10^{\frac{L''}{10}}$.

$I'' = 10^{-12} \times 10^{\frac{53}{10}}$ soit $I'' = 2{,}0 \times 10^{-7}\ \text{W} \cdot \text{m}^{-2}$.

Lors de la mise en fonctionnement de la sonorisation : $I_{total} = I'' + I$.

$I_{total} = 2{,}0 \times 10^{-7} + 10^{-5} = 1{,}02 \times 10^{-5}\ \text{W} \cdot \text{m}^{-2}$.

Le niveau sonore s'écrit donc $L_{total} = 10 \log\left(\frac{I_{total}}{I_0}\right)$.

$$L_{total} = \left(10 \log \frac{1{,}02 \times 10^{-5}}{10^{-12}}\right) = 70\ \text{dB}.$$

Le niveau sonore n'est pas sensiblement modifié.

> **Piège à éviter**
> Seules les intensités sonores s'additionnent.

3 Étude de sons

La hauteur d'un son complexe est la fréquence de son fondamental.
Sur l'analyse spectrale, on peut lire que $f_n = nf_0 = 2\,000$ pour le 4e pic, soit $n = 4$.
On en déduit la fréquence du fondamental :

$$f_0 = \frac{f_n}{n}$$

$$f_0 = \frac{2\,000}{4} = 500\ \text{Hz}.$$

La fréquence calculée est bien celle des deux précédents enregistrements.

> **L'astuce du prof**
> Toute fréquence d'harmonique est un multiple de la fréquence du fondamental.

CHAPITRE 12

Le son, une information à coder

1 Échantillonnage

De quoi s'agit-il ? **Pour numériser un son, on procède à la discrétisation du signal analogique sonore. Une phase d'échantillonnage précède celle de quantification et de compression.**

1 Enregistrement d'un son sur un support numérique

- L'enregistrement d'un son est celui du signal acoustique effectué par un capteur acoustique qui transforme le son en signal électrique. La tension électrique générée doit alors être numérisée ou digitalisée, et un convertisseur analogique/numérique (CAN) est nécessaire.
- La qualité de l'information recueillie dépend de celles de l'échantillonnage, de la quantification et de la compression du fichier audio.

2 Échantillonnage d'un signal analogique

- L'échantillonnage d'un signal analogique consiste à le remplacer par une série de valeurs $x(t_n)$ correspondant à la valeur de $x(t)$ au temps t_n (**Doc. 1**).

Le signal est alors converti en un tableau de données du type :

Temps t_n	t_0	t_1	t_2	t_3	t_4	t_5	...
Valeurs échantillonnées $x(t_n)$	$x(t_0)$	$x(t_1)$	$x(t_2)$	$x(t_3)$	$x(t_4)$	$x(t_5)$	...

- Pour qu'un échantillonnage soit représentatif du signal analogique, il faut que ce dernier ne varie pas trop durant le temps nécessaire à l'échantillonnage.
- Dans le cas d'un convertisseur analogique-numérique (CAN), si le signal est suréchantillonné ($f_e >> 2f_{max}$), l'échantillonnage prend beaucoup de temps, et le stockage des valeurs échantillonnées demande beaucoup d'espace mémoire.
- En revanche, dans le cas d'un sous-échantillonnage, le signal reconstruit est erroné.

Doc. 1 Signal analogique $x(t)$ et signal échantillonné

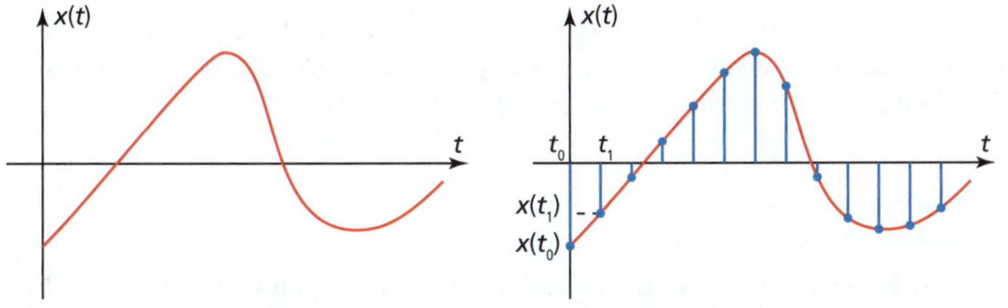

Doc. 2 Signal analogique $x(t)$ (en rouge) et signal reconstitué d'après l'échantillonnage (en bleu)

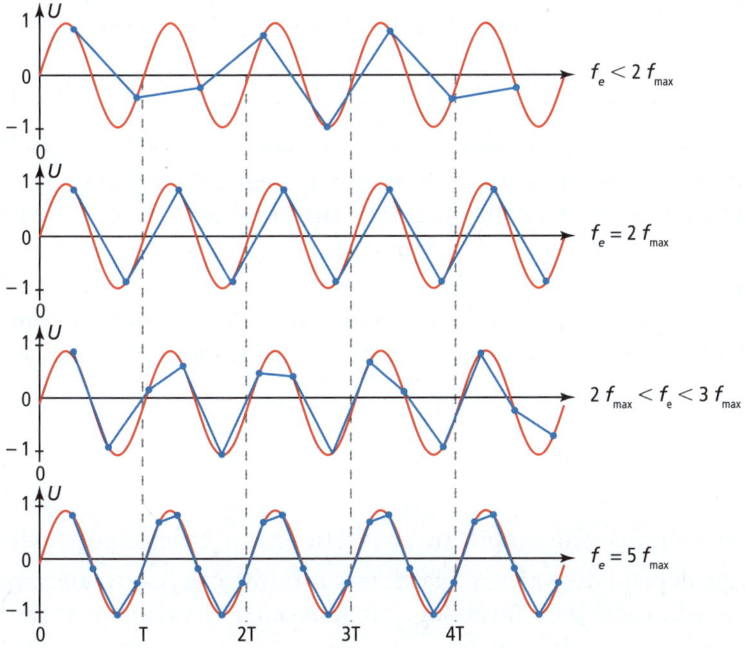

Vocabulaire

CAN : convertisseur analogique-numérique ayant pour fonction de transformer un signal analogique tel qu'une tension ou un courant (grandeur physique continue $x(t)$) en un signal numérique (mot binaire du type 1001101).

Échantillonnage : discrétisation d'un signal analogique, c'est-à-dire remplacement du signal analogique par une série de valeurs $x(t_n)$ correspondant à la valeur de $x(t)$ à l'instant t_n.

2 Quantification et numérisation

De quoi s'agit-il ? La quantification est une phase qui succède à l'échantillonnage. Elle permet de stocker un nombre limité de valeurs discrètes possibles pour le signal numérisé dont la taille du fichier obtenu dépend du débit binaire et de la durée du son.

1 Quantification

- La quantification correspond au remplacement des valeurs exactes $x(t_n)$ du signal échantillonné par des valeurs approximatives x_n choisies parmi un ensemble de valeurs discrètes.
- La valeur approximative x_n de la valeur exacte $x(t_n)$ peut être la valeur discrète la plus proche ou celle directement inférieure à la valeur exacte.

Temps t_n	t_0	t_1	t_2	t_3	t_4	t_5	...
Valeurs x_n	x_0	x_1	x_2	x_3	x_4	x_5	...

- Chaque valeur discrète x_n est un nombre de même dimension que les valeurs $x(t)$ du signal. Celui-ci est compris entre deux nombres extrêmes, fixant ainsi la plage de conversion ou gamme dynamique.
- Chaque valeur discrète x_n représente, à l'inverse, un nombre infini de valeurs $x(t)$ du signal analogique comprises dans un intervalle de valeurs de largeur Δ appelé pas de quantification. On a alors, entre deux valeurs quantifiées consécutives :

$$x_{n+1} - x_n = \Delta$$

2 Numérisation

- Chaque valeur discrète x_n doit être convertie en mot binaire, séquence de 0 et 1.
- Le codage dépend des valeurs quantifiées minimale et maximale, ainsi que du pas de quantification. Pour un codage sur 8 niveaux, les valeurs vont de 000 à 111.
- Plus la fréquence d'échantillonnage est élevée et la quantification fine, plus la numérisation du fichier audio est grande.

3 Taille d'un fichier audio non compressé

- Le codage de l'information se fait de manière binaire. Les états du système sont alors codés en « état 0 » ou « état 1 ». Ce sont les états d'une unité de codage binaire appelée bit.

- Le codage sur n bits donne 2^n possibilités. En effet, le codage sur 1 bit donne 2 possibilités (0 ou 1) ; sur 2 bits, il donne 4 possibilités (00, 01, 10 ou 11) ; sur 8 bits constituant 1 octet, il donne 256 possibilités.
- 1 kilo-octet (Ko) correspond à 10^3 octets et 1 kibioctet (Kio) à 2^{10} octets = 1 024 octets. Le **document 2** récapitule les concordances des multiples de l'octet.
- Le débit binaire, appelé aussi bitrate D, correspond au nombre de bits transmis par seconde (bit/s). Il dépend de la fréquence d'échantillonnage f_e (Hz), du type de codage (bit) et du nombre de canaux sonores (2 pour la stéréo par exemple) :

$$D \text{ (bit/s)} = f_e \text{ (Hz)} \times \text{Codage (bit)} \times \text{Nombre de canaux}$$

- La taille ou poids d'un fichier audio correspond au débit binaire multiplié par sa durée. Elle est souvent donnée en octets ou multiples de l'octet (1 octet = 8 bits).

Doc. 1 Signal échantillonné et quantifié

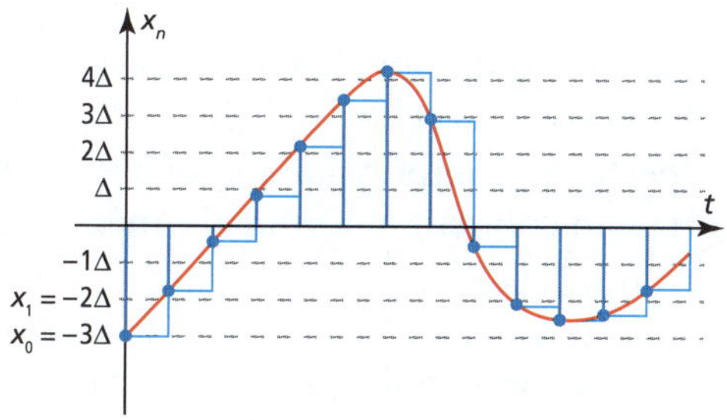

Doc. 2 Concordance des multiples de l'octet

1 Ko	1 Kio	1 Mo	1 Mio	1 Go	1 Gio	1 To	1 Tio
10^3 octets	2^{10} octets	10^6 octets	2^{20} octets	10^9 octets	2^{30} octets	10^{12} octets	2^{40} octets

Vocabulaire

Quantification : dans la conversion analogique/numérique, phase de discrétisation du signal utilisant un nombre fini et limité de valeurs possibles.

Gamme dynamique : ensemble des valeurs possibles de quantification.

Pas de quantification : différence entre deux valeurs successives de quantification.

Mot binaire : ensemble de valeurs 0 ou 1 formant un nombre en base 2, comme 01001.

Bit : unité la plus petite du système de numération, soit 2 valeurs (0 ou 1).

Octet : huit bits.

Débit binaire ou bitrate : fréquence ou nombre de bits par seconde.

3 Compression

De quoi s'agit-il ? Après numérisation, les fichiers audio obtenus sont souvent lourds. La compression permet de diminuer leur taille, et le taux de compression renseigne sur la performance de la compression.

1 Compression avec ou sans perte d'information

- Une quantité énorme d'informations audio (et vidéo) est échangée chaque seconde dans le monde. Cela entraine un développement très important des capacités de stockage de ces informations et cela nécessite beaucoup d'énergie.
- La compression consiste à diminuer la taille d'un fichier, afin de transmettre plus facilement des données audio ou de les stocker en limitant l'espace alloué.
- On distingue :

– la compression sans perte, pour laquelle les données après décompression du fichier compressé sont identiques à celles du fichier originel ;

– la compression avec perte, ou compression destructive, pour laquelle le fichier obtenu après décompression contient moins de données.

- Les techniques de compression spécifiques au son, c'est-à-dire avec le plus souvent une compression destructive avec perte d'information, éliminent les informations sonores auxquelles l'oreille est peu sensible.

2 Formats audio

- Les trois grands formats audio sont le MP3, la Qualité CD et le Hi-Res (**Doc.**).
- Le MP3 correspond à un fichier audio compressé avec pertes : le processus de compression correspond souvent à la perte des harmoniques de hautes fréquences – sons aigus. En effet, lorsque l'oreille enregistre simultanément un son aigu et un son grave, il existe un effet dit « effet de masque », qui fait que le son aigu est masqué par le son grave. La résolution de ce format est 16 bits, et son débit binaire est entre 128 et 320 kbps (kilobits par seconde).
- La Qualité CD correspond à un ensemble de formats compressés sans pertes ou non compressés (exemples : FLAC, ALAC, WMA Lossless…). La résolution est 16 bits, et la fréquence d'échantillonnage est fixée à 44,1 kHz : elles sont ainsi identiques à celles du CD. Le débit binaire est au moins 4 fois supérieur à celui du MP3, jusqu'à 1 411 kbps.
- L'audio Hi-Res ou High-Resolution (Haute Résolution) est un format de compression sans pertes ou sans compression. Ces fichiers audio correspondent

à ceux utilisés dans les studios d'enregistrement : résolution 24 bits et fréquence d'échantillonnage jusqu'à 192 kHz. Le débit binaire peut aller jusqu'à 9 216 kbps.

- Afin de coder et décoder un fichier audio, on utilise un codec (codeur-décodeur).

3 Taux de compression

- Le taux de compression τ est une mesure de la compression d'un fichier, souvent exprimée en pourcentage. Un fichier non compressé a un taux de compression nul. De manière générale, plus le taux de compression est élevé et plus la taille du fichier compressé est faible.
- Le taux de compression est défini à partir des tailles du fichier originel non compressé et du fichier compressé :

$$\tau = \frac{\text{Taille fichier non compressé} - \text{Taille fichier compressé}}{\text{Taille fichier non compressé}}$$

avec ces tailles de fichiers exprimées dans la même unité (bits, octets, Ko, Mo, Go, etc.). Ce taux peut être multiplié par 100 pour avoir τ en pourcentage.

- On peut aussi écrire :

$$\tau = 1 - \frac{\text{Taille fichier compressé}}{\text{Taille fichier non compressé}}$$

Doc. Caractéristiques de quelques formats audio

Format	Compression	Pertes	Résolution	Fréquence d'échantillonnage	Débit binaire/ Bitrate
MP3	Oui	Oui	16 bits	44,1 kHz	$\geq$ 128 kbps $\leq$ 320 kbps
CD	Souvent	Non	16 bits	44,1 kHz	$\leq$ 1 411 kbps
Hi-Res	Non	Non	32 bits	$\leq$ 192 kHz	$\leq$ 9 216 kbps

Vocabulaire

Compression : processus permettant la diminution de la taille d'un fichier afin de faciliter sa transmission et/ou son stockage.

Codec : codeur-décodeur.

Taux de compression : mesure de la performance d'une compression, souvent exprimée en pourcentage.

RÉVISION EXPRESS

LES POINTS IMPORTANTS À RETENIR

- Pour numériser un son, on procède à la **discrétisation** du signal analogique sonore (échantillonnage et quantification).
- Plus la **fréquence d'échantillonnage est élevée** et la quantification fine, plus la **numérisation est fidèle**, mais plus la **taille du fichier audio est grande**.
- La reproduction fidèle du signal analogique nécessite une fréquence d'échantillonnage **plus grande** que celle du son.
- La compression consiste à **diminuer la taille** d'un fichier afin de faciliter son **stockage** et sa **transmission**.
- Les techniques de compression spécifiques au son, dites « avec perte d'information », éliminent les informations sonores auxquelles **l'oreille est peu sensible**.

Vidéo

LES MOTS IMPORTANTS

- Bit
- Codage
- Codec
- Compression
- Débit binaire
- Demi-vie
- Échantillonnage
- Gamme dynamique
- kilo/kibi
- Mot binaire
- Numérisation
- Octet
- Pas de quantification
- Perte d'information
- Quantification
- Sur/sous-échantillonnage
- Taille d'un fichier
- Taux de compression

LE SCHÉMA IMPORTANT À RETENIR

Signal échantillonné et quantifié

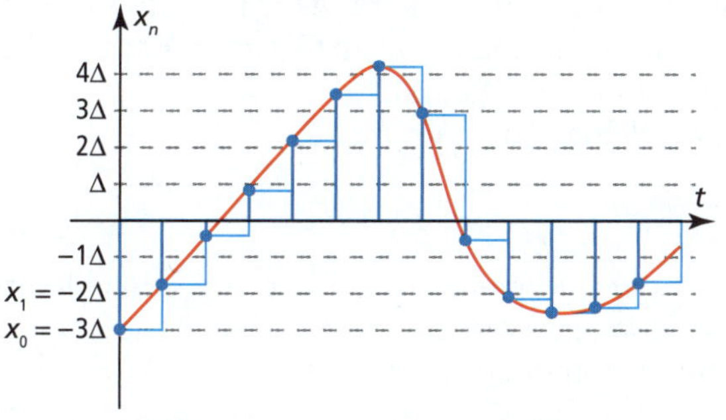

Plus la fréquence d'échantillonnage est élevée et plus la quantification est fine, plus la numérisation est fidèle mais plus la taille du fichier est grande.

Quiz

1. On appelle discrétisation du signal l'ensemble des phases d'échantillonnage et de quantification.
☐ Vrai ☐ Faux

2. La numérisation est d'autant plus fidèle que la fréquence d'échantillonnage est faible.
☐ Vrai ☐ Faux

3. Une petite quantité d'informations audio et vidéo est échangée chaque jour dans le monde.
☐ Vrai ☐ Faux

4. Les échanges de fichiers ne nécessitent pas d'énergie.
☐ Vrai ☐ Faux

5. Un fichier compressé est un fichier de taille plus petite que l'original.
☐ Vrai ☐ Faux

6. Il existe deux types de compression : avec ou sans pertes d'information.
☐ Vrai ☐ Faux

→ Réponses p. 191

Estimer la taille d'un fichier audio

ÉNONCÉ

Un enregistrement sonore du *Boléro* de Maurice Ravel de 18 minutes et 47 secondes est numérisé et stocké sur un CD en 16 bits et en stéréo. La fréquence d'échantillonnage est de $f_e = 44{,}1$ kHz.
Calculez la taille du fichier non compressé.

MÉTHODE

- ▶ À partir de l'énoncé, identifier la fréquence d'échantillonnage en hertz, la résolution ou codage de l'enregistrement en bits, le nombre de canaux et la durée de l'enregistrement en secondes.
- ▶ Calculer, en bits, la taille ou poids du fichier audio en multipliant les 4 données précédentes entre elles, dans les unités explicitées ci-avant.
- ▶ Sachant qu'un octet est égal à 8 bits, convertir le résultat obtenu en octets, puis en multiples de l'octet : Ko, Mo, Go ou To.

CORRIGÉ

● Dans l'énoncé, on identifie les données nécessaires à l'estimation de la taille du fichier audio non compressé :
– la fréquence d'échantillonnage $f_e = 44{,}1 \text{ kHz} = 44{,}1 \times 10^3 \text{ Hz}$;
– la résolution ou le codage $r = 16$ bits ;
– le nombre de canaux $N = 2$ car l'enregistrement est en stéréo ;
– la durée de l'enregistrement $\Delta t = 18$ min 47 s soit $\Delta t = 18 \times 60 + 47 = 1\,127$ s.

Rappel
Le signal diffusé en stéréo nécessite deux canaux différents.

● La taille de l'enregistrement est égale à :

$$\text{Taille} = f_e \times r \times N \times \Delta t = 44{,}1 \times 10^3 \times 16 \times 2 \times 1\,127 = 1{,}59 \times 10^9 \text{ bits}$$

● La taille peut être exprimée en octets, sachant qu'un octet vaut 8 bits :
Taille $= 1{,}59 \times 10^9/8 = 1{,}99 \times 10^8$ octets, soit en gigaoctets $1{,}99 \times 10^8/10^6 = 199$ Go.
Le *Boléro* de Ravel, enregistré en stéréo sur un CD 16 bits avec une fréquence d'échantillonnage de 44,1 kHz, a une taille d'environ 200 Go.

Calculer et comparer les taux de compression

ÉNONCÉ

Un fichier audio de 8,88 Mo est enregistré en stéréo pendant 35 s. Il est compressé avec pertes en format m4a, avec un encodage en CBR 320 kbits/s qui réduit sa taille à 1,35 Mo ou avec un encodage en VBR 224 kbits/s. Dans ce dernier cas, sa taille est réduite à 625 Ko.
Calculez et comparez les taux de compression.

MÉTHODE

- Relever dans l'énoncé la taille du fichier natif.
- Pour chaque compression destructive, calculer le taux de compression.
- Comparer les deux taux obtenus et estimer leur rapport.

CORRIGÉ

- Le fichier natif a une taille de 8,88 Mo.
- Dans le premier cas, avec une compression destructive avec encodage CBR 320 kbits/s, la taille du fichier compressé est de 1,35 Mo.

On en déduit un taux de compression :

$$\tau_1 = 1 - \frac{\text{Taille fichier compressé}}{\text{Taille fichier non compressé}} = 1 - \frac{1,35}{8,88} = 0,85.$$

En multipliant ce résultat par 100, on obtient un taux de compression de 85 %.
Dans le second cas, la taille du fichier compressé est de 625 Ko, le taux de compression est alors de :

$$\tau_2 = 1 - \frac{625 \times 10^3}{8,88 \times 10^6} = 0,93 \text{ ou } 93\ \%.$$

- Dans le second cas, la compression est plus importante que dans le premier cas, car $\tau_1 = 85\ \% < \tau_2 = 93\ \%$.

On peut calculer le rapport des taux de compression destructive :

$$\frac{\tau_2}{\tau_1} = \frac{93}{85} = 1,1.$$

Piège à éviter

Les tailles des fichiers doivent être dans les mêmes unités : dans le premier cas, elles sont en Mo, alors que dans le second cas, elles sont en octets.

Vérification des connaissances

Pour chaque question ou affirmation, il y a entre 0 et 3 bonnes réponses.

1. Pour numériser un son, il faut procéder à :
a. la discrétisation du signal.
b. son échantillonnage.
c. sa quantification.

2. La numérisation d'un signal sonore est de bonne qualité si :
a. la fréquence d'échantillonnage est nulle.
b. la fréquence d'échantillonnage est très faible.
c. la fréquence d'échantillonnage est élevée.

3. La taille d'un fichier audio dépend :
a. du temps d'enregistrement.
b. du nombre de canaux.
c. de la fréquence d'échantillonnage.

4. La compression d'un fichier est d'autant plus importante que :
a. la taille du fichier compressé est de l'ordre de celle du fichier d'origine.
b. le nombre de canaux est faible.
c. le taux de compression est grand.

5. Le taux de compression :
a. est nul pour une compression sans perte d'information.
b. est nul pour une compression avec perte.
c. est de 100 % pour une compression sans perte.

6. Une compression avec perte d'information :
a. est une compression destructive.
b. a un taux de compression non nul.
c. élimine les informations auxquelles l'oreille est peu sensible.

7. Si l'on compare deux fichiers audio compressés à partir du même fichier audio d'origine, celui qui a :
a. le taux de compression le plus faible a la taille la plus faible.
b. un taux de compression $\tau = 0$ est un fichier compressé sans perte.
c. la taille la plus importante sera plus facilement transmise.

Entraînement

1 Effet de masque

Exploitation de documents

Doc. Pour ne pas encoder l'inutile !

Si deux sons purs sont écoutés simultanément, le plus intense, appelé son masquant, peut créer une gêne sur la perception du second, le son masqué. Il peut même le rendre inaudible.

La **figure 1** indique les valeurs minimales de niveau d'intensité sonore audible en fonction de la fréquence lorsque le son est écouté simultanément avec un son pur de fréquence 1 kHz et de niveau d'intensité sonore 55 dB.

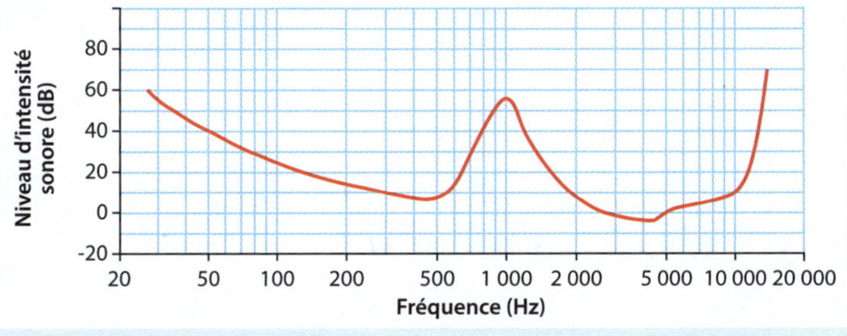

Figure 1 – Seuil d'audibilité humaine d'un son en présence d'un son masquant de niveau d'intensité sonore 55 dB et de fréquence 1 kHz

Le format MP3 exploite l'effet de masquage pour compresser l'enregistrement numérique d'un signal sonore. Cela consiste à réduire l'information à stocker sans trop dégrader la qualité sonore du signal. La compression de l'enregistrement permet donc de réduire le « poids » numérique (ou la taille du fichier) d'un enregistrement musical. Le spectre fréquentiel de la note *la*3 jouée par une flûte traversière dans un environnement silencieux est donné ci-contre.

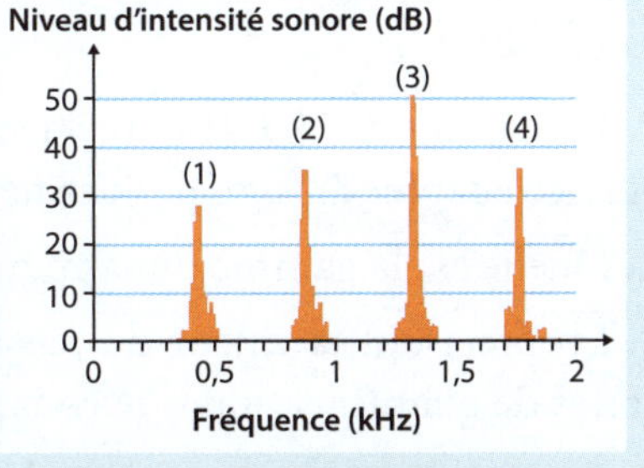

Figure 2 – Spectre fréquentiel de la note *la*3 jouée par une flûte traversière

La flûte joue la note *la*3 en présence d'un son masquant de fréquence 1 kHz et de niveau d'intensité sonore de 55 dB qui correspond au cas de la **figure 1**. L'enregistrement numérique du signal sonore est compressé au format MP3.

QUESTION

En étudiant chaque pic du spectre de la **figure 2**, indiquez celui ou ceux qui seront éliminés par ce codage MP3. Justifiez.

2 Numérisation d'un signal analogique

Argumentaire et calcul

On donne l'enregistrement d'un capteur de type photodiode qui transforme un signal lumineux en signal électrique.

Doc. Signal enregistré par le capteur

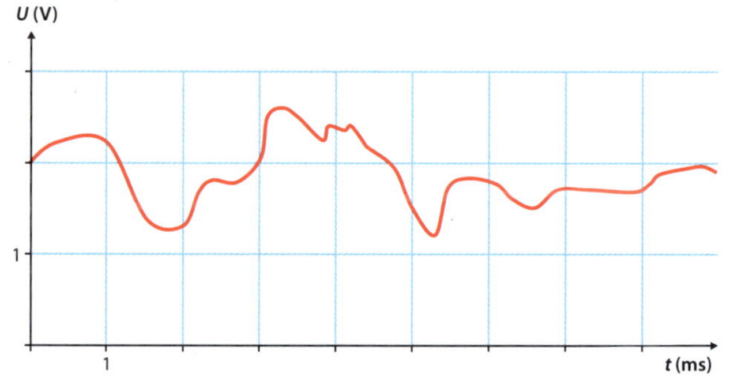

QUESTIONS

1. Le signal est échantillonné avec une fréquence $f_e = 5\ 000$ Hz. Est-ce une fréquence adaptée au signal ? Justifiez.

2. Quelle est la gamme dynamique du signal ?

3. En précisant la valeur du pas de quantification, déterminez les valeurs discrètes de quantification si le codage se fait sur 3 bits.

4. En justifiant la démarche adoptée, déterminez l'ensemble des valeurs discrètes représentant le signal analogique à la sortie de la photodiode.

5. Quelles sont les valeurs numériques correspondant à l'ensemble des valeurs discrètes déterminées à la question **3.** ?

6. Déduisez-en le tableau des valeurs binaires représentant le signal analogique.

Quiz

1 **Vrai.** On appelle discrétisation d'un signal son échantillonnage et sa quantification.

2 **Faux.** La numérisation est d'autant plus fidèle que l'échantillonnage est fréquent, donc que la fréquence d'échantillonnage est grande.

3 **Faux.** Une très grande quantité d'informations audio et vidéo est échangée chaque jour dans le monde.

4 **Faux.** Tout échange de fichier nécessite de l'énergie.

5 **Vrai.** La compression permet de diminuer la taille d'un fichier pour le stocker ou le transmettre plus facilement.

6 **Vrai.** Il existe deux types de compression : « destructive » dite avec perte d'information et « non destructive » sans perte d'information.

Vérification des connaissances

1 **a.**, **b.** et **c.** **Vrai**. La numérisation d'un son consiste en sa discrétisation, c'est-à-dire son échantillonnage et sa quantification.

2 **c. Vrai.** Plus la fréquence d'échantillonnage est élevée, plus la numérisation est fidèle.

3 **a.**, **b.** et **c.** **Vrai**. La taille d'un fichier dépend de ces trois paramètres et de la résolution.

4 **c. Vrai**. Le taux de compression quantifie l'importance de la compression qui ne dépend pas du nombre de canaux (**b. Faux**). La taille du fichier compressé est d'autant plus petite que la compression est importante (**a. Faux**).

5 **a. Vrai**. Un taux de compression nul signifie que les tailles des fichiers compressé et non compressé sont identiques : c'est le cas d'une compression sans perte (**b. et c. Faux**).

6 **a.**, **b.** et **c. Vrai**. Une compression avec perte, appelée aussi compression destructive, correspond à un taux de compression non nul en éliminant des informations peu sensibles.

7 **b. Vrai.** Une compression sans perte correspond à un taux de compression nul. Si le taux augmente, alors la taille du fichier compressé devient plus faible (**a. Faux**). Un fichier peu compressé a une taille proche de celle du fichier d'origine et aura donc autant de difficulté à être transmis que le fichier source (**c. Faux**).

Entraînement

1 Effet de masque

Le pic (1) correspond à une fréquence de 0,45 kHz et de niveau sonore d'environ 30 dB (**figure 2**). Or, en reportant sur la courbe de la **figure 1**, cette fréquence correspond à un niveau sonore seuil d'environ 10 dB : le niveau sonore est supérieur au seuil, le pic est donc à coder.

Par la même méthode, en utilisant les **figures 2** puis **1**, on obtient les résultats suivants :

– le pic (2) de fréquence 0,9 kHz et de niveau sonore 35 dB correspond à un niveau seuil de 50 dB : il n'est pas codé dans le format MP3 ;

– le pic (3) de fréquence 1,35 kHz et de niveau sonore 50 dB a un niveau seuil d'environ 30 dB : il est codé dans le fichier MP3 ;

– et enfin le pic (4) de fréquence 1,75 kHz et de niveau sonore 35 dB a un niveau seuil d'environ 10 dB : il est à coder.

2 Numérisation d'un signal analogique

1. Le signal est globalement un signal plat, donc toute fréquence d'échantillonnage est *a priori* adaptée. Cependant, les variations temporelles des détails du signal sont pour la plupart de l'ordre de 0,5 ms, soit : $f = \dfrac{1}{0{,}5 \times 10^{-3}} = 2\,000$ Hz.

Le critère de Shannon est donc respecté avec une fréquence d'échantillonnage $f_e = 5\,000$ Hz.

2. La gamme dynamique du signal est l'intervalle [1,2 V ; 2,6 V], soit une différence de 2,6 – 1,2 = 1,4 V.

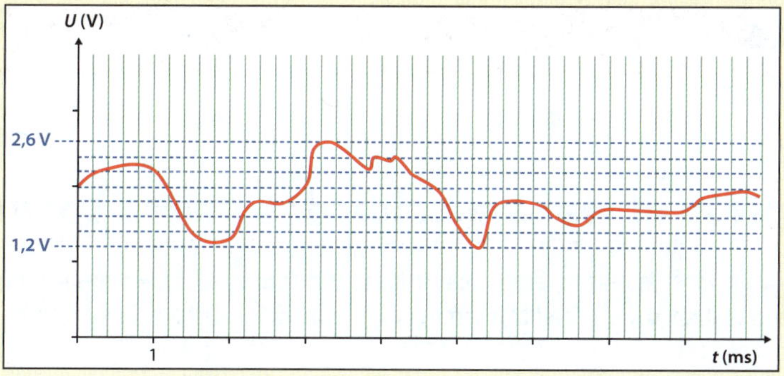

3. Le codage sur 3 bits impose $2^3 = 8$ valeurs et donc 7 intervalles entre ces différentes valeurs. La gamme dynamique du signal sur 1,4 V permet de conclure que le pas de quantification est de $\frac{1,4}{7} = 0,2$ V, soit $\Delta = 0,2$ V.
L'ensemble des valeurs discrètes est (en V) : {1,2; 1,4; 1,6; 1,8; 2,0; 2,2; 2,4; 2,6} (voir schéma ci-avant).

Gagnez des points !
Vérifiez qu'il y a bien $2^3 = 8$ valeurs discrètes pour un codage 3 bits.

4. Les valeurs discrètes correspondent à celles directement inférieures aux valeurs analogiques de $U(t)$ prises toutes les $\frac{1}{f_e}$ s, c'est-à-dire toutes les $\frac{1}{5\,000} = 0,2$ ms.
Les valeurs sont alors, par séquence de 1 ms d'échantillonnage :

2,0/2,2/2,2/2,2/2,2
2,0/2,6/2,4/2,4/2,2
1,8/1,6/1,4/1,4/1,6
2,2/2,0/1,4/1,2/1,2
2,4/2,4/2,2/2,0/1,8
1,6/1,6/1,6/1,6/1,6
1,2/1,6/1,8/1,6/1,8
1,4/1,2/1,4/1,8/1,8
1,6/1,8/1,8/1,8/1,8

5. En codant sur 3 bits, la valeur la plus basse correspond au mot binaire 000 et la valeur la plus haute à 111. On en déduit la correspondance :

Valeur discrète	1,2	1,4	1,6	1,8	2,0	2,2	2,4	2,6
Mot binaire	000	001	010	011	100	101	110	111

6. Le signal analogique à la sortie de la photodiode est alors codé de la manière suivante : **100 101 101 101 101 101 100 001 000 000 000 010 011 010 011 100 111 110 110 101 110 110 101 100 011 001 000 001 011 011 011 010 001 001 010 010 010 010 010 010 010 011 011 011 011**

CHAPITRE

13 Entendre la musique

1 Réception et transmission des ondes sonores

De quoi s'agit-il ? **L'oreille externe canalise les sons du milieu extérieur vers le tympan. Ce dernier les transmet jusqu'à l'oreille interne par l'intermédiaire de l'oreille moyenne.**

1 De l'oreille externe à l'oreille interne

- Les sons sont captés par l'oreille externe, constituée du pavillon et du conduit auditif. Ils font vibrer le tympan, une membrane tendue, séparant le conduit auditif externe de l'oreille moyenne (**Doc. 1**).
- Les vibrations du tympan sont alors transmises à une chaîne d'osselets : le marteau, puis l'enclume, et enfin l'étrier. Le rapport des surfaces entre le tympan et l'étrier permet une amplification de la pression sonore d'un facteur supérieur à 20. De plus, les articulations entre osselets forment un système de levier qui joue aussi le rôle d'amplificateur.
- Les vibrations des osselets se transmettent dans l'oreille interne et mettent en mouvement un liquide contenu dans un organe enroulé : la cochlée.
- Les cellules ciliées de la cochlée sont des cellules sensorielles, capables de traduire le signal sonore en message nerveux.

2 Caractéristiques de l'audition humaine

- L'oreille externe se comporte comme une antenne acoustique : elle capte les sons, les concentre et les conduit vers l'oreille moyenne.
- D'une oreille à l'autre, un son arrive avec un angle d'incidence différent et un décalage dans le temps, ce qui permet d'en localiser la source.
- L'oreille humaine perçoit des fréquences comprises entre 20 Hz (son grave) et 20 000 Hz (son aigu). Les sons les mieux perçus correspondent à des fréquences comprises entre 1 et 3 kHz, c'est-à-dire par exemple ceux émis au cours d'une conversation (**Doc. 2**).
- Enfin, les niveaux d'intensité acoustique pouvant être perçus par l'oreille humaine sont compris entre 0 et 120 décibels (dB).

Doc. 1 Organisation de l'oreille

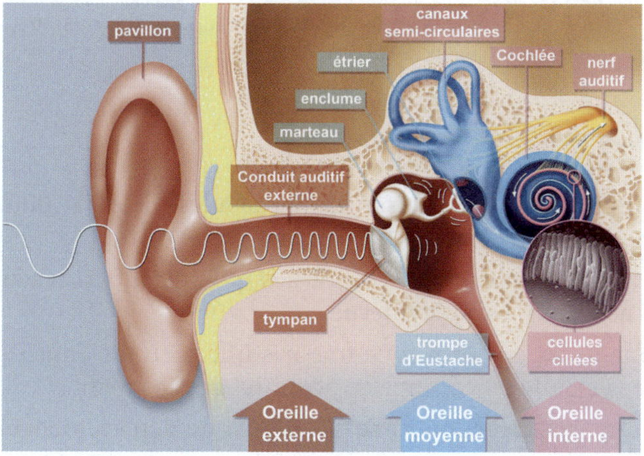

Doc. 2 Capacités de perception de l'oreille humaine

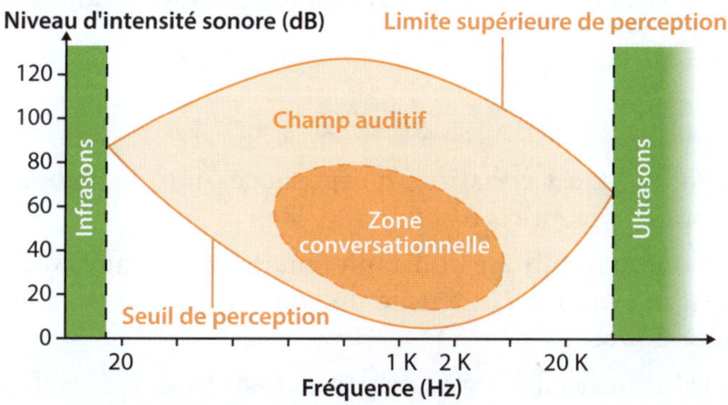

Vocabulaire

Tympan : membrane qui sépare l'oreille externe de l'oreille moyenne et transmet les vibrations sonores aux osselets.

Osselets : os de petite taille (appelés marteau, enclume et étrier), articulés les uns avec les autres et situés dans l'oreille moyenne.

Cochlée : organe creux en forme d'escargot situé dans l'oreille interne. Le canal cochléaire rempli d'un liquide appelé endolymphe renferme des cellules sensorielles, les cellules ciliées.

Cellule sensorielle : cellule capable de convertir un stimulus environnemental en message nerveux.

2 Conversion des vibrations sonores en message nerveux

De quoi s'agit-il ? **Dans la cochlée, les cellules ciliées réagissent au signal sonore et le convertissent en message nerveux destiné au cerveau.**

1 Naissance d'un message nerveux

- Dans la cochlée, on compte environ 15 000 cellules ciliées (30 000 pour les deux oreilles) connectées aux fibres du nerf auditif (**Doc. 1**).
- Ces cellules sont munies de cils vibratiles qui entrent en résonance avec les vibrations transmises à l'oreille interne.
- Le déplacement des cils provoque une modification de l'état électrique de la membrane de la cellule ciliée, appelée potentiel de récepteur.
- Une plus grande intensité sonore se traduit par un déplacement plus important des cils, ce qui génère des potentiels de récepteur de plus grande amplitude.
- Sous l'effet des potentiels de récepteur, les cellules ciliées libèrent des molécules appelées neurotransmetteurs, qui à leur tour vont stimuler les neurones du nerf auditif auxquels elles sont connectées. Ceux-ci donnent alors naissance à un message nerveux capable de se propager.

2 Codage des informations sonores

- Le message nerveux est constitué d'une succession de signaux électriques élémentaires appelés potentiels d'action.
- Ces signaux sont d'amplitude constante, mais leur fréquence augmente avec l'intensité du signal sonore. L'intensité du son est donc codée en fréquence de potentiels d'action (**Doc. 2**).
- Par ailleurs, les cellules ciliées sont disposées dans la cochlée en fonction de leur seuil de sensibilité, variable selon la fréquence du son : les plus proches de la base captent les sons aigus, celles proches de l'extrémité (apex) sont plus sensibles aux sons graves (**Doc. 1**). Cette distribution particulière des cellules ciliées (appelée tonotopie) permet une discrimination des fréquences. L'oreille peut ainsi entendre un son composé de plusieurs fréquences différentes.
- Des sons trop intenses, ou encore une exposition prolongée à des sons d'un niveau sonore supérieur à 80 dB peuvent endommager les cils vibratiles des cellules de la cochlée. Les dégâts, alors irréversibles, peuvent être à l'origine d'une surdité, car les cils, une fois détruits, ne se régénèrent pas.

Doc. 1 Cellules ciliées de la cochlée

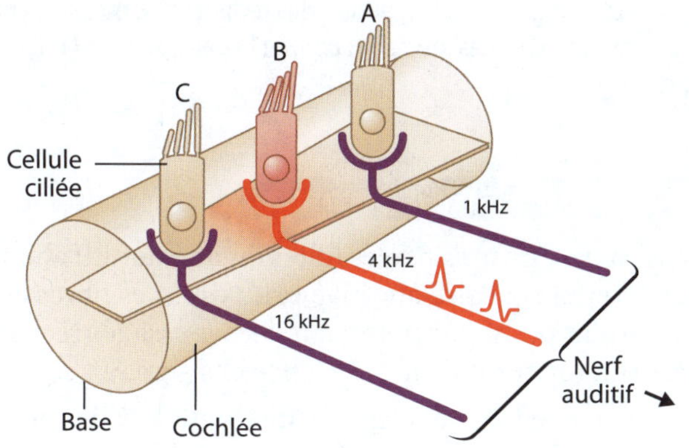

Doc. 2 Codage des informations sonores

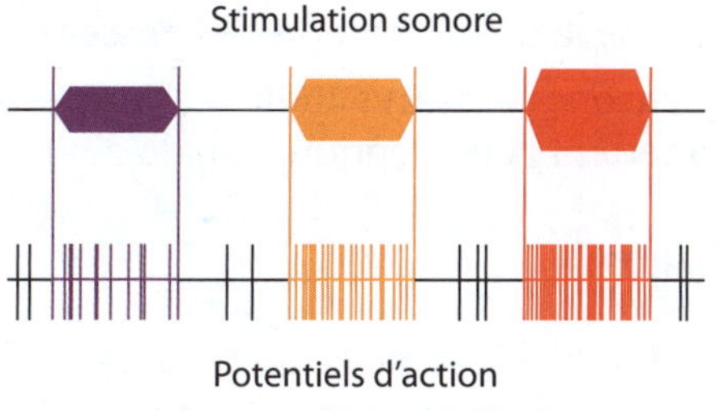

Vocabulaire

Potentiel de récepteur : modification de l'état électrique de la membrane d'une cellule sensorielle.

Amplitude : grandeur mesurée en millivolts qui caractérise la variation de l'état électrique de la membrane.

Potentiels d'action (PA) : signaux élémentaires du message nerveux. Ce sont de brèves variations du potentiel de membrane, capables de se propager le long d'une fibre nerveuse.

Fréquence : nombre par unité de temps.

Tonotopie : distribution des cellules en fonction de leur sensibilité à une fréquence donnée.

3 Cortex auditif et perception des sons

De quoi s'agit-il ? Des aires cérébrales spécialisées reçoivent les messages nerveux transmis par le nerf auditif. Le traitement de ces messages permet la perception et l'interprétation des informations sonores.

1 Aires auditives primaire et secondaire

- Les messages nerveux transmis par les fibres du nerf auditif aboutissent dans une région du cortex temporal : l'aire auditive primaire. Les fibres en provenance de la cochlée s'y projettent point par point, aussi les messages reçus sont-ils répartis sur l'aire primaire en fonction de la fréquence des signaux captés (**Doc.**).
- L'aire auditive primaire permet ainsi de distinguer et de mémoriser les différentes fréquences sonores, de reconnaître l'intensité du son, sa durée et son timbre. Elle est sensible à des stimuli de courte durée comme un bruit bref, une variation d'intensité ou de fréquence.
- Les sons plus longs et plus complexes sont traités par l'aire auditive secondaire qui entoure l'aire primaire. L'aire auditive secondaire est chargée du traitement de la musique, de la compréhension des mots, de la catégorisation de ces mots (concrets, abstraits…) et de la mémorisation de leur sens.
- Les connexions des neurones des aires auditives entre eux et avec ceux d'autres régions cérébrales permettent la perception globale des informations sonores.

2 Plasticité corticale

- Les cellules ciliées de l'oreille interne se mettent en place et deviennent fonctionnelles au cours de la vie embryonnaire. Le cortex auditif primaire débute son développement, alors que la cochlée commence déjà à fonctionner. Les neurones corticaux se multiplient, leurs fibres nerveuses grandissent et établissent des connexions ou synapses. Jusqu'à 6-8 ans, l'organisation du cortex auditif s'établit en fonction des informations transmises par les cellules de la cochlée. Cette organisation dépend ainsi de l'expérience individuelle (on parle de plasticité corticale), et une surdité de naissance la perturbe.
- La plasticité corticale auditive persiste après la fin du développement du cortex. L'apprentissage de la musique par exemple favorise l'établissement de synapses avec les neurones de l'aire sensorielle.

• De même, dans les cas de presbyacousie, une perte d'audition dans les hautes fréquences liée à des lésions cochléaires, les neurones corticaux inutilisés pour les sons aigus sont recrutés pour traiter les basses fréquences, ce qui compense partiellement le déficit.

Doc. **Cortex auditif**

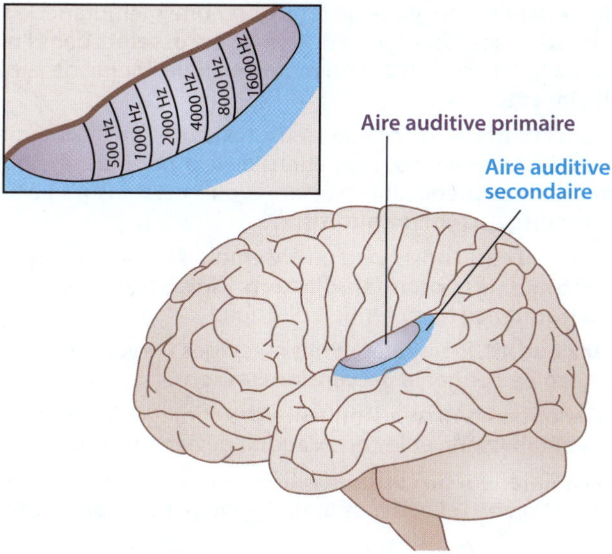

Dans le cortex auditif primaire, les neurones sont disposés spécifiquement selon une carte tonotopique.

Vocabulaire

Perception : interprétation mentale d'une sensation physique.

Cortex : couche superficielle du cerveau, constituée de plusieurs couches de neurones.

Aire auditive primaire : région du cortex spécialisée dans le traitement des messages émis par les cellules de la cochlée.

Synapse : connexion entre neurones permettant la transmission d'informations.

Plasticité corticale : capacité de réorganisation du cortex, liée à l'établissement de nouvelles synapses.

RÉVISION EXPRESS

LES POINTS IMPORTANTS À RETENIR

- L'oreille humaine perçoit des sons à l'intérieur d'une plage de fréquences, au-dessus d'un seuil d'intensité acoustique.
- Les sons captés par l'**oreille externe** font vibrer une membrane, le **tympan**. Ce dernier transmet ses vibrations à une **chaîne d'osselets** dans l'**oreille moyenne** qui, à leur tour, mettent en mouvement le liquide de la **cochlée** dans l'**oreille interne**.
- Des cils situés à la surface des cellules sensorielles de l'oreille interne sont alors déplacés, ce qui génère des variations de leur potentiel membranaire. Un **message nerveux** prend alors naissance, puis est transmis par les fibres du **nerf auditif** jusqu'au **cortex auditif**.
- Le message nerveux est constitué d'un ensemble de signaux élémentaires de nature électrique, les **potentiels d'action**. L'**intensité** du signal sonore est **codée en fréquence** de potentiels d'action.
- Dans le **cortex auditif**, le traitement des messages nerveux émis par les cellules ciliées de la cochlée permet la **perception** des sons.
- Durant le développement, sous l'influence des stimulations sonores, des **circuits de neurones** s'établissent, et le cortex auditif devient fonctionnel.
- Les synapses à l'intérieur du cortex auditif peuvent aussi être modifiées chez l'adulte, en fonction de l'expérience auditive. On parle de **plasticité corticale.**

Vidéo

LES MOTS IMPORTANTS

- Aire auditive
- Cellule ciliée
- Chaîne des osselets
- Cochlée
- Codage en fréquence
- Cortex auditif
- Fréquence
- Intensité
- Nerf auditif
- Oreille externe
- Oreille interne
- Oreille moyenne
- Perception
- Plasticité corticale
- Potentiel d'action
- Synapse
- Tympan

LE SCHÉMA IMPORTANT À RETENIR

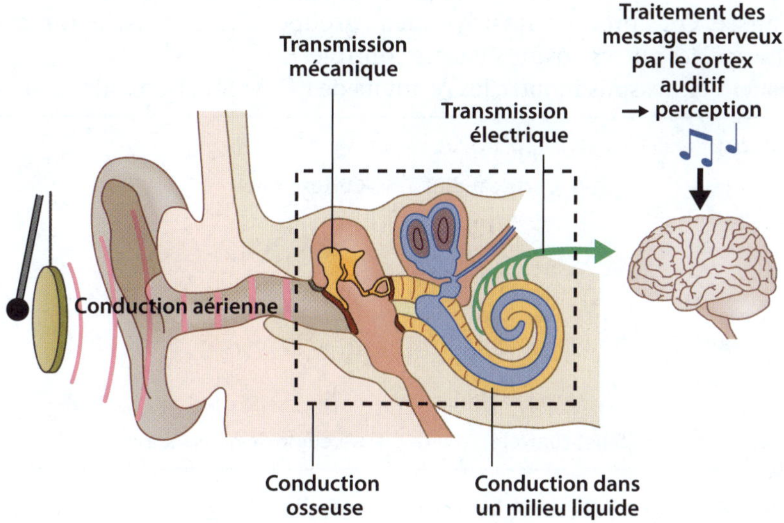

Quiz

1. Le tympan sépare l'oreille moyenne de l'oreille interne.
☐ Vrai ☐ Faux

2. Les cellules ciliées de la cochlée sont des récepteurs sensoriels.
☐ Vrai ☐ Faux

3. L'organisation du cortex auditif est acquise définitivement entre 6 et 8 ans.
☐ Vrai ☐ Faux

4. L'aire auditive est située à l'arrière du cerveau.
☐ Vrai ☐ Faux

5. Les fibres provenant de la cochlée se projettent point par point au niveau de l'aire auditive secondaire.
☐ Vrai ☐ Faux

→ Réponses p. 209

Exploiter des images cérébrales

ÉNONCÉ

Une expérience a consisté à faire entendre une bande sonore à des individus en même temps qu'une IRM (imagerie par résonance magnétique) de leur cerveau était réalisée. On a procédé ainsi avec deux groupes d'individus, les uns aveugles de naissance, les autres voyants (sujets contrôles).
Le **document** ci-dessous montre les résultats de l'IRM fonctionnelle réalisée.

Doc. **IRM fonctionnelle chez deux individus**

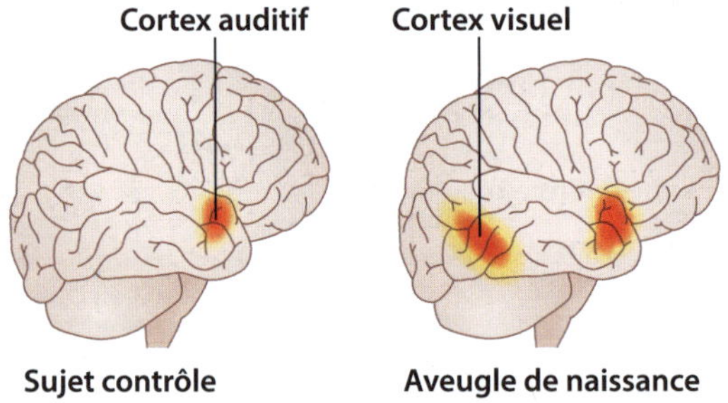

1. Comparez les zones cérébrales activées entre les deux groupes.

2. Expliquez la différence constatée et nommez la propriété du cortex mise en évidence par l'expérience.

3. Comparez la surface de l'aire auditive chez les aveugles et chez les voyants.

4. Expliquez à l'échelle cellulaire les différences observées entre les deux groupes d'individus.

MÉTHODE

- Une IRM fonctionnelle permet de mettre en évidence des zones actives dans le cerveau. En effet, l'activation des neurones se traduit par une augmentation de la dépense d'oxygène. Celle-ci peut être mesurée et mise en évidence sur les images obtenues. Ainsi, une couleur rouge témoigne d'une activation des neurones dans une zone précise.
- Par cette technique, il est possible de relier une région du cerveau à une fonction et d'évaluer la surface concernée.
- Les différences observées entre individus s'expliquent au niveau cellulaire : en effet, le cortex est constitué de différents neurones connectés entre eux par des synapses.

CORRIGÉ

1. Chez les voyants, l'aire auditive est activée durant le passage de la bande sonore. Les informations sonores captées par les cellules de la cochlée sont traduites en messages nerveux. Leur traitement par le cortex auditif permet la perception des sons.
Chez les aveugles, on observe que non seulement l'aire auditive est activée, mais l'aire visuelle est aussi stimulée.

> **Remarque**
> L'aire visuelle est spécialisée dans le traitement des informations en provenance des yeux. Elle permet la perception des images.

2. Chez les aveugles, l'aire visuelle n'a plus de rôle dans la perception visuelle. Les neurones qui la constituent ne reçoivent pas de stimulations périphériques provenant des organes récepteurs impliqués dans la vision. Si l'aire visuelle s'active lors d'une stimulation auditive, cela indique que des neurones de l'aire auditive ont colonisé son emplacement. Le cortex cérébral est remodelé en fonction de l'activité des organes sensoriels. C'est la plasticité cérébrale.

3. La surface de l'aire auditive chez les aveugles est supérieure à celle des voyants. Cette différence illustre à nouveau la notion de plasticité cérébrale : l'aire auditive étant particulièrement stimulée chez les aveugles, elle s'accroît au détriment des aires voisines.

4. Les cellules nerveuses comportent des fibres qui peuvent grandir, se ramifier et établir de nouvelles connexions ou synapses avec d'autres. Ces transformations ont lieu pour les cellules nerveuses particulièrement sollicitées, ce qui provoque l'accroissement de l'aire cérébrale qu'elles constituent.

Vérification des connaissances

Pour chaque question ou affirmation, il y a entre 0 et 3 bonnes réponses.

1. Le message nerveux auditif est produit par :
a. le tympan.
b. les cellules de la cochlée.
c. les neurones du cortex auditif.

2. La plasticité corticale désigne :
a. la formation de nouvelles synapses dans le cortex.
b. la souplesse du tympan.
c. la capacité du cortex à se réorganiser.

3. Les cellules ciliées :
a. captent les vibrations sonores.
b. perçoivent les sons.
c. sont réparties selon leur seuil de fréquence.

4. La cochlée :
a. est remplie de liquide.
b. contient les cellules ciliées.
c. est enroulée autour des osselets.

5. L'oreille humaine perçoit :
a. des fréquences entre 20 Hz et 20 kHz.
b. des ultrasons.
c. des infrasons.

6. Le message nerveux :
a. est constitué d'une succession de potentiels de récepteur.
b. est codé en fréquence.
c. est constitué de signaux d'amplitude variable.

7. Les vibrations du tympan :
a. se transmettent aux osselets.
b. activent le nerf auditif.
c. sont dues au déplacement de l'air.

Entraînement

1 L'audition chez différents animaux

Exploitation de document

Le graphique suivant représente les audiogrammes de quatre espèces, dont l'homme.

Doc. Audiogrammes de quatre espèces animales

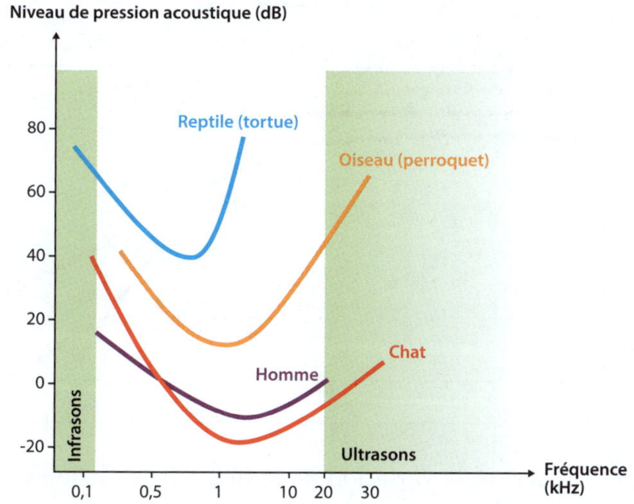

QUESTIONS

1. Indiquez laquelle de ces espèces présente :

a. le spectre auditif le plus large.

b. la meilleure sensibilité auditive.

2. Le perroquet est-il capable d'entendre un son de 10 kHz et de 10 dB ?

3. Pour quelles fréquences la sensibilité auditive de la tortue est-elle la plus grande ?

4. Un chat s'approchant d'un perroquet en émettant un son de 10 kHz et de 40 dB sera-t-il entendu ?

5. Les sons émis lors d'une conversation ont des fréquences comprises entre 1 000 et 3 000 Hz. Laquelle des espèces du **document** pourra le mieux entendre une conversation humaine ?

2 Vieillissement et perte d'audition

Exploitation de document

Le vieillissement s'accompagne généralement d'une baisse des capacités auditives. Pour en déterminer les causes, on a évalué la baisse de la sensibilité auditive en fonction de la fréquence sonore, pour des individus d'âge différent.

Doc. 1 Perte d'audition pour des individus d'âge différent

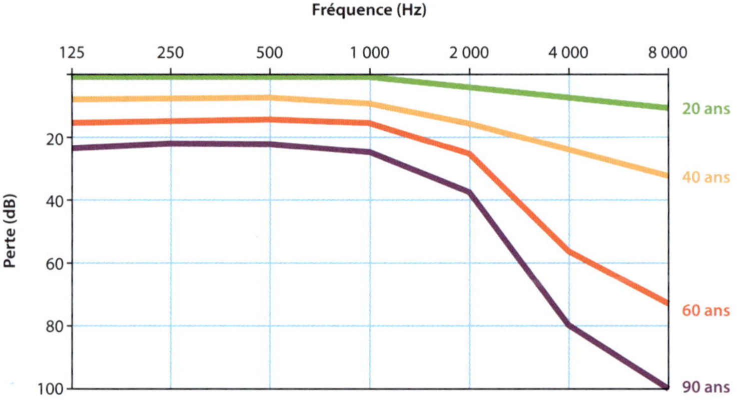

Par ailleurs, on a mesuré la variation de la densité des cellules ciliées (nombre par millimètre de cochlée) en fonction de l'âge, d'une part pour celles situées à l'apex de la cochlée, d'autre part pour celles de la base.

On précise qu'il existe deux catégories de cellules ciliées, les cellules ciliées externes et internes, toutes deux étant sensibles aux vibrations sonores.

Doc. 2 **Densité des cellules ciliées en fonction de l'âge**

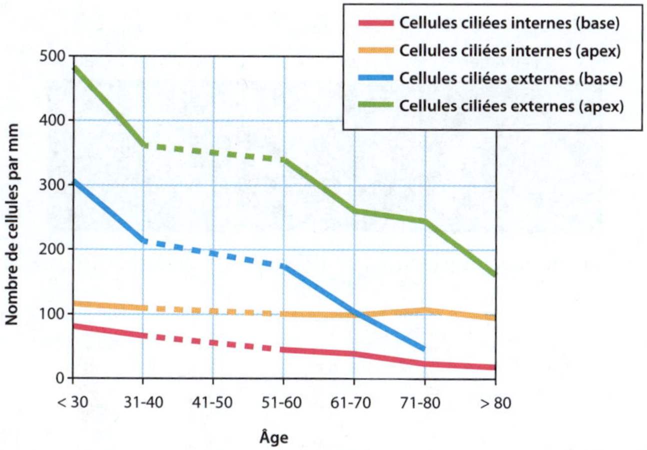

QUESTIONS

1. À partir du **document 1**, dégagez les caractéristiques de l'audition au cours de la vie.

2. Rappelez le rôle des cellules ciliées.

3. Décrivez l'évolution de la densité des cellules ciliées avec l'âge (**Doc. 2**).

4. Reliez les informations fournies par les **documents 1** et **2** pour expliquer les caractéristiques de la perte auditive chez les personnes âgées.

3 Un traitement de la surdité par thérapie génique

Exploitation de document

Les individus atteints du syndrome d'Usher de type 1 g souffrent, entre autres troubles, d'une surdité congénitale. L'origine génétique de la maladie a été identifiée : elle est due à la déficience d'un gène (le gène SANS) du fait de mutations. Pour tenter de remédier à ce problème, des expériences de thérapie génique ont été tentées chez des souris atteintes du même syndrome (Ush 1 g –/–). La technique consiste à insérer le gène SANS non muté dans les cellules ciliées à la naissance. L'injection du gène est réalisée par l'intermédiaire d'un vecteur (un virus).

Le **document** suivant présente les résultats du traitement.

Doc. **Comparaison entre souris sauvages (non mutées) et souris Ush 1 g –/– avant et après injection du gène SANS à la naissance**

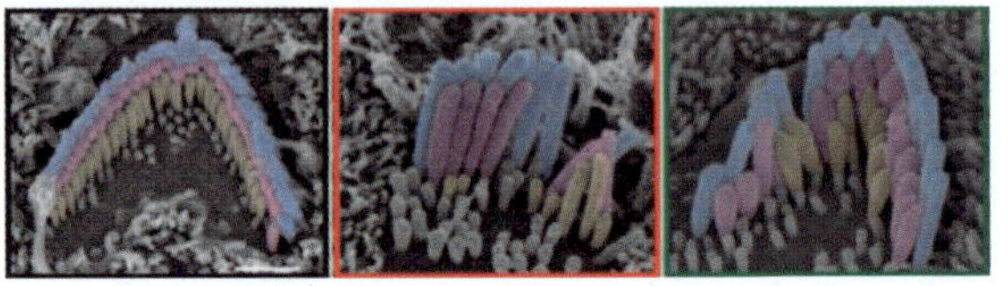

Source : Médecine/sciences n° 10, vol. 34, Octobre 2018, p. 864

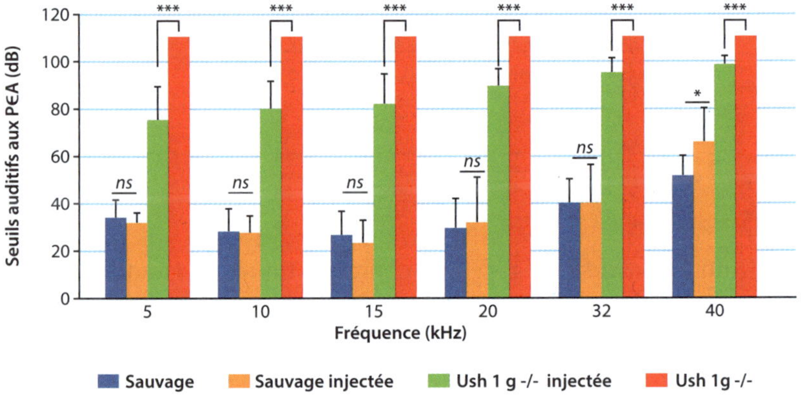

QUESTIONS

1. Comparez l'aspect des cellules ciliées chez les souris sauvages et les souris Ush 1 g –/–.

2. Comparez les capacités auditives des deux souris et proposez une explication à la surdité des souris Ush 1 g –/–.

3. Indiquez l'effet du traitement sur les cellules ciliées des souris mutées.

4. Décrivez l'effet du traitement sur les capacités auditives des souris. Expliquez alors cet effet.

Quiz

1 **Faux,** il sépare l'oreille externe de l'oreille moyenne.

2 **Vrai**.

3 **Faux,** l'organisation du cortex auditif n'est pas définitive, car il existe une plasticité corticale.

4 **Faux,** l'aire auditive est une aire temporale.

5 **Faux,** les fibres provenant de la cochlée se projettent point par point au niveau de l'aire auditive primaire.

Vérification des connaissances

1 **b. Vrai.** (**a.** et **c. Faux.**)

2 **a.** et **c. Vrai**. (**b. Faux.**)

3 **a.** et **c. Vrai.** La perception est réalisée grâce au cortex cérébral (**b. Faux**).

4 **a.** et **b. Vrai.** Les osselets sont situés dans l'oreille moyenne (**c. Faux**).

5 **a. Vrai**. (**b.** et **c. Faux.**)

6 **b. Vrai.** Le message nerveux est constitué d'une succession de potentiels d'action (**a. Faux**). Les potentiels d'action sont d'amplitude constante (**c. Faux**).

7 **a.** et **c. Vrai.** Ce sont les cellules ciliées qui émettent un message vers le nerf auditif (**b. Faux**).

Entraînement

1 L'audition chez différents animaux

1. Le spectre auditif le plus large est celui du chat, il s'étend des infrasons aux ultrasons. La meilleure sensibilité auditive est aussi celle du chat puisqu'il est capable d'entendre pour des niveaux de pression acoustique égale à – 20 dB.

2. Un son de 10 kHz et de 10 dB se situe en dessous du seuil auditif du perroquet. Ce dernier est donc incapable d'entendre ce son.

3. La sensibilité auditive de la tortue est la plus grande pour une fréquence sonore comprise entre 0,7 et 0,8 kHz.

4. Pour une fréquence de 10 kHz, la plus faible intensité perçue par le perroquet est environ de 30 dB. Il entendra donc un son de 40 dB émis à cette fréquence.

5. Pour l'oiseau et le chat, la sensibilité acoustique est maximale pour des fréquences comprises entre 1 et 10 kHz. Pour la tortue, elle est légèrement inférieure à 1 kHz. Mais, pour ces fréquences, le chat a un seuil de sensibilité auditive bien inférieur à celui de l'oiseau. C'est donc lui qui entendra le mieux les voix humaines.

2 Vieillissement et perte d'audition

1. Il existe une perte auditive pour les individus âgés de 20 ans comme de 90 ans, néanmoins cette perte ne présente ni les mêmes caractéristiques ni la même intensité. D'une façon générale, la perte auditive est d'autant plus importante que l'âge est avancé. Il semble néanmoins y avoir une accélération du phénomène entre 40 et 60 ans. Par ailleurs, cette perte auditive n'est pas la même selon la fréquence du son. Elle est plus importante pour les sons aigus que pour les sons graves, la perte étant totale pour les sons aigus chez les personnes âgées (90 ans et plus).

> **Réflexe à avoir**
> Reliez une gamme de fréquences à un type de son, grave ou aigu.

2. Les cellules ciliées sont situées dans la cochlée. Les cils vibratiles qui les surmontent vibrent à l'arrivée d'un son, ce qui génère la naissance d'un message nerveux transmis au cerveau.

3. Le nombre de cellules ciliées est maximal chez le jeune. Il commence à diminuer à partir de 30 ans, quelle que soit la localisation des cellules ciliées, à l'apex de la cochlée ou à sa base.

4. La perte auditive avec l'âge s'explique par la diminution globale du nombre de cellules ciliées.
Le document 1 montre que la perte auditive est plus importante pour les hautes fréquences que pour les basses. Le document 2 montre que chez la personne âgée, quel que soit le type de cellules ciliées (internes ou externes), leur nombre est plus faible à la base de la cochlée qu'à l'apex. Or il existe une tonotopie au niveau de la cochlée : les cellules ciliées de l'apex captent les sons graves, celles de la base, les sons aigus. Ainsi, la surdité particulièrement intense pour les sons aigus s'explique par une perte des cellules ciliées de la base de la cochlée.

3 Un traitement de la surdité par thérapie génique

1. Les cellules ciliées des souris Ush 1 g –/– ont moins de cils que celles des souris sauvages. Chez la souris sauvage, les cils sont répartis en plusieurs rangées le long d'un arc. Chez la souris mutée, on n'observe que quelques cils, non disposés en arc.

> **Réflexe à avoir**
> Il faut se demander comment les vibrations sonores peuvent être captées.

2. Chez la souris sauvage, les seuils auditifs varient selon la fréquence entre 30 et 50 dB. Chez les souris mutées, quelle que soit la fréquence, les seuils auditifs sont supérieurs à 110 dB. On peut donc supposer que l'absence partielle de cils des cellules ciliées les empêche de capter les vibrations sonores. Il n'y a donc pas de message auditif ni de perception auditive.

3. On observe que le traitement permet une repousse partielle des cils des cellules de la cochlée chez les souris Ush 1 g –/–.

> **Remarque**
> Contrairement à l'Homme, la souris capte les ultra-sons.

4. Chez les souris mutantes traitées, on constate une diminution des seuils d'intensité auditive, quelle que soit la fréquence testée. Les capacités auditives sont donc améliorées. Ainsi, l'injection du gène, en permettant la régénération des cils des cellules de la cochlée, restaure partiellement les capacités auditives.

CHAPITRE

14 Croissance linéaire

1 Suite numérique

1 L'essentiel du cours

- Une **suite numérique** est une application qui, à un entier naturel n, associe un nombre réel, noté $\boldsymbol{u(n)}$ ou $\boldsymbol{u_n}$.
- n est appelé **indice** et $\boldsymbol{u(n)}$ ou $\boldsymbol{u_n}$ est appelé **terme d'indice** n, on le lit « u indice n ».
- Une **suite** u est **définie explicitement** lorsque $u(n)$ est donné en fonction de n.
- Une **suite** u est **définie par une relation de récurrence** lorsqu'elle est donnée par son premier terme $u(0)$ et par une relation entre un terme $u(n)$ et le terme suivant $u(n + 1)$.

2 Applications

Exo 1

u est la suite définie explicitement par la formule : pour tout n de $\mathbb{N}$, $u(n) = \dfrac{n+2}{2n+1}$.

a) Calculer les quatre premiers termes de la suite u.

b) Calculer $u(10)$.

Solution

a) $u(0) = \dfrac{0+2}{2\times 0+1} = 2$; $u(1) = \dfrac{1+2}{2\times 1+1} = 1$;

$u(2) = \dfrac{2+2}{2\times 2+1} = \dfrac{4}{5}$; $u(3) = \dfrac{3+2}{2\times 3+1} = \dfrac{5}{7}$.

b) $u(10) = \dfrac{10+2}{2\times 10+1} = \dfrac{12}{21}$.

> Attention, les quatre premiers termes vont de u(o) à $u(3)$ (et non pas à $u(4)$).
> Il suffit de remplacer n par l'indice voulu.

Exo 2

v est la suite définie par la relation de récurrence :

$v(0) = -4$ et, pour tout n de $\mathbb{N}$, $v(n + 1) = 1 - 3\,v(n)$.

Calculer les quatre premiers termes de la suite v.

> Lorsqu'une suite est définie par une relation de récurrence, pour connaître $v(3)$, il faut connaître $v(2)$; et pour connaître $v(2)$, il faut connaître $v(1)$; …

Solution

$v(0) = -4$; $v(1) = 1 - 3\,v(0) = 1 - 3 \times (-4) = 13$;

$v(2) = 1 - 3\,v(1) = 1 - 3 \times 13 = -38$;

$v(3) = 1 - 3\,v(2) = 1 - 3 \times (-38) = 115$.

2 Suite arithmétique : formules

1 L'essentiel du cours

- Une **suite** u est dite **arithmétique** de **raison** r lorsque, pour passer d'un terme $u(n)$ au terme suivant $u(n + 1)$, on ajoute toujours le même nombre r.

Cela se traduit par la **formule de récurrence** :

$$u(n + 1) = u(n) + r$$

$$u(n) \xrightarrow{+r} u(n+1)$$

- **Propriété : formule explicite :**

$$u(n) = u(0) + n \times r$$

Exemple :

u est la suite arithmétique telle que $u(0) = 5$ et de raison $r = 2$.

D'après la formule de récurrence : pour tout n de $\mathbb{N}$, $u(n + 1) = u(n) + 2$.

D'après la formule explicite : pour tout n de $\mathbb{N}$, $u(n) = 5 + 2n$.

2 Applications

Exo 1

u est la suite arithmétique de premier terme $u(0) = -3$ et de raison $r = 0{,}1$.

a) Calculer les quatre premiers termes de la suite u.

b) Calculer $u(50)$.

Solution

a) $u(0) = -3$; $u(1) = u(0) + 0{,}1 = -3 + 0{,}1 = -2{,}9$;

$u(2) = u(1) + 0{,}1 = -2{,}9 + 0{,}1 = -2{,}8$;

$u(3) = u(2) + 0{,}1 = -2{,}8 + 0{,}1 = -2{,}7$.

$$u(0) \xrightarrow{+0{,}1} u(1) \xrightarrow{+0{,}1} u(2) \xrightarrow{+0{,}1} u(3)$$

On utilise ici la formule de récurrence.

b) $u(50) = u(0) + 50 \times 0{,}1 = -3 + 5 = 2$.

On utilise ici la formule explicite.

Exo 2

Anna dispose de 120 € d'économies. Chaque mois, elle y ajoute 15 €.
Elle aimerait s'offrir une trottinette électrique qui coûte 375 €.
Au bout de combien de mois pourra-t-elle se l'offrir ?

Solution

Au départ, ses économies sont de 120 €, donc $u(0) = 120$.

Chaque mois, elle ajoute 15 €, donc la suite u est arithmétique de raison $r = 15$.

Il faut modéliser cet énoncé à l'aide d'une suite arithmétique : identifier $u(0)$ et la raison r.

On cherche le nombre n de mois pour lequel $u(n) \geqslant 375$.

Or $u(n) = u(0) + n \times r$ donc $120 + n \times 15 \geqslant 375$ c'est à dire $n \times 15 \geqslant 255$ soit $n \geqslant 17$.

Anna pourra s'offrir cette trottinette électrique au bout de 17 mois.

3 Suite arithmétique : représentation graphique

1 L'essentiel du cours

- Dans un repère, une **suite** u est **représentée** par un **nuage de points** dans lequel les points ont pour **coordonnées** $(n\ ;\ u(n))$.
- Une **suite** est dite **croissante** lorsque chacun de ses termes est inférieur au terme suivant.

Une **suite** est dite **constante** lorsque chacun de ses termes est égal au terme suivant.

Une **suite** est dite **décroissante** lorsque chacun de ses termes est inférieur au terme suivant.

- **Propriété :**

u désigne une suite arithmétique de raison r.

– lorsque $r > 0$, u est croissante

– lorsque $r = 0$, u est constante

– lorsque $r < 0$, u est décroissante

2 Application

Exo

u est la suite arithmétique de raison $r = -1{,}5$ et de premier terme 4.

v est la suite arithmétique de raison $r' = 0{,}5$ et de premier terme 1.

a) Déterminer le sens de variation de chacune des suites u et v.

b) Dans un repère, représenter la suite u en rouge et la suite v en vert.

Solution

a) Puisque $r = -1{,}5 < 0$, on en déduit que la suite u est décroissante.

Puisque $r' = 0{,}5 > 0$, on en déduit que la suite v est croissante.

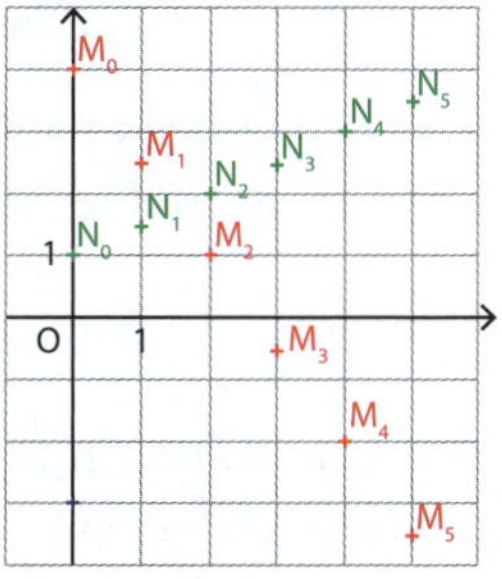

b) • Pour la suite u :

$u(0) = 4$; $u(1) = 2{,}5$; $u(2) = 1$; $u(3) = -0{,}5$; $u(4) = -2$; …

• Pour la suite v :

$v(0) = 1$; $v(1) = 1{,}5$; $v(2) = 2$; $v(3) = 2{,}5$; $v(4) = 3$; …

• Pour la suite u, placer les points M_n de coordonnées $(n\ ;\ u(n))$.

• Pour la suite v, placer les points N_n *de* coordonnées $(n\ ;\ v(n))$.

4 Fonction affine

1 L'essentiel du cours

• Une **fonction affine** est une fonction définie sur $\mathbb{R}$ par l'expression $\boldsymbol{f(x) = ax + b}$. a est le **coefficient directeur** et b est l'**ordonnée à l'origine**.

• Dans un repère, une fonction affine est représentée par une **droite** d'équation $\boldsymbol{y = ax + b}$.

On peut lire sur le graphique les coefficients a et b.

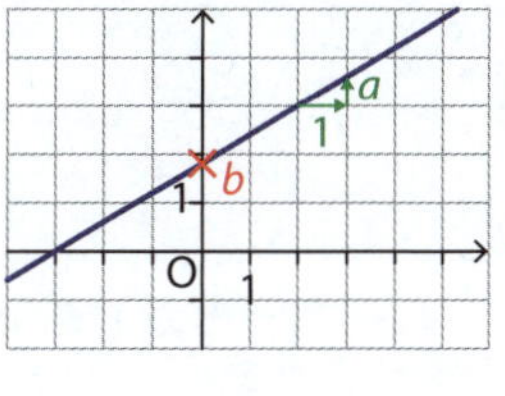

• **Propriété :**

Lorsque $A(x_A\ ;\ y_A)$ et $B(x_B\ ;\ y_B)$ sont deux points d'une droite d'équation $y = ax + b$, on a :

$$a = \frac{y_B - y_A}{x_B - x_A}$$

2 Application

Exo

a) Dans le repère ci-contre, $\mathcal{D}$ est la droite qui représente la fonction affine f d'expression $f(x) = ax + b$.

Lire les valeurs de a et b.

En déduire l'expression de f.

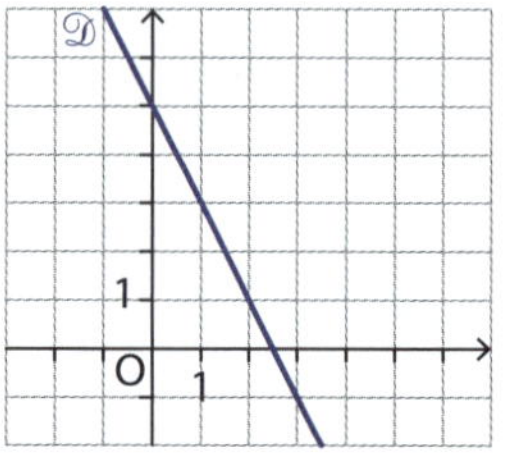

b) Tracer dans un repère, les droites d_1 et d_2 qui représentent les fonctions affines f_1 et f_2 d'expression :

• $f_1(x) = 2x - 3$ • $f_2(x) = -0{,}5x + 1$

c) Δ est la droite passant par les points A(–1 ; 5) et B(3 ; –3).
Calculer le coefficient directeur de Δ.

Solution

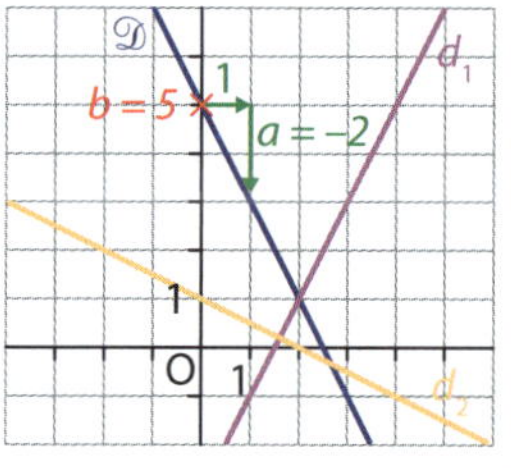

a) On lit que $a = -2$ et $b = 5$.
Ainsi, la fonction affine f a pour expression $f(x) = -2x + 5$.

b) Pour f_1 : $a_1 = 2$ et $b_1 = -3$
Pour f_2 : $a_2 = -0{,}5$ et $b_2 = 1$

c) $a = \dfrac{y_B - y_A}{x_B - x_A} = \dfrac{-3-5}{3-(-1)} = \dfrac{-8}{4} = -2.$

a) On utilise la représentation graphique du cours.

b) On commence par placer l'ordonnée à l'origine b ; puis on se décale de 1 vers la droite pour marquer a.

c) On utilise la propriété du cours.

5 Taux d'accroissement

1 L'essentiel du cours

f est une fonction affine d'expression $f(x) = ax + b$.

- Le **taux d'accroissement** de *f* entre deux nombres distincts x_1 et x_2 est le nombre : $\dfrac{f(x_2) - f(x_1)}{x_2 - x_1}$
- **Propriété :**

Pour tous nombres réels distincts x_1 et x_2, on a :
$\dfrac{f(x_2) - f(x_1)}{x_2 - x_1} = \text{a}.$

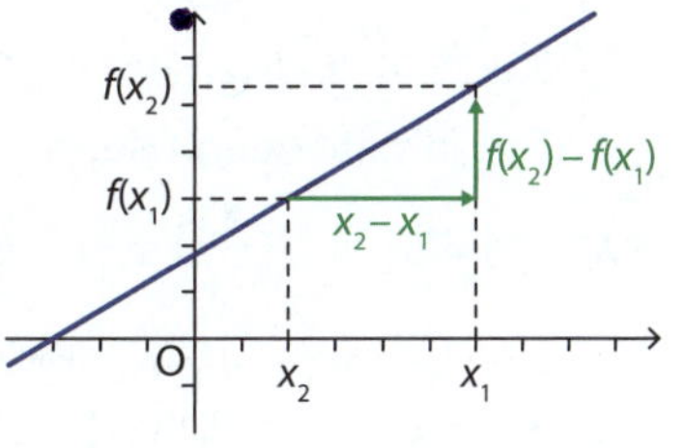

2 Application

Exo

a) *f* est la fonction affine telle que $f(2) = 5$ et $f(-1) = 17$.
Calculer le taux d'accroissement de *f*.

b) *g* est la fonction affine telle que :
- l'image de –3 par *g* est 4
- l'antécédent de 2 par *g* est –4.

Calculer le taux d'accroissement de *g*.

c) *h* est la fonction affine représentée par la droite (AB) avec A(–1 ; 3) et B(4 ; –12).
Calculer le taux d'accroissement de *h*.

Solution

On identifie x_1 et $f(x_1)$; puis x_2 et $f(x_2)$. Ensuite, on applique le cours.

a) $a = \dfrac{f(-1) - f(2)}{-1 - 2} = \dfrac{17 - 5}{-1 - 2} = \dfrac{12}{-3} = -4.$
Le taux d'accroissement de *f* est –4.

b) • L'image de –3 par *g* est 4 donc $g(-3) = 4$.
• L'antécédent de 2 par *g* est –4 donc $g(-4) = 2$.

Ainsi, $a = \dfrac{g(-4) - g(-3)}{-4 - (-3)} - \dfrac{2 - 4}{-4 + 3} - \dfrac{-2}{-1} = 2.$
Le taux d'accroissement de *g* est 2.

c) $a = \dfrac{h(x_B) - h(x_A)}{x_B - x_A} = \dfrac{-12 - 3}{4 - (-1)} = \dfrac{-15}{5} = -3.$
Le taux d'accroissement de *h* est –3.

RÉVISION EXPRESS

Quiz

Choisir la ou les réponses exactes.

1. u est la suite définie sur $\mathbb{N}$ par $u(n) = \frac{n^2+3}{n+1}$.

a) $u(0) = 3$ **b)** $u(5) = \frac{19}{5}$ **c)** $u(10) = \frac{103}{11}$

2. v est la suite définie sur $\mathbb{N}$ par $v(0) = 2$ et $v(n+1) = 2v(n) - 3$

a) $v(1) = 1$ **b)** $v(2) = 5$ **c)** $v(4) = -13$

3. w est la suite arithmétique de raison 5 telle que $w(7) = 3$.

a) $w(8) = 8$ **b)** $w(10) = 18$ **c)** $w(15) = 33$

4. t est la suite arithmétique de premier terme $t(0) = -1$ et de raison $r = 0{,}2$.

a) $t(10) = 9$ **b)** $t(100) = 19$ **c)** $t(1\,000) = 199$

5. On reprend les situations des questions **3.** et **4.**.

a) La suite w est croissante
b) La suite t est décroissante
c) La suite t est croissante

6. Dans le repère ci-contre, on a représenté deux fonctions affines f_1 et f_2 par les droites d_1 et d_2 d'équations respectives $y = a_1x + b_1$ et $y = a_2x + b_2$.

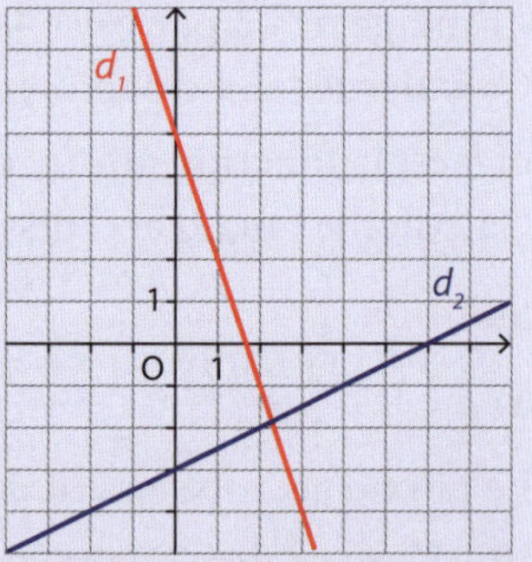

a) $a_1 = -3$ **b)** $a_1 = 5$ **c)** $a_2 = 0{,}5$

7. On reprend la situation de la question **6.**.

a) $b_1 = -3$ **b)** $b_2 = 0{,}5$ **c)** $b_2 = -3$

8. Dans un repère, on donne A(−1 ; 7) et B(−4 ; −3).
Le coefficient directeur de la droite (AB) est égal à :

a) $-\frac{10}{3}$ **b)** $\frac{4}{5}$ **c)** $\frac{10}{3}$

9. f est la fonction affine telle que $f(-3) = 4$ et $f(5) = 2$.
Le taux d'accroissement de f est égal à :

a) $-\frac{1}{4}$ **b)** $\frac{2}{3}$ **c)** $-\frac{3}{4}$

→ Réponses p. 246

CHAPITRE 15 Croissance exponentielle

1 Suite géométrique : formules

1 L'essentiel du cours

• Une **suite** est dite **géométrique** de **raison** q lorsque, pour passer d'un terme $u(n)$ au terme suivant $u(n+1)$, on multiplie toujours par le même nombre q.

$u(n) \xrightarrow{\times q} u(n+1)$

Cela se traduit par la **formule de récurrence** : $u(n+1) = u(n) \times q$

• **Propriété** :

Une suite u, à termes non nuls, est géométrique de raison q si, et seulement si, le taux d'évolution entre deux termes consécutifs est constant et égal à $q - 1$.

Propriété (formule explicite) : $u(n) = u(0) \times q^n$

Attention à ne pas confondre taux d'accroissement : $\frac{f(x_2) - f(x_1)}{x_2 - x_1}$ et taux d'évolution : $\frac{V_f - V_i}{V_i}$.

2 Applications

Exo 1

u est la suite géométrique de premier terme $u(0) = 20$ et de raison $q = 0{,}9$

Calculer $u(18)$. Arrondir à l'unité.

Solution

$u(18) = u(0) \times 0{,}9^{18} = 20 \times 0{,}9^{18} \approx 3$.

On applique ici la formule explicite.

Exo 2

Louis place un capital de 10 000 € sur un livret qui lui rapporte 2 % du capital de l'année précédente. On note $C(n)$ le capital au bout de n années. Ainsi, $C(0) = 10\,000$.

a) Calculer le capital disponible au bout d'un an.

b) Exprimer $C(n+1)$ en fonction de $C(n)$.

c) Calculer le capital disponible au bout de 15 ans. Arrondir à l'unité.

Solution

a) $C(1) = 10\,000 \times \left(1 + \frac{2}{100}\right) = 10\,000 \times 1{,}02 = 10\,200.$

Au bout d'un an, le capital disponible est de 10 200 €.

b) $C(n + 1) = C(n) \times 1{,}02.$

c) $C(15) = C(0) \times 1{,}02^{15} \approx 13\,459.$

Au bout de 15 ans, le capital disponible sera environ de 13 459 €.

Dans les deux premières questions, on reconnaît une suite géométrique. Cela permet d'utiliser la formule explicite à la dernière question.

2 Suite géométrique : représentation graphique

1 L'essentiel du cours

- **Propriété :**

u désigne une suite géométrique à termes strictement positifs de raison q.

– lorsque $q > 1$, u est croissante

– lorsque $q = 1$, u est constante

–lorsque $0 < q < 1$, u est décroissante

Rappel : dans un repère, une suite u est représentée par un **nuage de points** dans lequel les points ont pour coordonnées $(n\ ;\ u(n))$.

2 Applications

Exo 1

u est la suite géométrique de premier terme 10 et de raison 0,5.

a) Déterminer le sens de variation de la suite u.

b) Dans un repère, représenter le nuage de points de cette suite pour n compris entre 0 et 4.

Solution

a) La suite u est décroissante puisque $q = 0{,}5$ et que $0 < 0{,}5 < 1$.

b) $u(0) = 10$; $u(1) = 5$; $u(2) = 2{,}5$;

$u(3) = 1{,}25$; $u(4) = 0{,}625$.

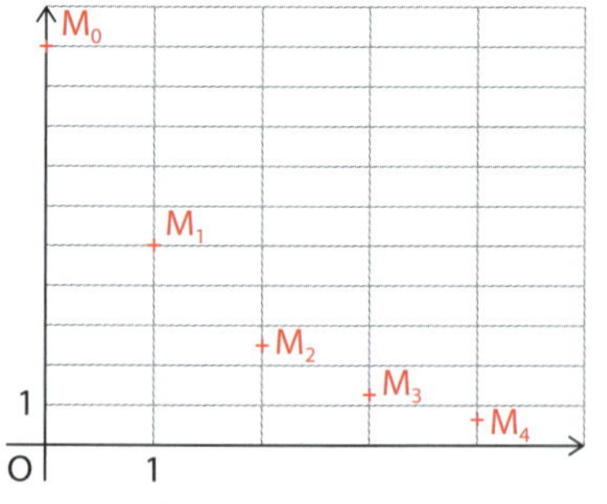

Exo 2

Les quatre premiers termes d'une suite u sont représentés dans le repère ci-contre.

Cette suite peut-elle être géométrique ? Justifier.

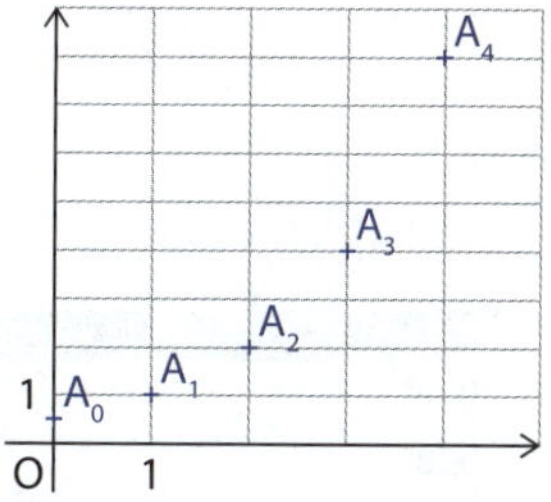

Solution

Par lecture graphique : $u(0) = 0{,}5$; $u(1) = 1$; $u(2) = 2$; $u(3) = 4$; $u(4) = 8$.

Or $\frac{u(1)}{u(0)} = \frac{1}{0{,}5} = 2$; $\frac{u(2)}{u(1)} = \frac{2}{1} = 2$; $\frac{u(3)}{u(2)} = \frac{4}{2} = 2$; $\frac{u(4)}{u(2)} = \frac{8}{4} = 2$.

Ces quotients sont tous égaux à 2, donc cette suite u semble être géométrique de raison $q = 2$.

> u est une suite géométrique lorsque, pour tout entier naturel n, on a : $\frac{u(n+1)}{u(n)} = q$.

3 Fonctions exponentielles : propriétés

1 L'essentiel du cours

> On a toujours : $a^0 = 1$ et $a^1 = a$.

Dans toute la suite, a désigne un nombre réel avec $a > 0$.

- La **fonction exponentielle de base** a est la fonction $f : x \mapsto a^x$.
- **Propriétés :**

a, b, x, y désignent des nombres réels avec $a > 0$, $b > 0$, $x \geqslant 0$ et $y \geqslant 0$.

- $a^x \times a^y = a^{x+y}$
- $\frac{a^x}{a^y} = a^{x-y}$
- $(a^x)^y = a^{x \times y}$
- $a^x \times b^x = (a \times b)^x$
- $\frac{a^x}{b^x} = \left(\frac{a}{b}\right)^x$

2 Applications

Exo 1

Cet exercice est à traiter à la calculatrice.

a) f est la fonction exponentielle de base 1,3. Calculer :

- $f(0)$
- $f(4)$
- $f(1{,}5)$.

b) g est la fonction définie par $g : x \mapsto 120 \times 0{,}4^x$. Calculer :

- $g(0)$ • $g(2{,}3)$ • $g(0{,}8)$.

Solution

a)

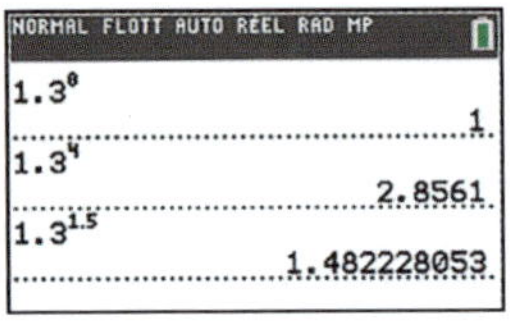

b)

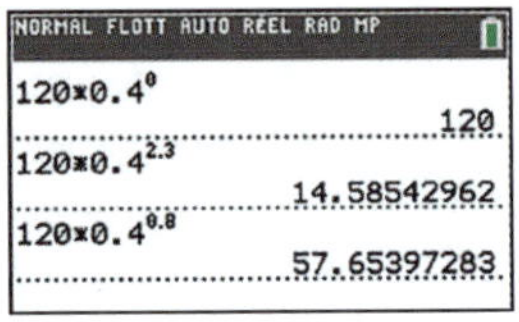

Pour obtenir une puissance à la calculatrice, on utilise le bouton ^

Exo 2

Dans chaque cas, écrire l'expression sous la forme a^x.

- $A = (4{,}3^2)^{1{,}4} \times 4{,}3^{0{,}8}$ • $B = \dfrac{2{,}5^{7{,}1} \times 2^{7{,}1}}{5^4}$

Solution

- $A = 4{,}3^{2 \times 1{,}4} \times 4{,}3^{0{,}8} = 4{,}3^{2{,}8} \times 4{,}3^{0{,}8} = 4{,}3^{2{,}8+0{,}8} = 4{,}3^{3{,}6}$.
- $B = \dfrac{2{,}5^{7{,}1} \times 2^{7{,}1}}{5^4} = \dfrac{(2{,}5 \times 2)^{7{,}1}}{5^4} = \dfrac{5^{7{,}1}}{5^4} = 5^{7{,}1-4} = 5^{3{,}1}$.

Appliquer pas à pas les propriétés.

4 Fonctions exponentielles : représentations graphiques

1 L'essentiel du cours

Dans toute la suite, a désigne un nombre réel avec $a > 0$.

- **Propriétés** : La fonction exponentielle de base a, $f : x \mapsto a^x$ est :

croissante lorsque $a > 1$ **constante** lorsque $a = 0$ **décroissante** lorsque $0 < a < 1$

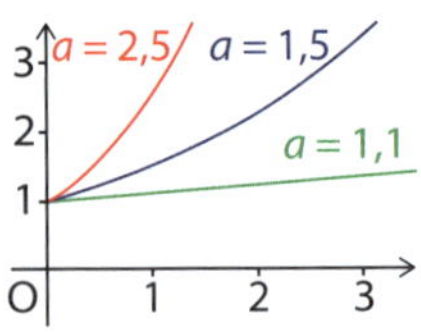

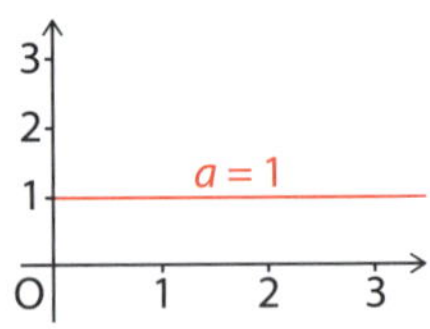

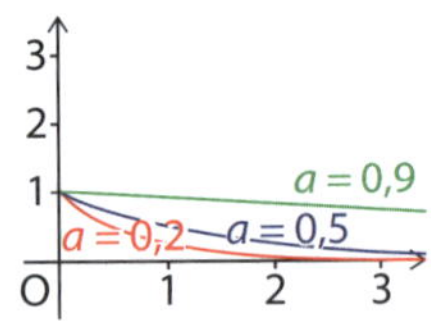

- **Propriétés :**

f et g sont les fonctions définies sur $[0\ ;+\infty[$ par $f : x \mapsto a^x$ et $g : x \mapsto k \times a^x$, avec k un réel non nul

- f et g ont le même sens de variation lorsque $k > 0$.
- f et g ont des sens de variation contraires lorsque $k < 0$.

2 Application

Exo

1. Déterminer, en justifiant, le sens de variation des fonctions suivantes :

a) $f : x \mapsto 0{,}7^x$ b) $g : x \mapsto -3{,}2 \times 1{,}45^x$

2. Représenter les fonctions f et g à la calculatrice.

Solution

Il suffit d'appliquer les propriétés du cours en identifiant *a* et *k*.

1. a) f est une fonction exponentielle de la forme $x \mapsto a^x$ avec $a = 0{,}7$ et $0 < 0{,}7 < 1$, donc f est décroissante sur $[0\ ;+\infty[$.

b) g est une fonction de la forme $x \mapsto k \times a^x$ avec $k = -3{,}2$ et $a = 1{,}45$. Or $a > 1$ et $k < 0$ donc g est décroissante sur $[0\ ;+\infty[$.

2.

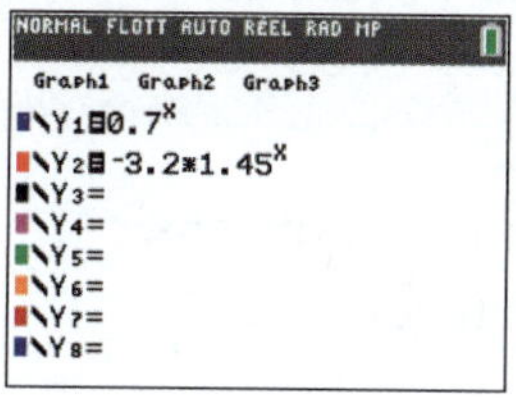

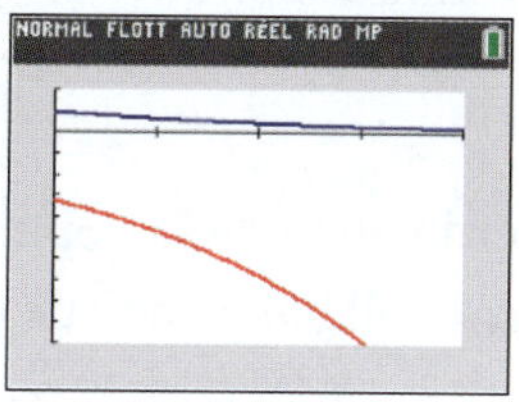

À la calculatrice, penser à choisir une fenêtre adaptée.

5 Taux d'évolution moyen

1 L'essentiel du cours

- **Définition** : Une valeur initiale V_i subit n évolutions successives jusqu'à sa valeur finale V_f.

Ces n évolutions successives correspondent à un taux d'évolution global t_g.

Le **taux d'évolution moyen** t_m correspond au taux à appliquer à chacune des n évolutions pour obtenir t_g.

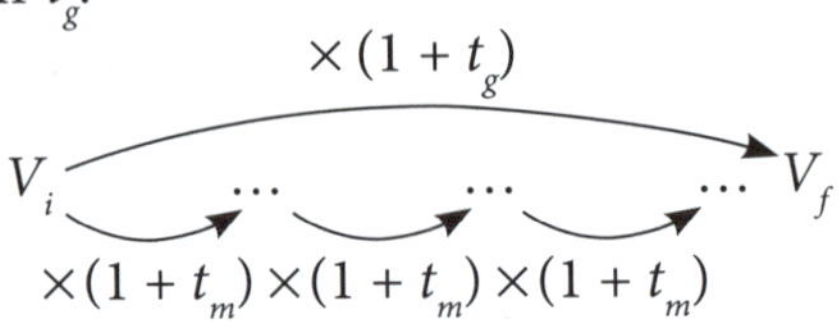

• **Propriété** : $(1 + t_m)^n = 1 + t_g$

• Conséquence : $t_m = (1 + t_g)^{\frac{1}{n}} - 1$

2 Applications

Exo 1

Les ventes d'un magasin ont augmenté de 63 % en quatre ans.

Calculer un arrondi du taux d'évolution annuel moyen de ces ventes.

Solution

Le taux d'évolution global est $t_g = \dfrac{63}{100} = 0{,}63$. Il y a 4 évolutions.

Donc le taux d'évolution annuel moyen t_m est donné par $(1 + t_m)^4 = 1 + 0{,}63 = 1{,}63$.

Ainsi, $t_m = 1{,}63^{\frac{1}{4}} - 1 \simeq 0{,}1299$.

$0{,}1299 \times 100 \approx 13$. Ces ventes ont donc subi un taux d'évolution moyen d'environ 13 %.

À la calculatrice, on utilise la touche ^ pour la puissance.

Exo 2

Une espèce animale menacée a perdu 40 % de sa population en dix ans.

Calculer un arrondi de la baisse annuelle moyenne de cette espèce.

Solution

Le taux d'évolution global est $t_g = \dfrac{-40}{100} = -0{,}4$. Il y a dix évolutions.

Donc la baisse annuelle moyenne t_m est donnée par $(1 + t_m)^{10} = 1 - 0{,}4 = 0{,}6$

Ainsi, $t_m = 0{,}6^{\frac{1}{10}} - 1 \approx -0{,}0498$.

$-0{,}0498 \times 100 \approx -5$. La population de cette espèce animale a subi une baisse annuelle moyenne de 5 % environ.

RÉVISION EXPRESS

QuiZ

Choisir la ou les bonnes réponses.

1. u est la suite géométrique de premier terme $u(0) = 3$ et de raison $q = 1{,}5$.
a) $u(1) = 1{,}5$ **b)** $u(2) = 6{,}75$ **c)** $u(3) = 13{,}5$

2. On reprend la situation de la question **1.**.
a) $u(6) = 34{,}171875$ **b)** $\dfrac{u(17)}{u(16)} = 1{,}5$ **c)** $u(10) = 2{,}25 \times u(8)$

3. Il y a quelques années, la superficie d'une forêt était de 40 000 ha. Depuis, en raison de la déforestation, elle perd chaque année 5 % de la superficie de l'année précédente. On note $S(n)$ sa superficie au bout de n année(s).
a) $S(0) = 40\,000$ ha **b)** $S(1) = 38\,000$ ha **c)** $S(5) \approx 30\,951$ ha

4. On reprend la situation de la question **3.**.
a) S est une suite géométrique de raison $q = 1{,}05$
b) S est une suite géométrique de raison $q = 0{,}95$
c) S est une suite décroissante

5. f est la fonction exponentielle de base 2,45.
a) $f(0) = 0$ **b)** $f(1) = 2{,}45$ **c)** $f(2) = 6{,}0025$

6. On donne $A = 2{,}5^{0{,}7} \times (2{,}5^2)^{3{,}1}$.
a) $A = 2{,}5^{0{,}7} \times 2{,}5^{6{,}2}$ **b)** $A = 2{,}5^{6{,}9}$ **c)** $A = 2{,}5^{0{,}7-6{,}2}$

7. Dans le repère ci-contre, sont représentées trois fonctions
• $f : x \mapsto 1{,}5^x$ • $g : x \mapsto 0{,}5^x$ • $h : x \mapsto -1{,}5^x$
a) La fonction f est croissante
b) La fonction g est croissante
c) La fonction h est croissante

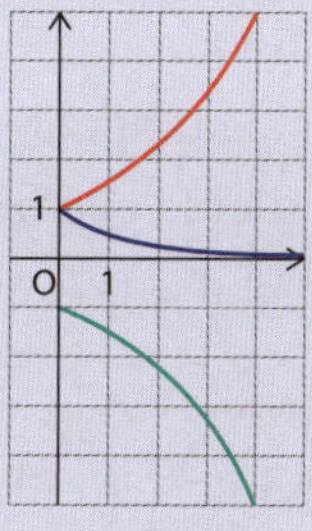

8. On reprend la situation de la question **7.**.
a) f est représentée par la courbe bleue
b) g est représentée par la courbe rouge
c) h est représentée par la courbe verte

9. Le nombre d'habitants d'une commune a augmenté de 20 % en cinq ans. Le nombre d'habitants a donc augmenté, en moyenne, de
a) 4 % par an **b)** 3,7 % par an environ **c)** 2 % par an

→ **Réponses p. 246**

CHAPITRE 16

Variation instantanée – Variation globale

1 Tangente et nombre dérivé

1 L'essentiel du cours

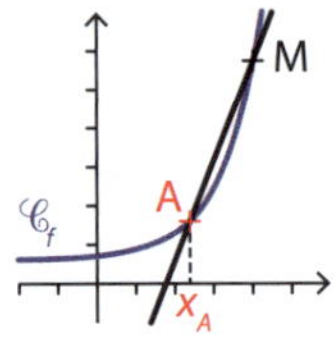

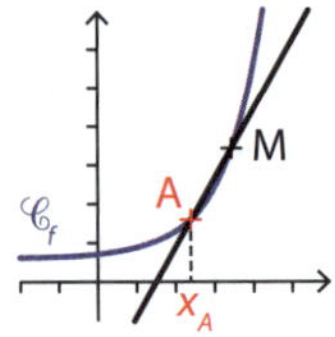

$\mathscr{C}_f$ est la représentation graphique d'une fonction f.

A est le point de $\mathscr{C}_f$ d'abscisse x_A. M est un point mobile sur la courbe $\mathscr{C}_f$.

- **Principe :**

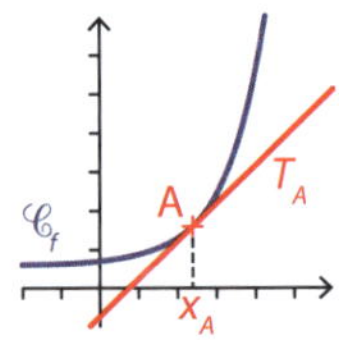

Lorsqu'on rapproche le point M de plus en plus près de A (graphiques 1 et 2), la droite (AM) se rapproche de la droite T_A, appelée **tangente** à la courbe $\mathscr{C}_f$ en A ou au point d'abscisse x_A (graphique 3).

- Le coefficient directeur de la droite T_A est appelé **nombre dérivé de f en x_A** et on le note $f'(x_A)$.

2 Application

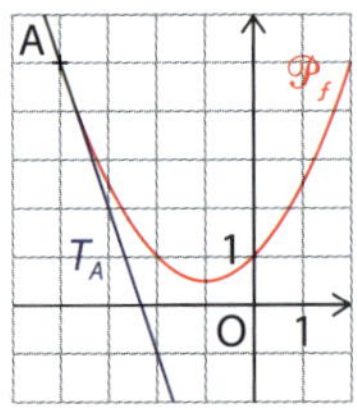

Exo

Sur le graphique ci-contre, $\mathscr{C}_f$ est la courbe représentative d'une fonction f.

T_A est la tangente à la courbe $\mathscr{C}_f$ en A.

Calculer le coefficient directeur de la droite T_A.

En déduire le nombre dérivé de f en -4.

Choisir un autre point de T_A : le point B.
Appliquer la formule vue en p. 215.

Solution

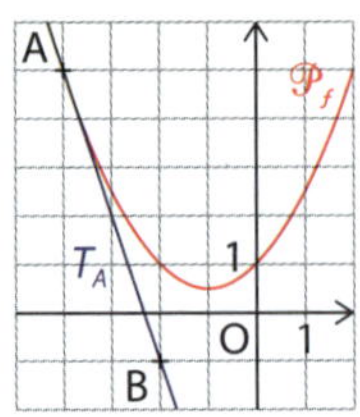

$A(-4 ; 5) \in T_A$ et $B(-2 ; -1) \in T_A$ donc le coefficient directeur de T_A est :

$$a = \frac{y_B - y_A}{x_B - x_A} = \frac{-1-5}{-2-(-4)} = \frac{-6}{2} = -3.$$

Ainsi, $f'(-4) = -3$.

Le nombre dérivé de f en -4 est donc -3.

2 Équation de la tangente à une courbe

1 L'essentiel du cours

$\mathscr{C}_f$ est la représentation graphique d'une fonction f. A est le point de $\mathscr{C}_f$ d'abscisse x_A.

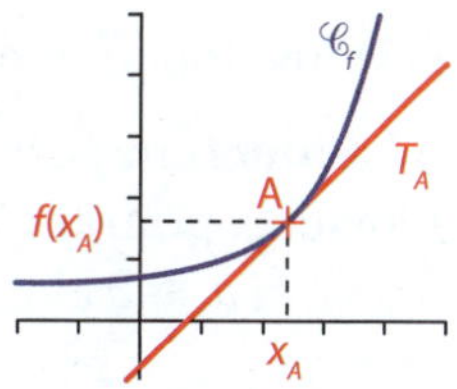

- **Propriété :**

La tangente T_A à la courbe de $\mathscr{C}_f$ au point A a pour équation :
$\boldsymbol{y = f'(x_A) \times (x - x_A) + f(x_A)}$.

2 Applications

Exo 1

$\mathscr{C}_f$ est la courbe représentative de la fonction f d'expression $f(x) = 2x^2 - 3x + 1$.
T_A est la tangente à $\mathscr{C}_f$ au point A d'abscisse 3. On donne $f'(3) = 9$.
Déterminer l'équation de la tangente T_A.

Solution

$f(x_A) = f(3) = 2 \times 3^2 - 3 \times 3 + 1 = 18 - 9 + 1 = 10$.
Ainsi, la tangente T_A a pour équation :
$y = f'(3) \times (x - 3) + f(3)$ c'est à dire $y = 9(x - 3) + 10$ soit $y = 9x - 17$.

Exo 2

$\mathscr{C}_f$ est la courbe représentative d'une fonction f. A est le point de $\mathscr{C}_f$ d'abscisse x_A. T_A est la tangente à $\mathscr{C}_f$ en A.

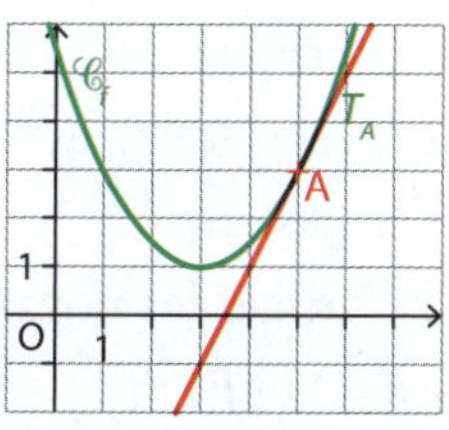

a) Calculer le nombre dérivé de f en x_A, noté $f'(x_A)$.
b) Lire $f(x_A)$. En déduire l'équation de la tangente T_A.

Solution

a) On choisit un autre point de T_A, par exemple B(3 ; –1).
Le coefficient directeur de la tangente T_A est donc :
$\dfrac{y_B - y_A}{x_B - x_A} = \dfrac{-1 - 3}{3 - 5} = \dfrac{-4}{-2} = 2$. Ainsi, $f'(5) = 2$.
b) $x_A = 5$ et on lit sur le graphique que l'image de 5 par f est 3, donc $f(5) = 3$.
La tangente T_A a pour équation :
$y = f'(5) \times (x - 5) + f(5)$ c'est-à-dire
$y = 2(x - 5) + 3$ soit $y = 2x - 7$.

> Pour la question a), se reporter à la fiche précédente et utiliser $a = \dfrac{y_B - y_A}{x_B - x_A}$.

3 Sens de variation d'une fonction

1 L'essentiel du cours

f est une fonction définie sur un intervalle I.

• La **fonction** f est dite **croissante** sur I lorsque, pour tous nombres réels a et b de I, si $a \leqslant b$ alors $f(a) \leqslant f(b)$

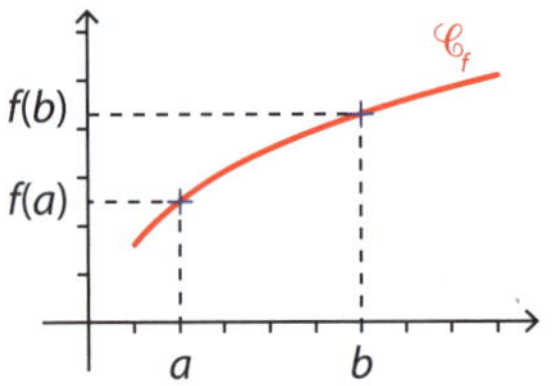

Lorsque f est **croissante**, les abscisses a et b et leurs images $f(a)$ et $f(b)$ sont **rangées dans le même sens.**

• La **fonction** f est dite **décroissante** sur I lorsque, pour tous nombres réels a et b de I, si $a \leqslant b$ alors $f(a) \geqslant f(b)$

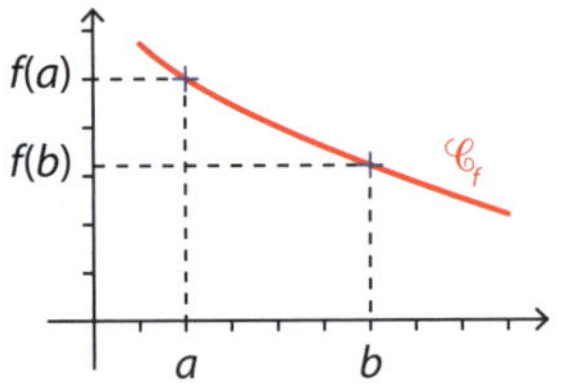

Lorsque f est **décroissante**, les abscisses a et b et leurs images $f(a)$ et $f(b)$ sont **rangées dans le sens contraire.**

2 Application

Exo

$\mathscr{C}_f$ est la courbe représentative d'une fonction f définie sur l'intervalle [–3 ; 4].

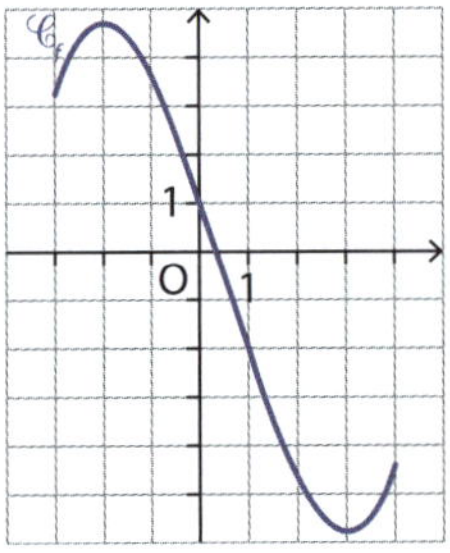

a) Préciser sur quel(s) intervalle(s) f est :

• croissante ; • décroissante.

b) Ranger les nombres suivants :

• $f(-1)$ et $f(2)$; • $f(-3)$ et $f(-2{,}8)$.

Solution

a) • f est croissante sur l'intervalle [–3 ; –2] et sur l'intervalle [3 ; 4].

• f est décroissante sur l'intervalle [–2 ; 3].

b) • $-1 \in [-2 ; 3]$; $2 \in [-2 ; 3]$, $-1 \leqslant 2$ donc, puisque f est décroissante sur [–2 ; 3], $f(-1) \geqslant f(2)$.

• $-3 \in [-3 ; -2]$; $-2{,}8 \in [-3 ; -2]$, $-3 \leqslant -2{,}8$ donc, puisque f est croissante sur [–3 ; –2], $f(-3) \leqslant f(-2{,}8)$.

4 Dérivées usuelles

1 L'essentiel du cours

- f est une fonction définie sur un intervalle I.

Lorsque, pour tout x de I, le nombre dérivé $f'(x)$ existe, on dit que f est **dérivable** sur I.

La fonction **dérivée de** f est la fonction f' définie sur I par $f : x \mapsto f'(x)$.

- Dérivées des fonctions usuelles

Fonction : f	Dérivée : f'
k	0
x	1
x^2	$2x$
x^3	$3x^2$

- Dérivées des formes usuelles

Fonction	Dérivée
$u(x) + v(x)$	$u'(x) + v'(x)$
$k \times u(x)$	$k \times u'(x)$

Dans chacun des tableaux, k désigne une constante.

2 Applications

Exo 1

g est la fonction définie sur $\mathbb{R}$ par $g(x) = x^3$. Déterminer $g'(x)$.

Solution

D'après le cours, $g'(x) = 3x^2$.

> Utiliser le tableau des dérivées des fonctions usuelles.

Exo 2

Dans chaque cas, déterminer l'expression de $f'(x)$.

a) $f(x) = x^2 + x^3$ b) $f(x) = 4x^3$ c) $f(x) = 5x - 5$

Solution

a) $f(x)$ est de la forme $u(x) + v(x)$ avec $u(x) = x^2$ et donc $u'(x) = 2x$ et $v(x) = x^3$ et donc $v'(x) = 3x^2$.
Ainsi, $f'(x) = u'(x) + v'(x) = 2x + 3x^2$.

b) $f(x)$ est de la forme $k \times u(x)$ avec $k = 4$ et $u(x) = x^3$ donc $u'(x) = 3x^2$.
Ainsi, $f'(x) = k \times u'(x) = 4 \times 3x^2 = 12x^2$.

> Utiliser à la fois le tableau des dérivées des fonctions usuelles et celui des dérivées des formes usuelles.

c) $f(x)$ est de la forme $u(x) + v(x)$ avec $u(x) = 5x$ et donc $u'(x) = 5$ et $v(x) = -5$ et donc $v'(x) = 0$. Ainsi, $f'(x) = u'(x) + v'(x) = 5$.

5 Sens de variation de f et signe de f'

1 L'essentiel du cours

f est une fonction définie et dérivable sur un intervalle I et f' est sa fonction dérivée.

• **Propriété** :

f est **croissante** sur I si, et seulement si, pour tout x de I, $\boldsymbol{f'(x) \geqslant 0}$

f est **constante** sur I si, et seulement si, pour tout x de I, $\boldsymbol{f'(x) = 0}$

f est **décroissante** sur I si, et seulement si, pour tout x de I, $\boldsymbol{f'(x) \leqslant 0}$

Remarque :
Les variations de f sont donc données par le signe de $f'(x)$, et réciproquement.

2 Applications

Ne pas hésiter à vérifier que f est croissante en représentant f à la calculatrice.

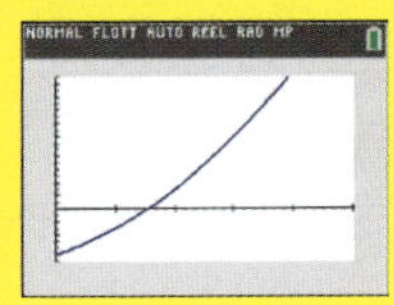

Exo 1

f est la fonction définie sur $[0 ; 4]$ par
$f(x) = x^2 + 3x - 7$.

a) Déterminer $f'(x)$.

b) Étudier le signe de $f'(x)$ sur $[0 ; 4]$.

c) En déduire le sens de variation de f sur $[0 ; 4]$.

Solution

a) $f'(x) = 2x + 3$.

b) Puisque $x \in [0 ; 4]$, $x \geqslant 0$ donc $2x \geqslant 0$ et $2x + 3 \geqslant 3 \geqslant 0$. Ainsi, $f'(x) \geqslant 0$.

c) Puisque pour tout x de $[0 ; 3]$, $f'(x) \geqslant 0$, on en déduit que la fonction f est croissante sur l'intervalle $[2 ; 3]$.

Exo 2

Sur l'écran de calculatrice ci-contre, on a représenté une fonction f sur l'intervalle $[-3 ; 2]$. Déterminer le signe de $f'(x)$ selon les valeurs de x.

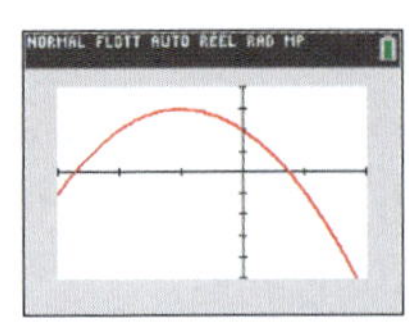

Solution

f est croissante sur $[-3 ; -1]$, donc $f'(x) \geqslant 0$ pour $x \in [-3 ; -1]$.

f est décroissante sur $[-1 ; 2]$, donc $f'(x) \leqslant 0$ pour $x \in [-1 ; 2]$.

RÉVISION EXPRESS

Quiz

Choisir la ou les réponses exactes.

1. Dans le repère ci-contre, $\mathscr{C}_f$ est la courbe représentative d'une fonction f définie sur [0 ; 5].

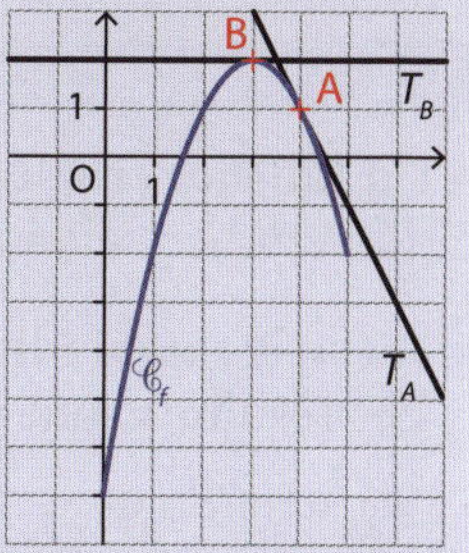

T_A et T_B sont les tangentes à $\mathscr{C}_f$ aux points A et B.
Le coefficient directeur de la tangente T_A est égal à :

a) −2 **b)** 1 **c)** 4

2. On reprend la situation de la question **1.**.

a) $f(4) = 1$ **b)** $f'(4) = -2$ **c)** $f'(3) = 0$

3. On reprend la situation de la question **1.**.
La tangente T_A a pour équation :

a) $y = -2x + 1$ **b)** $y = x - 2$ **c)** $y = -2x + 9$

4. On reprend la situation de la question **1.**.
La fonction f est :

a) croissante sur [1,5 ; 4,5]
b) croissante sur [0 ; 3]
c) décroissante sur [3 ; 5]

5. On reprend la situation de la question **1.**.

a) $f(1) \leqslant f(2)$ **b)** $f(3) \leqslant f(4)$ **c)** $f(3{,}83) \geqslant f(4{,}12)$

6. g est la fonction définie et dérivable sur $\mathbb{R}$ d'expression $g(x) = x^2 - x + 1$.

a) $g'(x) = 2x - 1$ **b)** $g'(x) = 2x$ **c)** $g'(x) = 2x + 1$

7. h est la fonction définie et dérivable sur $\mathbb{R}$ d'expression $h(x) = 7x^3 - 21x$

a) $h'(x) = 21x^2 - 21x$ **b)** $h'(x) = 21x^2 - 21$ **c)** $h'(x) = 7x^2$

8. f est la fonction définie et dérivable sur $\mathbb{R}$ d'expression $f(x) = 5x^3$.
T_A est la tangente à la courbe représentative de f au point d'abscisse 1.

a) $f(1) = 5$ **b)** $f'(1) = 15$ **c)** T_A a pour équation $y = 15x - 10$

9. La température, en °C, de l'eau dans une casserole est donnée par la fonction t d'expression :
$t(x) = 0{,}1x^2 + 10$ où x est le temps de chauffage, en min, et $x \in [0 ; 3]$.

a) $t'(x) \geqslant 0$ **b)** $t'(x) \leqslant 0$ **c)** t est croissante sur [0 ; 3]

→ **Réponses p. 246**

CHAPITRE

17 Analyse de l'information chiffrée

1 Tableau croisé d'effectifs

1 L'essentiel du cours

• Un **tableau croisé d'effectifs** résume la répartition des individus d'une population étudiée selon deux caractères.

Exemple : 500 individus sont répartis selon le sexe et la tranche d'âge.
Les résultats sont résumés dans le tableau croisé ci-dessous.

	18 ans et moins	Plus de 18 ans	Total
Femme	140	130	270
Homme	120	110	230
Total	260	240	500

120 est l'effectif des hommes de 18 ans et moins

270 est l'effectif total des femmes

500 est l'effectif total de la population

• Les **marges** d'un tableau croisé d'effectifs sont la ligne « Total » et la colonne « Total ».

2 Application

Exo

Le tableau croisé incomplet ci-contre donne la répartition des salariés d'une entreprise selon le type de contrat et leur ancienneté.

	Depuis moins d'un an	Depuis un an et plus	Total
en CDD	30		51
en CDI			
Total	35		150

a. Compléter le tableau croisé.

b. Indiquer le nombre d'employés :

• embauchés depuis un an et plus

• en CDI depuis moins d'un an

Solution

a.

	Depuis moins d'un an	Depuis un an et plus	Total
en CDD	30	21	51
en CDI	5	94	99
Total	35	115	150

Remarque

Le tableau se complète à l'aide d'additions et de soustractions.

b. • 115 employés sont embauchés depuis un an et plus.

• 5 employés sont en CDI depuis moins d'un an.

2 Nuage de points

1 L'essentiel du cours

• Dans une série statistique, un caractère étudié est dit quantitatif lorsqu'il s'agit d'un nombre (par exemple : la taille, le poids, les années…).

• Lorsque, dans une population, on étudie deux caractères quantitatifs X et Y, on peut représenter cette série statistique sous la forme d'un **nuage de points**.

• Quand le nuage de points présente un aspect « régulier », cela illustre un lien entre les deux caractères X et Y.

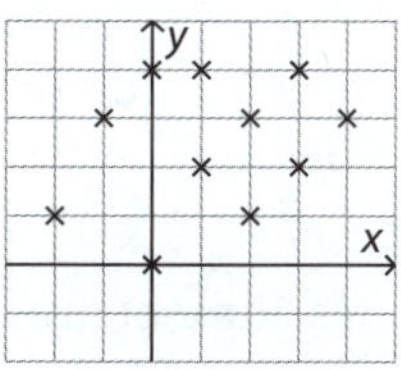

Nuage dispersé : pas de lien entre X et Y

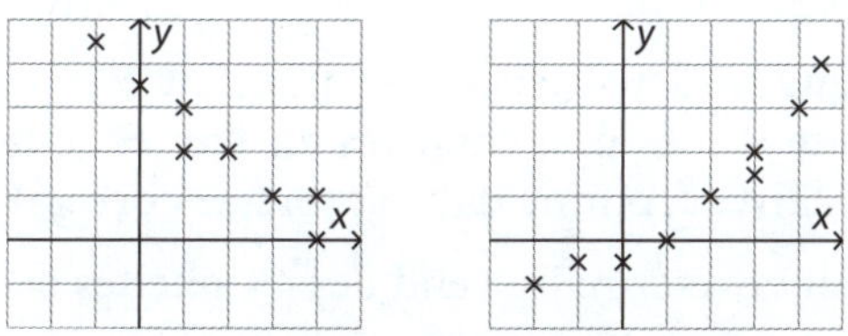

Nuages réguliers : existence d'un lien entre X et Y

2 Application

Exo

Le tableau ci-dessous indique le prix moyen d'une baguette de pain (250 g) selon les années (source : france-inflation.com).

Année	1980	1985	1990	1995	2000	2005	2010	2015	2020
Prix (en €)	0,25	0,4	0,48	0,58	0,64	0,75	0,84	0,86	0,88

a. Représenter ce tableau par un nuage de points.

b. Les années et les prix d'une baguette semblent-ils liés ?

Solution

a.

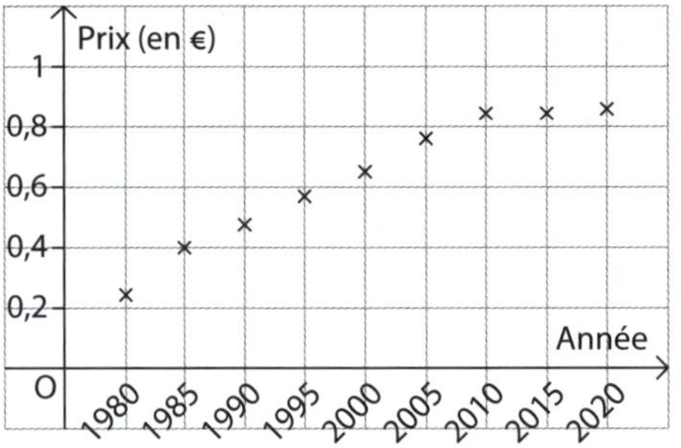

Réflexe à avoir

Pour graduer les axes, on n'est pas obligé de démarrer à zéro.

b. Les points sont presque alignés, il semble exister un lien entre les années et les prix d'une baguette.

3 Diagrammes

1 L'essentiel du cours

Les séries statistiques à deux caractères peuvent être représentées à l'aide de différents diagrammes : les **diagrammes en barres** (comme ci-dessous) et les **diagrammes circulaires** (comme dans l'exercice corrigé).

Exemple : Un cabinet vétérinaire vend des croquettes et des boîtes alimentaires de trois marques concurrentes, notées A, B et C.

Le tableau croisé ci-dessous et le diagramme en barres illustrent la répartition des ventes, en %.

	A	B	C
Croquettes	20 %	35 %	5 %
Boîtes	5 %	30 %	5 %
Total	25 %	65 %	10 %

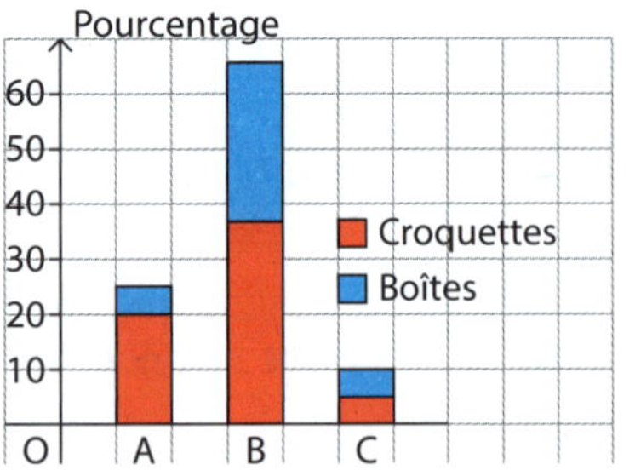

2 Application

Exo

Voici la répartition des néo-bacheliers d'un lycée selon leur sexe et leur âge.

a. Parmi les filles, quel pourcentage ont 17 ans ?

b. Construire un diagramme semi-circulaire illustrant la répartition des filles de ce tableau.

	17 ans	18 ans	19 ans
Fille	4	28	18
Garçon	2	35	3

Solution

a. $4 + 28 + 18 = 50$ et $\frac{4}{50} \times 100 = 8$ %. Parmi les filles, 8 % ont 17 ans.

b. On reprend les calculs du **a.** afin de remplir les tableaux ci-dessous :

	17 ans	18 ans	19 ans	Total
Fille	8 %	56 %	36 %	100 %
Mesure	14,4°	100,8°	64,8°	180°

Remarque

On peut construire un diagramme analogue pour les garçons.

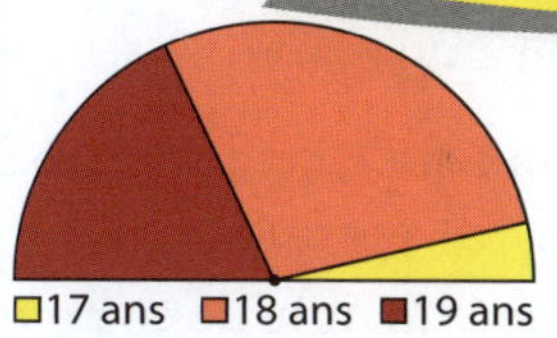

4 Fréquence marginale

1 L'essentiel du cours

Exemple : Une entreprise a dressé l'inventaire des ordinateurs mis à disposition de ses salariés selon qu'ils soient fixe ou portable et selon leur système d'exploitation : Linux, OSX ou Windows.

- La ligne et la colonne en orange sont appelées **marges du tableau**. Pour calculer une **fréquence marginale**, on utilise uniquement les marges du tableau.

	Linux	OSX	Windows	Total
Portable	7	12	24	**43**
Fixe	2	15	20	**37**
Total	**9**	**27**	**44**	**80**

- La fréquence marginale des ordinateurs portables est $\frac{43}{80}$ soit 0,5375.
- La fréquence marginale, en pourcentage, des ordinateurs sous Linux est $\frac{9}{80} \times 100$, soit 11,25 %.

2 Application

Exo

Le tableau ci-contre indique la répartition des véhicules d'une concession automobile selon leur motorisation.

	Diesel	Essence	Hybride	Total
Neuve	5	4	11	20
Occasion	14	10	6	30
Total	19	14	17	50

a. Calculer la fréquence marginale en pourcentage des voitures neuves.

En déduire la fréquence marginale en pourcentage des voitures d'occasion.

b. Calculer la fréquence marginale en pourcentage des voitures hybrides.

Solution

a. • La fréquence marginale en pourcentage des voitures neuves est :

$f_n = \frac{20}{50} \times 100 = 40\ \%$.

• On en déduit que la fréquence marginale en pourcentage des voitures d'occasion est : $f_0 = 100\ \% - f_n = 100\ \% - 40\ \% = 60\ \%$.

b. La fréquence marginale en pourcentage des voitures hybrides est :

$f_n = \frac{17}{50} \times 100 = 34\ \%$.

5 Fréquence conditionnelle

1 L'essentiel du cours

Exemple : Le tableau ci-contre donne la répartition des 200 étudiants de première année d'une faculté de droit.

	Mineur	Majeur	Total
Fille	30	90	120
Garçon	10	70	80
Total	40	160	200

• Dans le groupe des filles, la fréquence en pourcentage de mineurs est :

$\frac{30}{120} \times 100 = 25\ \%$.

On dit que 25 % est la **fréquence conditionnelle** des mineurs parmi les filles.

	Mineur	Majeur	Total
Fille	30	90	120

On s'intéresse uniquement à la ligne des filles (et on oublie le reste du tableau).

- Dans le groupe des majeurs, la fréquence en pourcentage des garçons est : $\frac{70}{160} \times 100 = 43{,}75\ \%$.

On dit que 43,75 % est la **fréquence conditionnelle** des garçons parmi les majeurs.

	Majeur
Fille	90
Garçon	70
Total	160

On s'intéresse uniquement à la colonne des majeurs (et on oublie le reste du tableau).

2 Application

Exo

Le tableau ci-contre indique la répartition des licenciés d'un club de volley-ball.

	Femme	Homme	Total
Loisir	18	42	60
Compétition	33	27	60
Total	50	70	120

a) Calculer la fréquence conditionnelle des femmes parmi les licenciés inscrits en compétition.

b) Calculer la fréquence conditionnelle des licenciés inscrits en loisir parmi les hommes.

Solution

a) La fréquence conditionnelle des femmes parmi les licenciés inscrits en compétition est : $\frac{33}{60} = 0{,}55$.

b) La fréquence conditionnelle des licenciés inscrits en loisir parmi les hommes est : $\frac{42}{70} = 0{,}6$.

RÉVISION EXPRESS

Quiz

Choisir la ou les réponses exactes.

1. Le tableau d'effectifs ci-contre est incomplet. Il indique la répartition des enfants d'une garderie.

	Fille	Garçon	Total
Moins de 4 ans	2		6
4 ans et plus	8		12
Total			

a. Le nombre de filles est 10.
b. Le nombre total d'enfants est 18.
c. Le nombre de garçons de moins de 4 ans est 4.

2. On reprend la situation de la question **1.**.
a. La fréquence de filles de moins de 4 ans est environ 0,11.
b. La fréquence de garçons de 4 ans et plus est environ 0,33.
c. La fréquence en pourcentage de filles de 4 ans et plus est environ 44,4 %.

3. Le diagramme ci-contre indique les résultats d'un concours d'entrée dans une école de commerce.
180 filles et 220 garçons ont passé ce concours.

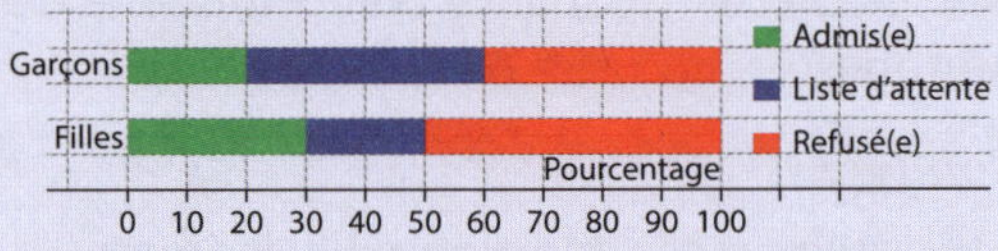

a) 40 % des garçons et 20 % des filles sont sur liste d'attente.
b) 88 garçons ont été refusés.
c) 98 candidats ont été directement admis.

4. Ce tableau donne les moyennes générales de 32 élèves d'une classe de Première.

	Fille	Garçon	Total
Moins de 10	3	5	8
10 et plus	12	12	24
Total	15	17	32

La fréquence marginale en pourcentage :
a. des élèves ayant moins de 10 est 25 %.
b. des garçons est 62,5 %.
c. des filles est 46,875 %.

5. On reprend la situation de la question **4.**.
La fréquence conditionnelle en pourcentage :
a. des filles parmi les élèves ayant moins de 10 est 37,5 %.
b. des garçons parmi les élèves ayant 10 et plus est 29,4 % environ.
c. des élèves ayant 10 et plus parmi les filles est 50 %.

→ Réponses p. 246

CHAPITRE

18 Phénomènes aléatoires

1 Probabilités conditionnelles : formules

1 L'essentiel du cours

A et B désignent deux événements d'une expérience aléatoire, avec $P(A) \neq 0$ et $P(B) \neq 0$.

- La **probabilité de** B **sachant** A, notée $P_A(B)$, est définie par :

$$P_A(B) = \frac{P(A \cap B)}{P(A)}$$

Interprétation :

Dans cette situation, on sait que A s'est réalisé et on se demande quelle est alors la probabilité que B se réalise.

> **Remarque**
>
> $P_A(B)$ est aussi appelée probabilité **conditionnelle** de B sachant A. La condition est A.

- **Propriété :**

$P(A \cap B) = P_A(B) \times P(A) = P_B(A) \times P(B)$.

2 Applications

Exo 1

A et B sont deux événements tels que $P(A \cap B) = 0{,}1$; $P(A) = 0{,}4$ et $P(B) = 0{,}25$.

Calculer les probabilités : $P_A(B)$ et $P_B(A)$.

Solution

- $P_A(B) = \dfrac{P(A \cap B)}{P(A)} = \dfrac{0{,}1}{0{,}4} = 0{,}25$.

- $P_B(A) = \dfrac{P(A \cap B)}{P(B)} = \dfrac{0{,}1}{0{,}25} = 0{,}4$.

Exo 2

Dans un club de tennis, 25 % des joueurs sont des femmes. Parmi les femmes, 15 % sont gauchères.

On choisit au hasard l'un des membres de ce club de tennis.

Calculer la probabilité que le membre choisi soit une femme gauchère.

Solution

On note F (resp. G) l'événement « le membre choisi est une femme (resp. est gaucher) ».

D'après l'énoncé, $P(F) = 0,25$ et $P_F(G) = 0,15$.

La probabilité que le membre choisi soit une femme gauchère est :

$P(F \cap G) = P_F(G) \times P(F) = 0,15 \times 0,25 = 0,0375$.

Piège à éviter

Ne pas confondre $P(F \cap G)$; $P_F(G)$ et $P_G(F)$.

2 Probabilités conditionnelles : tableaux croisés

1 L'essentiel du cours

Exemple : Le tableau croisé ci-contre donne la répartition d'animaux dans un refuge selon le sexe.

	Chat (*C*)	Chien (*D*)	Total
Femelle (*F*)	20	30	50
Mâle (*M*)	12	18	30
Total	32	48	80

On choisit au hasard la fiche de l'un des animaux.

On peut déterminer différentes probabilités grâce à ce tableau.

- Des probabilités sans condition :

$P(F) = \dfrac{50}{80}$ $\quad$ $P(C) = \dfrac{32}{80}$ $\quad$ $P(F \cap C) = \dfrac{20}{80}$

On divise alors par le total, ici 80.

- Des probabilités conditionnelles :

$P_C(F) = \dfrac{20}{32}$ $\quad$ $P_D(M) = \dfrac{18}{48}$ $\quad$ $P_F(C) = \dfrac{20}{50}$

On divise alors par le total (en vert) associé à la condition.

2 Application

Exo

Le tableau croisé ci-dessous donne la répartition des membres d'une ONG (Organisation Non Gouvernementale) selon le statut et la tranche d'âge.

On choisit au hasard la fiche de l'un des membres de cette ONG.

a) Déterminer les probabilités : • $P(J)$ • $P(B \cap A)$ • $P_J(S)$ • $P_B(A)$

b) La fiche choisie est celle d'un bénévole, déterminer la probabilité qu'il ait moins de 25 ans.

	Moins de 25 ans (*J*)	De 25 à 65 ans (*A*)	Plus de 65 ans (*R*)	Total
Salarié (*S*)	12	49	30	91
Bénévole (*B*)	48	171	90	309
Total	60	220	120	400

Solution

a) • $P(J) = \dfrac{60}{400} = 0{,}15$

• $P(B \cap A) = \dfrac{171}{400} = 0{,}4275$

• $P_J(S) = \dfrac{12}{60} = 0{,}2$

• $P_B(A) = \dfrac{171}{309} \approx 0{,}553$

b) La probabilité cherchée est : $P_B(J) = \dfrac{48}{309} \approx 0{,}155$.

3 Probabilités conditionnelles : arbres pondérés

1 L'essentiel du cours

Exemple : On prélève, au hasard et **sans remise**, deux boules de l'urne ci-contre et on note les couleurs obtenues.

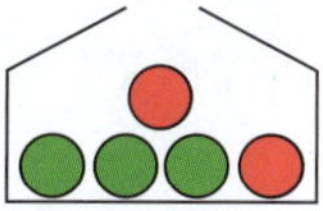

On note V_1 (resp. V_2) l'événement : « la boule choisie au 1er tirage (resp. au 2e tirage) est verte ».

On peut illustrer cette expérience aléatoire à l'aide d'un arbre pondéré en respectant trois règles.

Sur les branches du 1er niveau, on inscrit les probabilités des événements.

Sur les branches du 2e niveau, on inscrit les probabilités conditionnelles.

La somme des probabilités issues d'un même nœud est égale à 1.

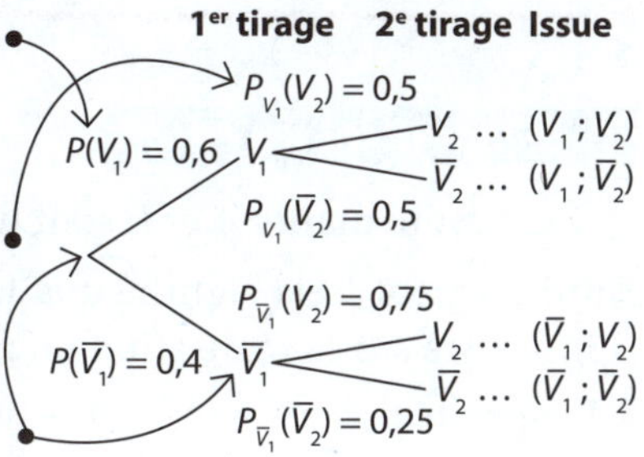

• **Propriété :**

La probabilité d'une issue est égale au produit des probabilités situées sur les branches qui mènent à cette issue.

2 Application

Exo

Un musée réalise 60 % de ses entrées le week-end (W). Parmi les visiteurs du week-end, 50 % bénéficient d'un tarif réduit (R) ; parmi les visiteurs hors week-end, 80 % bénéficient d'un tarif réduit. On choisit au hasard le billet d'un visiteur.

a) Illustrer cette situation par un arbre pondéré.

b) Déterminer la probabilité que le billet choisi soit celui d'un visiteur du week-end et bénéficiant d'un tarif réduit.

Solution

a)

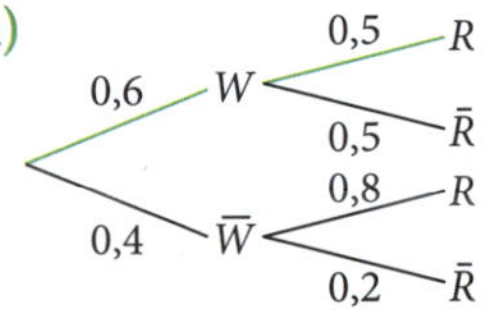

b) La probabilité cherchée correspond au chemin vert sur l'arbre pondéré.

$P(W \cap R) = P(W) \times P_W(R)$

$P(W \cap R) = 0{,}6 \times 0{,}5$

$P(W \cap R) = 0{,}3$

4 Événements indépendants

1 L'essentiel du cours

• Deux **événements** A et B sont dits **indépendants** lorsque $P_B(A) = P(A)$.

Intuitivement, cela signifie que la réalisation ou non de l'événement B, n'a pas d'influence sur la réalisation ou non de l'événement A.

• **Propriété :**

A et B sont indépendants si, et seulement si, $P(A \cap B) = P(A) \times P(B)$.

2 Applications

Exo 1

Dans chacun des cas, dire si les événements A et B sont ou non indépendants.

a) On donne $P(A) = 0{,}2$; $P(B) = 0{,}3$; $P(A \cap B) = 0{,}6$.

b) On donne $P(A) = \frac{5}{12}$; $P(B) = \frac{6}{7}$; $P(A \cap B) = \frac{5}{14}$.

Solution

a) $P(A) \times P(B) = 0{,}2 \times 0{,}3 = 0{,}06$

Ainsi $P(A) \times P(B) \neq P(A \cap B)$

Donc A et B ne sont pas indépendants.

b) $P(A) \times P(B) = \frac{5}{12} \times \frac{6}{7} = \frac{5 \times 6}{2 \times 6 \times 7} = \frac{5}{2 \times 7} = \frac{5}{14}$.

Ainsi $P(A) \times P(B) = P(A \cap B)$.

Donc A et B sont indépendants.

Réflexe à avoir

Pour savoir si deux événements A et B sont indépendants :
– on compare $P(A \cap B)$ à $P(A) \times P(B)$
– ou on compare $P_B(A)$ à P(A) (ou $P_A(B)$ à P(B)).

Exo 2

Voici la répartition des logements d'un village.

On choisit au hasard la fiche de l'un de ces logements.

Les événements M et S sont-ils indépendants ?

	Moins de 60 m² (P)	60 m² et plus (S)	Total
Appartement (A)	112	238	350
Maison (M)	48	102	150
Total	160	340	500

Solution

On compare, par exemple, $P(M)$ et $P_S(M)$.

$P(M) = \frac{150}{500} = 0{,}3$ et $P_S(M) = \frac{102}{340} = 0{,}3$.

Ainsi, $P_S(M) = P(M)$, on en déduit que les événements M et S sont indépendants.

5 Succession d'épreuves indépendantes

1 L'essentiel du cours

• Des **épreuves successives** sont dites **indépendantes** lorsque le résultat d'une épreuve n'influence pas le résultat d'une autre épreuve.

Exemple :
On tire un jeton dans l'urne ci-contre puis on lance une pièce équilibrée.
Ces deux épreuves sont indépendantes et cette expérience aléatoire est illustrée par l'arbre pondéré ci-contre (où *J* pour jaune, *P* pour Pile…).

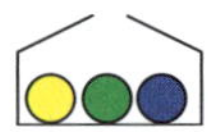

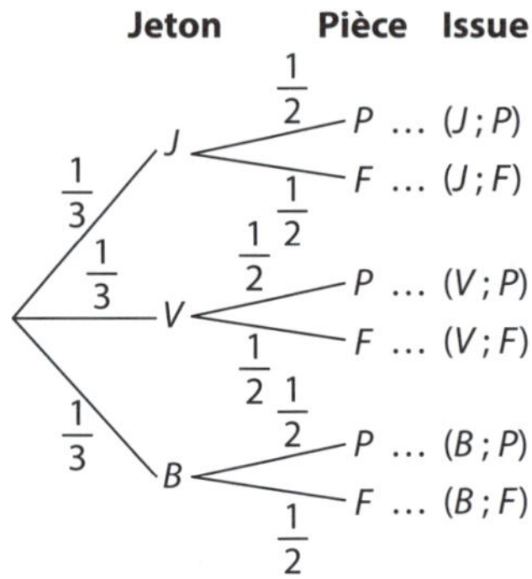

• **Propriété :**

La probabilité d'une issue est égale au produit des probabilités situées sur les branches de l'arbre pondéré qui mènent à cette issue.

2 Application

Exo

On tire successivement et avec remise deux billes du sac opaque ci-contre. On note les numéros obtenus.

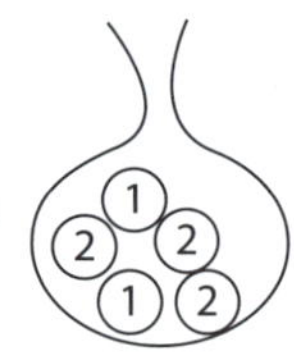

a) Illustrer cette situation par un arbre pondéré.

b) Calculer la probabilité qu'au moins un des deux numéros obtenus soit pair.

Solution

a)

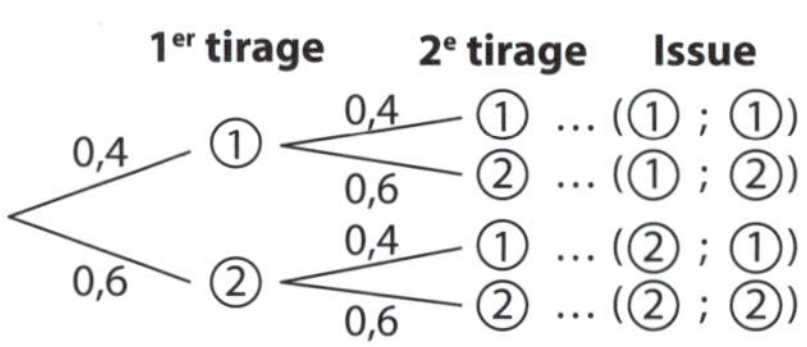

b) La probabilité cherchée est :

$p = P(①\,;②) + P(②\,;①) + P(②\,;②)$

$p = 0{,}4 \times 0{,}6 + 0{,}6 \times 0{,}4 + 0{,}6 \times 0{,}6$

$p = 0{,}84$

Réflexe à avoir

Penser à lister les issues obtenues à droite de l'arbre.

Piège à éviter

« au moins un » signifie « un ou plus ».

RÉVISION EXPRESS

Quiz

Choisir la ou les réponses exactes.

1. A et B sont deux événements de probabilité non nulle.

a) $P_B(A) = \dfrac{P(A \cap B)}{P(A)}$ **b)** $P_B(A) = \dfrac{P(A \cap B)}{P(B)}$ **c)** $P(A \cap B) = P_A(B) \times P(A)$

2. Le tableau croisé ci-contre donne la répartition des élèves d'un lycée.
On choisit au hasard la fiche d'un de ces élèves.

	Première (*P*)	Terminale (*T*)	Total
Fille (*F*)	110	105	215
Garçon (*G*)	95	90	185
Total	205	195	400

a) $P(F) = \dfrac{110}{205}$

b) $P(G \cap P) = \dfrac{95}{400}$

c) $P_F(T) = \dfrac{105}{215}$

3. On reprend la situation de la question **2.**.
La probabilité que l'élève choisi soit une fille sachant qu'elle est en Première s'écrit :

a) $P(F \cap P)$ **b)** $P_F(P)$ **c)** $P_P(F)$

4. On reprend la situation de la question **2.**.
Les événements G et T sont indépendants.

a) Vrai **b)** Faux

5. On choisit, au hasard deux billes de l'urne ci-contre.
L'arbre pondéré associé à cette expérience aléatoire est :

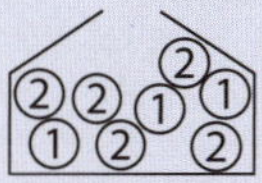

a)

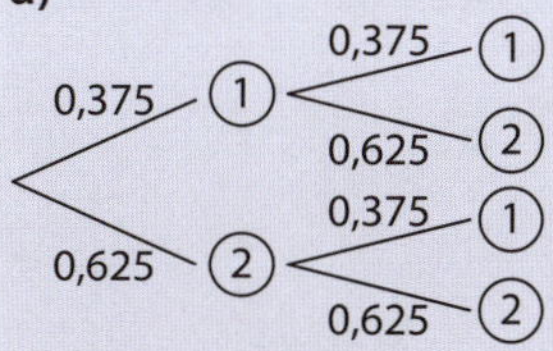

Si les tirages s'effectuent avec remise

b)

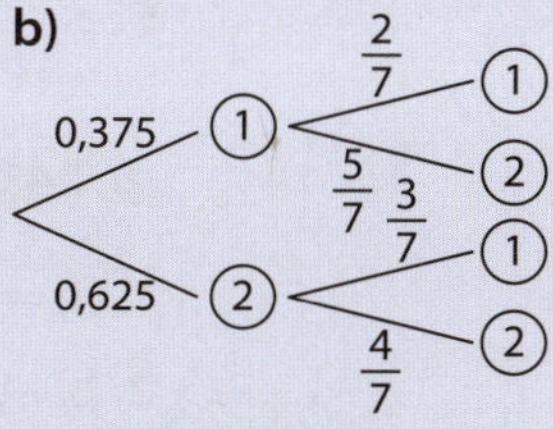

Si les tirages s'effectuent sans remise

6. On reprend la situation de la question **5.**.
Les tirages s'effectuent avec remise. La probabilité que les deux billes tirées n'aient pas le même numéro est égale à :

a) 0,46875 **b)** 0,234375 **c)** 0,107 environ

→ Réponses p. 246

MATHÉMATIQUES

p. 218

1. **a.** et **c.**
2. **a.** et **c.**
3. **a.** et **b.**
4. **b.** et **c.**
5. **a.** et **c.**
6. **a.** et **c.**
7. **c.**
8. **c.**
9. **a.**

p. 225

1. **b.**
2. **a.**, **b.** et **c.**
3. **a.**, **b.** et **c.**
4. **b.** et **c.**
5. **b.** et **c.**
6. **a.** et **b.**
7. **a.**
8. **c.**
9. **b.**

p. 231

1. **a.**
2. **a.**, **b.** et **c.**
3. **c.**
4. **b.** et **c.**
5. **a.** et **c.**
6. **a.**
7. **b.**
8. **a.**, **b.** et **c.**
9. **a.** et **c.**

p. 238

1. **a.**, **b.** et **c.**
2. **a.** et **c.**
3. **a.**, **b.** et **c.**
4. **a.** et **c.**
5. **a.**

p. 245

1. **b.** et **c.**
2. **b.** et **c.**
3. **c.**
4. **b.**
5. **a.** et **b.**
6. **a.**

Cahier de contrôle continu

Sujet 1

Physique-Chimie et SVT

L'usage d'une calculatrice est autorisé.

EXERCICE 1 [10 pts]

La sphéricité de la Terre

Les Grecs de l'Antiquité attribuaient déjà à la Terre une forme sphérique, et Ératosthène (276-194 av. J-C.) fut le premier à en calculer la circonférence. Dans tout ce qui suit, la Terre est assimilée à une sphère de rayon 6 371 km.

PARTIE 1 Repérage sur la sphère terrestre

Afin de se repérer à la surface de la sphère terrestre, on utilise l'altitude ainsi que des coordonnées géographiques (longitude, latitude).

Ville	Pays	Longitude	Latitude
Libreville	Gabon	9° Est	0°
Quito	Équateur	79° Ouest	0°
Toronto	Canada	79° Ouest	44° Nord
Toulouse	France	1° Est	44° Nord

1. Calculer la longueur d'un méridien terrestre.

2. À partir des informations du tableau ci-dessus :
a. indiquer les villes qui sont situées sur un même méridien ;
b. indiquer les villes qui sont situées sur un même parallèle.

3. On note O le centre de la Terre et T, Q et T′ les villes Toronto, Quito et Toulouse. On note I le centre du parallèle passant par Toronto et Toulouse. Sur le schéma ci-dessous représentant la sphère terrestre (**fig. 1a**), on a placé les points O, I, Q, T et T′.

Doc. 1 Représentations graphiques permettant un repérage spatial sur la sphère

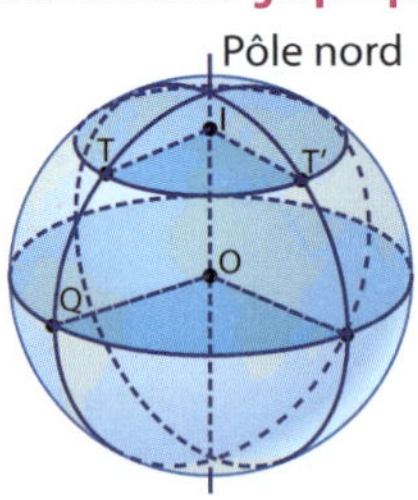

Fig. 1a. Sphère terrestre

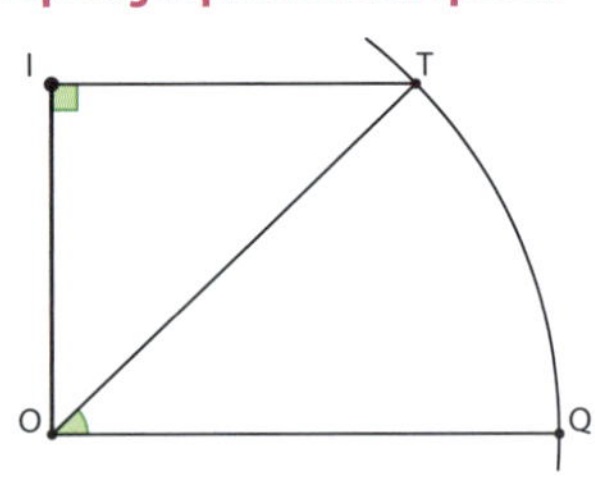

Fig. 1b. Plan contenant l'axe des pôles et le point T

a. Donner la mesure, en degrés, des angles $\widehat{QOT}$ et $\widehat{TIT'}$.
b. Calculer la longueur de la portion de méridien reliant Quito à Toronto.

4. À l'aide de la **figure 1b** :

a. préciser la longueur OT, puis calculer la longueur IT ;
b. en déduire la longueur du parallèle passant par Toulouse et Toronto ;
c. justifier, par un calcul, que la longueur de la portion de parallèle reliant Toulouse à Toronto est environ égale à 6 399 km.

5. Un système d'information géographique (SIG) donne les informations suivantes :
• Distance Quito-Toronto : 4 891 km.
• Distance Toulouse-Toronto : 6 230 km.
• Pour un système d'information géographique, la distance entre deux points du globe est le plus court chemin qui les relie à la surface de la Terre.
Expliquer pourquoi les longueurs données par le SIG et celles calculées dans les questions **3.** et **4.** sont, dans un cas, très proches alors que, dans l'autre, elles ne le sont pas.

PARTIE 2 Les différents climats de la Terre

Doc. 2 Les zones climatiques à la surface de la Terre

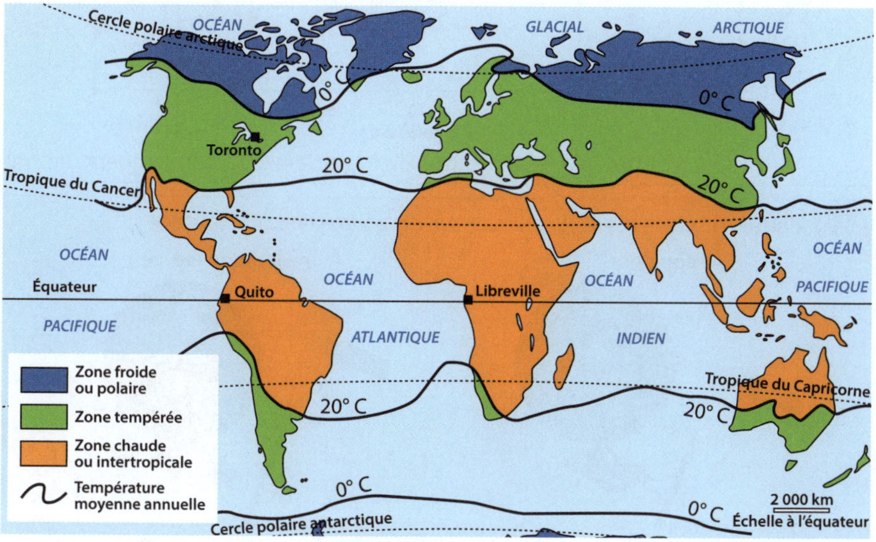

Source : http://planete-terre.tripod.com/zontherm.htm

Sur la carte du **document 2**, on constate que Quito et Libreville, qui sont à la même latitude, sont dans une zone chaude intertropicale. Pour Toronto, situé à la même longitude que Quito, la température moyenne annuelle est plus froide.

Afin d'expliquer ces différences climatiques, un élève a proposé comme hypothèse : *« Il fait plus chaud à l'équateur qu'aux pôles parce que la Terre est plus proche du Soleil à l'équateur qu'aux pôles. »*

6. À partir des connaissances acquises et des informations issues des **documents 3** et **4**, rédiger un paragraphe argumenté permettant à la fois d'expliquer qu'il fait plus chaud à l'équateur qu'aux pôles et d'invalider l'hypothèse émise par cet élève.
La justification des arguments pourra s'appuyer sur des schémas explicatifs.

Doc. 3 Puissance solaire reçue en fonction de la distance au Soleil en unités astronomiques (u. a.) avec 1 u. a. = $1{,}5 \times 10^8$ km

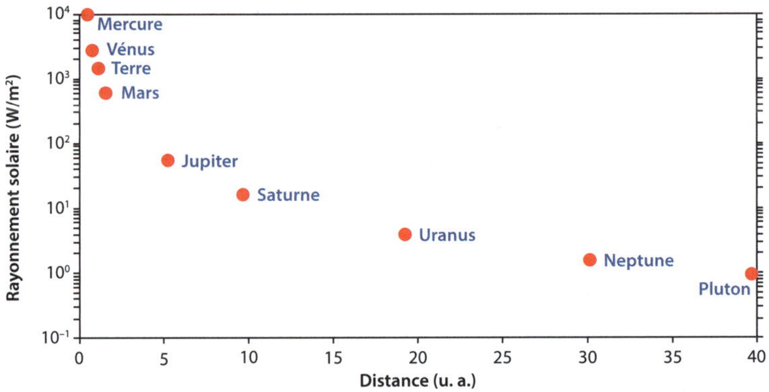

Source : http://planet-terre.ens-lyon.fr/article/explication-temperature.xml

Doc. 4 Puissance solaire reçue par unité de surface en fonction de la latitude

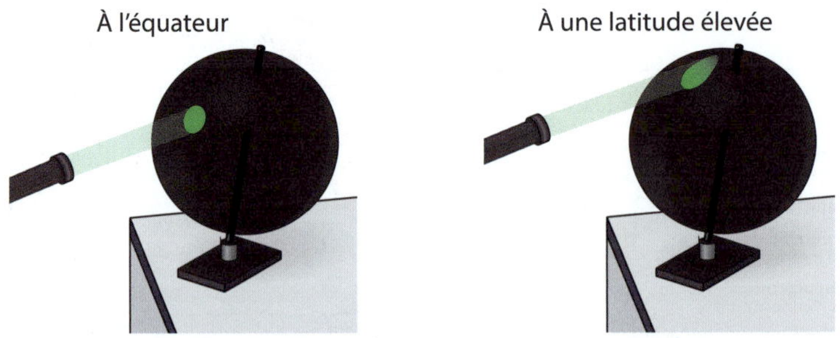

Résultat observé pour un même éclairage de l'équateur (à gauche) et des pôles (à droite)

Tableau de correspondance entre la latitude et l'énergie solaire reçue par unité de surface

Latitude	0°	45° nord	60° nord	89° nord
Pays, régions, villes correspondant à la latitude	Équateur, Brésil, Kenya	Bordeaux	Oslo, St Pétersbourg	Pôle nord
Surface recevant une même quantité d'énergie (m^2)	1	1,4	2	57
Puissance solaire reçue en moyenne par unité de surface (W/m^2)	420	$420 \times 1/1{,}4 = 300$	$420 \times 1/2 = 210$	$420 \times 1/57 = 7{,}36$

Source : D'après http://www.ac-grenoble.fr/armorin.crest/

EXERCICE 2 [10 pts]

La datation des peintures rupestres de la grotte Chauvet

Découverte en Ardèche, en 1994, la grotte Chauvet est célèbre pour ses peintures rupestres réalisées par des êtres humains préhistoriques. Ces peintures comptent parmi les plus anciennes connues. Leur âge a été estimé par la méthode de datation au carbone 14.

PARTIE 1 Du carbone dans la matière organique

Doc. 1 Deux rhinocéros qui s'affrontent représentés sur le panneau des chevaux dans la salle Saint-Hilaire de la grotte Chauvet

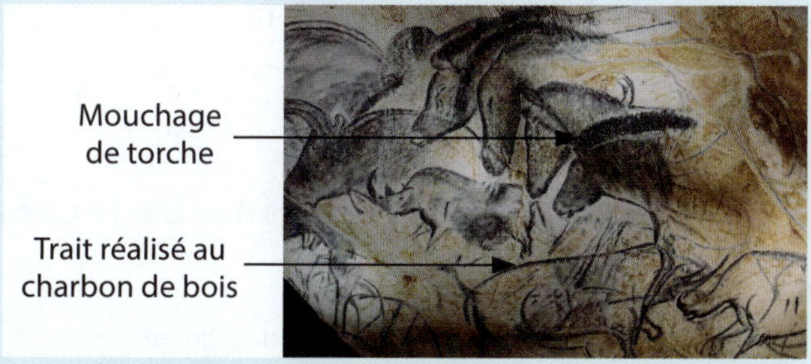

Un mouchage est un frottement de la torche sur la paroi de la grotte pour retirer la partie carbonisée qui asphyxie la flamme.
Les analyses des pigments ont révélé que les peintures ont été réalisées avec des fragments de charbon de bois (traits noirs) et des minéraux :
– le rouge est constitué d'oxydes de fer (Fe_2O_3) ;
– le noir de dioxyde de manganèse (MnO_2).

Sources : *Dossier Pour La Science* n° 42, janvier-mars 2004, H. Valladas, J. Cottes et J.-M. Geneste

Doc. 2 **Les constituants du bois**

Les parois cellulaires très épaisses donnent au bois ses propriétés. Ces parois sont formées de deux constituants principaux, la cellulose et la lignine.

La cellulose est une macromolécule composée d'un enchaînement de plusieurs glucoses de formule $C_6H_{12}O_6$, comme le montre le schéma ci-contre.

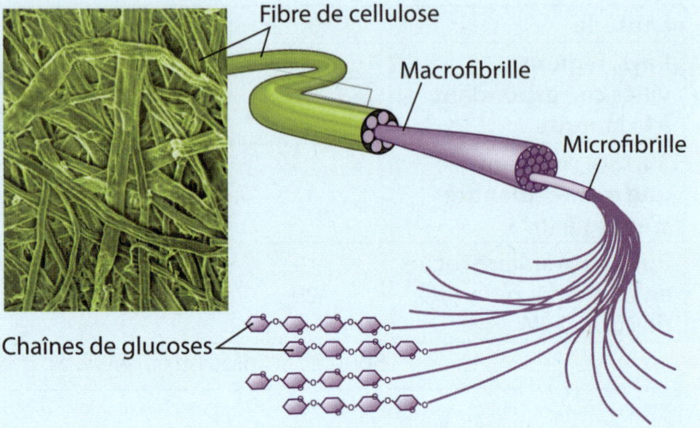

Source : http://p7.storage.canalblog.com/70/91/309207/14102700_p.jpg

À partir de vos connaissances et des informations apportées par les **documents 1** et **2**, répondre aux questions suivantes.

1. Justifier que les oxydes minéraux ne peuvent pas être datés par la méthode du carbone 14, alors que la datation est possible pour le charbon de bois.

2. Nommer le mécanisme biologique à l'origine de la synthèse du glucose par les plantes terrestres et donner l'équation de réaction de cette synthèse de matière végétale (on veillera à ajuster les nombres stœchiométriques de l'équation).

Préciser les organes impliqués dans les échanges entre la plante et son milieu.

PARTIE 2 Radioactivité et datation par le carbone 14 (^{14}C)

Doc. 3 **Datation par le carbone 14**

L'isotope ^{14}C de l'élément carbone se désintègre en azote ^{14}N et se régénère régulièrement en haute atmosphère à partir de l'azote de l'air : il se retrouve donc en proportion constante dans tous les milieux et tous les êtres vivants. Lorsqu'un être vivant meurt, son métabolisme s'interrompt et son carbone n'est plus renouvelé. En raison de la désintégration radioactive, pour un échantillon donné, le rapport P/P_0 du nombre d'atomes ^{14}C résiduel (P) sur le nombre d'atomes présents au moment de la mort (P_0) décroît au cours du temps.

Deux ensembles de mesures ont été réalisés pour la grotte Chauvet :

– le premier, réalisé sur des fragments de charbon de bois prélevés sur les peintures, fournit des valeurs P/P_0 comprises entre 1,5 % et 2,5 % ;

– le second ensemble de mesures, réalisé à partir des prélèvements sur les mouchages de torche, fournit des valeurs comprises entre 3,5 % et 4,5 %.

Les réponses aux questions suivantes s'appuieront sur vos connaissances et sur les informations apportées par le **document 3**.

3. Cocher la proposition exacte pour chaque question du questionnaire à choix multiple ci-dessous.

a. La date de désintégration d'un noyau individuel de ^{14}C dont on connaît la date de création (prise comme origine) est :

☐ aléatoire. ☐ prévisible.

☐ égale à 5 730 ans. ☐ comprise avec certitude entre 100 et 10 000 ans.

b. La durée nécessaire à la désintégration radioactive de la moitié des noyaux radioactifs d'un échantillon dépend :

☐ du nombre initial de noyaux. ☐ du volume de l'échantillon.

☐ de la nature chimique des noyaux. ☐ de la température.

Un graphique représentant le rapport P/P_0 du nombre d'atomes ^{14}C résiduels sur le nombre d'atomes ^{14}C présents au moment de la mort en fonction du nombre d'années écoulées depuis la mort est donné sur la **figure 1** ci-après.

4. En exploitant le graphique de la **figure 1** (et le zoom inséré), estimer, après l'avoir définie, la demi-vie du carbone 14.

5. Estimer par un encadrement l'ancienneté des traces de l'habitation de la grotte Chauvet par les êtres humains préhistoriques en datant les mouchages de torche et les traits réalisés à l'aide de charbons de bois.

6. Expliquer en quelques phrases comment la méthode de datation par le carbone 14 utilisée en archéologie illustre l'intérêt de la coopération entre plusieurs champs disciplinaires scientifiques.

Fig. 1 Rapport P/P_0 du nombre d'atomes ^{14}C résiduels sur le nombre d'atomes ^{14}C présents au moment de la mort en fonction du temps

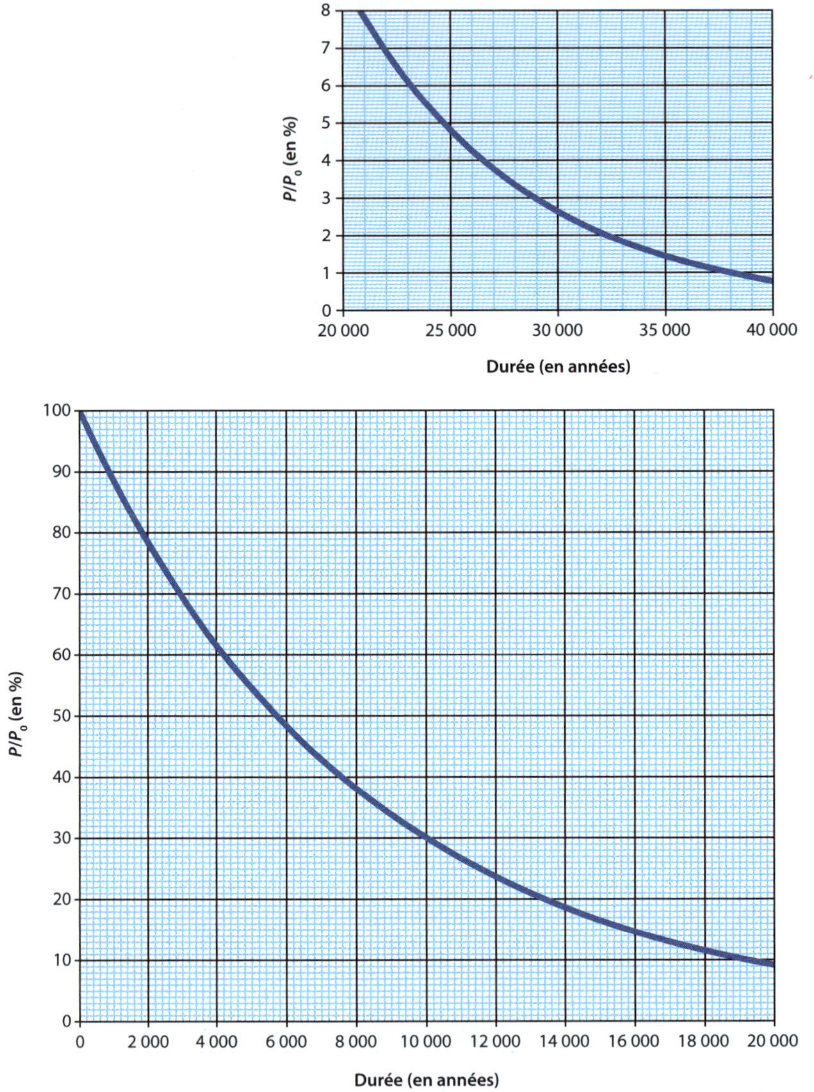

L'encart permet de mieux visualiser la période entre 20 000 et 40 000 ans.

CORRIGÉ

Exercice 1 La sphéricité de la Terre

PARTIE 1 : Repérage sur la sphère terrestre

1. La longueur d'un méridien terrestre correspond au périmètre terrestre p :

$p = 2\pi R$ avec R le rayon terrestre.

$R = 6\,371$ km $= 6\,371 \times 10^3$ m, donc :

$p = 2\pi \times 6\,371 \times 10^3 = 4{,}003 \times 10^7$ m avec 4 chiffres significatifs.

> **Gagnez des points !**
> Retenez que la longueur d'un méridien terrestre est de l'ordre de 40 000 km.

2. a. Les villes situées sur un même méridien ont la même longitude. D'après le tableau des coordonnées géographiques des villes, seules Quito en Équateur et Toronto au Canada ont une longitude commune de $\lambda = 79°$ Ouest. Quito et Toronto sont donc situées sur le même méridien.

b. Les villes situées sur un même parallèle ont la même latitude. D'après le tableau des coordonnées géographiques, il existe deux couples de villes qui vérifient cette propriété :

– Libreville au Gabon et Quito en Équateur sont situées sur le même parallèle de latitude $\varphi = 0°$. Il s'agit d'un parallèle particulier : l'équateur ;

– Toronto au Canada et Toulouse en France ont une latitude de $\varphi = 44°$ Nord : ces deux villes appartiennent donc au même parallèle.

3. a. La mesure d'un angle entre deux villes situées sur le même méridien correspond à la différence $\Delta\varphi$ entre leurs latitudes. Or Quito (Q) et Toronto (T) appartiennent au même méridien (voir **2. a.**), donc l'angle $\widehat{QOT}$ vaut $\widehat{QOT} = \Delta\varphi = |\varphi_Q - \varphi_T| = |0° - 44°| = 44°$.

La mesure d'un angle entre deux villes situées sur le même parallèle correspond à la différence $\Delta\lambda$ entre leurs longitudes. Or Toronto (T) et Toulouse (T′) sont situées sur le même parallèle (voir **2. b.**), donc l'angle $\widehat{TIT'}$ vaut :

$\widehat{TIT'} = \Delta\lambda = |\lambda_T - \lambda_{T'}| = |-79° - 1°| = 80°$.

> **Réflexe à avoir**
> Notez bien que la longitude de Toronto est une longitude Ouest $\lambda_T = -79°$, alors que celle de Toulouse est une longitude Est $\lambda_{T'} = +1°$.

b. La longueur L de la portion de méridien reliant Quito à Toronto est proportionnelle à l'angle entre les deux villes : $L_{QT} = R \times \widehat{QOT}$ avec R le rayon terrestre et l'angle $\widehat{QOT}$ en radians.

Pour calculer l'angle en radians, on utilise la correspondance : 360° = 2π rad.

$\widehat{QOT} = 44° = 44 \times 2\pi/360$ rad = 0,77 rad avec 2 chiffres significatifs.

On a alors $L_{QT} = R \times \widehat{QOT} = 6\,371 \times 10^3 \times 0,77 = 4,9 \times 10^6$ m avec 2 chiffres significatifs.

4. a. La longueur OT est celle d'un rayon terrestre, donc OT = *R*.

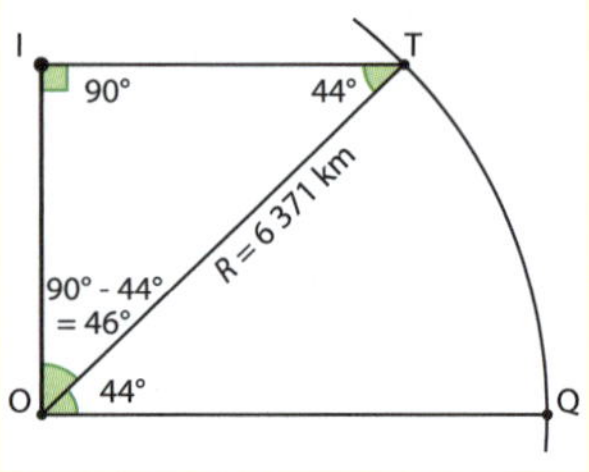

L'angle $\widehat{OIT}$ est un angle droit, donc $\widehat{OIT} = 90°$.

Les angles $\widehat{OTI}$ et $\widehat{QOT}$ sont des angles alternes-internes, donc de même mesure : $\widehat{OTI} = \widehat{QOT} = 44°$.

Les angles $\widehat{IOT}$ et $\widehat{QOT}$ sont des angles complémentaires, donc : $\widehat{IOT} = 90° - \widehat{QOT} = 90° - 44° = 46°$.

La loi des sinus s'écrit alors : $\dfrac{R}{\sin\widehat{OIT}} = \dfrac{IT}{\sin\widehat{IOT}}$.

On en déduit que $IT = \dfrac{R}{\sin\widehat{OIT}} \sin\widehat{IOT}$.

$IT = \dfrac{6\,371 \times 10^3}{\sin 90°} \times \sin 46° = 4,6 \times 10^6$ m avec 2 chiffres significatifs.

b. La longueur du parallèle passant par Toulouse et Toronto correspond au périmètre *p′* du cercle de rayon IT :

$p' = 2\pi IT = 2\pi \times 4,6 \times 10^6 = 2,9 \times 10^7$ m avec 2 chiffres significatifs.

c. La question peut être traitée de deux façons.

Méthode 1 :

La longueur de la portion de parallèle $L_{TT'}$ reliant Toulouse à Toronto est une fraction de 80/360 du périmètre *p′*, soit :

$L_{TT'} = \dfrac{80}{360} \times 2,9 \times 10^7 = 6,4 \times 10^6$ m avec 2 chiffres significatifs.

Méthode 2 :

En utilisant la méthode de calcul de la réponse **3. b.** en remplaçant *R* par IT, on en déduit la longueur de la portion de parallèle $L_{TT'}$ reliant Toulouse à Toronto : $L_{TT'} = IT \times \widehat{TIT'}$ avec $\widehat{TIT'}$ en radians.

$\widehat{TIT'} = 80° = 80 \times 2\pi/360$ rad = 1,4 rad avec 2 chiffres significatifs.

On a alors $L_{TT'} = IT \times \widehat{TIT'} = 4,6 \times 10^6 \times 1,4 = 6,4 \times 10^6$ m avec 2 chiffres significatifs.

La longueur de la portion de parallèle reliant Toulouse à Toronto est environ égale à 6 399 km = $6{,}399 \times 10^6$ m. En ne retenant que 2 chiffres significatifs, cette longueur est alors de $6{,}4 \times 10^6$ m. C'est bien ce que l'on a obtenu ci-avant par l'une ou l'autre méthode.

L'astuce du prof

Pensez à comparer des longueurs avec la même précision de mesure.

5. En ne retenant finalement que 2 chiffres significatifs, les distances Quito-Toronto de 4 891 km et Toulouse-Toronto de 6 230 km correspondent à $4{,}9 \times 10^6$ m $= L_{QT}$ et $6{,}2 \times 10^6$ m $\neq L_{TT'}$. La première mesure est donc très proche de la réponse **3. b.**, alors que la seconde mesure l'est moins de la réponse **4. b**. Cette différence est due, entre autres, au modèle sphérique de la Terre que l'on a pris dans cette partie pour établir toutes les distances.

PARTIE 2 : Les différents climats de la Terre

6. Le paragraphe argumenté met en jeu les différentes compétences du programme que sont l'appropriation des données (APP), l'analyse et le raisonnement (ANA), la validation du raisonnement (VAL) et la communication (COM).

Appropriation (APP) : *cette phase permet de lister les différents éléments de l'énoncé dont il faut tenir compte, ainsi que les connaissances de cours à mobiliser.*

La lecture du **document 3** permet de chiffrer la puissance solaire reçue sur Terre (de l'ordre de 10^3 W/m^2) et de constater qu'elle décroît avec l'éloignement des planètes, mais que Vénus et Mars reçoivent des puissances comparables à celle de la Terre, bien qu'elles soient très éloignées d'elle.

Le **document 4** montre que plus la latitude Nord est importante, et plus cette puissance solaire reçue par unité de surface est faible. On peut retenir que pour une latitude de 45° Nord, la puissance est divisée par un facteur 1,4 et qu'au pôle Nord, le facteur est de 57 ! Les photographies proposées permettent de faire le lien avec l'inclinaison des rayons lumineux.

L'équateur est à une latitude nulle et on sait que les pôles sont à des latitudes de valeur absolue maximale (90° Nord et 90° Sud).

Analyser et raisonner (ANA) : *cette phase est celle du raisonnement, c'est-à-dire des liens à faire entre les éléments listés ci-avant pour arriver à répondre à la question posée.*

Pour montrer qu'il fait plus chaud à l'équateur qu'aux pôles, il faut faire le lien entre la puissance surfacique solaire reçue et la température : plus la puissance surfacique reçue est importante, et plus la température est élevée, donc plus il fait chaud.

Par ailleurs, un lien est aussi à faire entre cette puissance surfacique et la latitude du lieu : plus la latitude est faible, et plus la puissance surfacique reçue est importante. L'équateur est à une latitude nulle, alors que les pôles sont à une latitude de valeur maximale.

Finalement, à l'équateur de latitude nulle, la puissance surfacique reçue est maximale, et la température est plus élevée qu'aux pôles de latitude de 90° Nord ou Sud, lieux pour lesquels la puissance surfacique reçue est 57 fois plus faible.

Enfin, pour invalider l'hypothèse faite par l'élève, les photographies du **document 4** permettent de montrer que tout est affaire d'inclinaison des rayons solaires. Le **document 3** permet d'affirmer que le facteur 57 ne peut pas être expliqué par la distance au Soleil, la distance entre l'équateur et le Soleil étant très peu différente de celle d'un pôle au Soleil comparativement à celle entre Mars ou Vénus et le Soleil.

Validation (VAL) : *cette phase permet de vérifier que le raisonnement arrive à la réponse attendue.*

Le raisonnement effectué ci-avant permet bien de mettre en évidence qu'il fait plus chaud à l'équateur qu'aux pôles, pour des raisons de puissance solaire reçue par unité de surface, et de montrer que l'hypothèse de l'élève « Il fait plus chaud à l'équateur qu'aux pôles parce que la Terre est plus proche du Soleil à l'équateur qu'aux pôles » est invalidée, car il ne s'agit pas tellement de distance au Soleil ici, mais d'inclinaison des rayons.

Communiquer (COM) : *cette phase est celle de la rédaction, c'est-à-dire ce qu'il faut noter sur la copie comme réponse à la question posée.*

À l'équateur, de latitude nulle, la puissance surfacique reçue est maximale (420 W/m^2 d'après le **document 4**) du fait de l'inclinaison des rayons lumineux (photographie 1 du **document 4**). En revanche, aux pôles de latitude de 90° Nord ou Sud, la puissance surfacique reçue est 57 fois plus faible qu'à l'équateur (**doc. 4**). Sachant que plus la puissance surfacique reçue est grande et plus la température moyenne est importante, on peut en déduire qu'il fait effectivement « plus chaud à l'équateur qu'aux pôles ».

La puissance surfacique reçue dépend de l'inclinaison des rayons lumineux reçus du Soleil (photographies du **document 4**). Or le facteur 57 ne peut pas être expliqué par la distance au Soleil, la distance entre l'équateur et le Soleil étant très peu différente de celle d'un pôle au Soleil comparativement à celle entre Mars ou Vénus et le Soleil (**doc. 3**).

Exercice 2 La datation des peintures rupestres de la grotte Chauvet

PARTIE 1 : Du carbone dans la matière organique

1. Les oxydes minéraux ne peuvent être datés par la méthode du carbone 14, car ils ne contiennent pas d'atome de carbone (le rouge est constitué d'oxydes de fer Fe_2O_3, le noir de dioxyde de manganèse MnO_2). En revanche, le bois est constitué notamment de cellulose, une molécule formée d'un enchaînement de molécules de glucose ($C_6H_{12}O_6$). Le charbon de bois contient donc du carbone.

2. Le mécanisme biologique à l'origine de la synthèse du glucose par les plantes terrestres est la photosynthèse. Au cours de celle-ci, l'énergie lumineuse est utilisée par les végétaux pour réaliser la synthèse de molécules organiques (comme le glucose) à partir de molécules minérales (CO_2 et H_2O).

Le bilan de la photosynthèse peut s'écrire par la réaction suivante :

$$6\,CO_2 + 6\,H_2O \xrightarrow{\text{Lumière}} C_6H_{12}O_6 + 6\,H_2O$$

Les végétaux absorbent l'eau dans le sol grâce à leurs racines. Ils prélèvent le dioxyde de carbone dans l'air par les feuilles au niveau des stomates.

PARTIE 2 : Radioactivité et datation par le carbone 14 (^{14}C)

3. a. La date de désintégration d'un noyau individuel de ^{14}C dont on connaît la date de création (prise comme origine) est : aléatoire.

b. La durée nécessaire à la désintégration radioactive de la moitié des noyaux radioactifs d'un échantillon dépend : de la nature chimique des noyaux.

4. La demi-vie d'un élément radioactif est le temps nécessaire pour qu'une quantité donnée de cet élément diminue de moitié.

Le temps écoulé pour que le rapport P/P_0 passe de 100 à 50 se situe entre 5 700 et 5 800 ans.

La demi-vie du carbone 14 est donc comprise entre 5 700 et 5 800 ans.

L'astuce du prof

Quant $P/P_0 = 50$, il ne reste plus que 50 %, soit la moitié du carbone 14 initial.

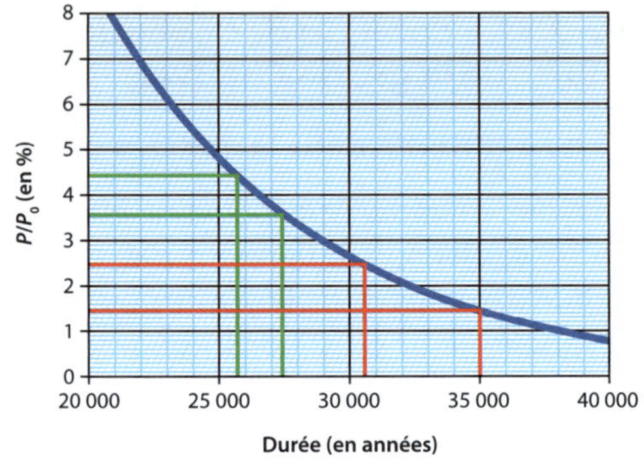

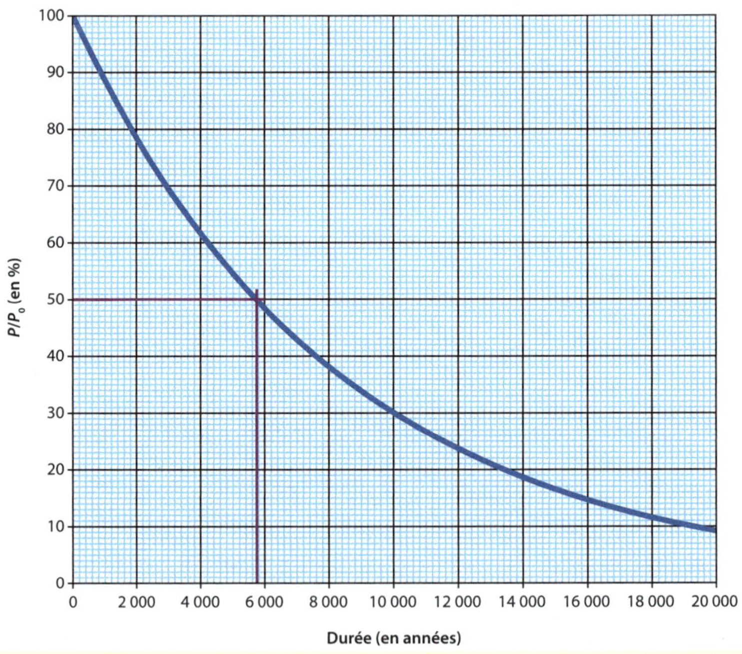

5. Des valeurs P/P_0 comprises entre 1,5 % et 2,5 % pour le charbon de bois correspondent à un âge compris entre 35 000 et 30 600 ans.

Des valeurs P/P_0 comprises entre 3,5 % et 4,5 % pour les mouchages de torches correspondent à un âge compris entre 27 400 et 25 800 ans.

Les traces de l'habitation de la grotte Chauvet peuvent donc être datées entre 35 000 et 25 800 ans.

6. La méthode de datation au carbone 14, basée sur la décroissance d'éléments radioactifs, a été mise au point par des physiciens. Ces derniers interviennent également pour le comptage des éléments radioactifs et la détermination des rapports isotopiques. Toutefois, ce sont des paléontologues ou des archéologues qui recherchent et identifient les vestiges à étudier. Par ailleurs, l'analyse des échantillons par les chimistes permet de déterminer ceux sur lesquels la méthode de datation au carbone 14 peut être employée. Enfin, le devenir du carbone chez les êtres vivants est connu grâce aux biologistes. Ainsi, après la découverte d'un site ancien, grâce au concours de différentes disciplines scientifiques, l'identification et l'analyse (chimique et isotopique) des échantillons qu'il renferme permet de le dater et de le situer dans une période de l'Histoire ou de la Préhistoire.

Sujet 2

Physique-Chimie et SVT

L'usage d'une calculatrice est autorisé.

L'histoire de la contrebasse remonte à la création de la famille des violons au XVIe siècle en Italie. La recherche d'instruments à cordes avec ce timbre particulier mais capables de jouer des notes plus graves a conduit à l'élaboration de la contrebasse, puis de l'octobasse.

Doc. 1 Corde vibrante

Une corde de longueur L vibrant dans son mode fondamental vérifie la relation $L = \frac{\lambda}{2}$ avec λ la longueur d'onde de la vibration de la corde.

La célérité v de l'onde sur la corde est liée à la tension T imposée à la corde et à sa masse linéique μ par la relation : $v = \sqrt{\frac{T}{\mu}}$ avec T en N et μ en $kg \cdot m^{-1}$.

La masse linéique μ d'une corde est sa masse par unité de longueur, soit la masse d'un mètre de corde. Elle s'exprime en kg/m ou en g/m.

Doc. 2 Fréquences de quelques notes dans la gamme tempérée

Fréquences des notes (Hz)			
Numéro d'octave	**–1**	**0**	**1**
***Do* (*ut*)**	16,3	32,6	65,4
Ré	18,3	36,7	73,4
Mi	20,6	41,2	82,4
Fa	21,8	43,6	87,3
Sol	24,5	49,0	98,0
La	27,5	55,0	110
Si	30,9	61,7	123

Les cordes d'un instrument sont nommées d'après la note qu'elles émettent dans le mode fondamental, quand elles sont pincées à vide.

1. En vous aidant du **document 1**, donner la relation liant la fréquence f du mode de vibration fondamental, la longueur de la corde L et la célérité v de l'onde sur la corde.
Montrer que cette relation peut s'écrire : $f = \frac{1}{2L}\sqrt{\frac{T}{\mu}}$.

Le son le plus grave de la contrebasse jouant à vide est un mi_0. La longueur de la corde émettant cette note vaut $L_0 = 1{,}05$ m. On souhaite construire une octobasse qui puisse émettre la note do_{-1}.

2. En faisant l'hypothèse que l'octobasse possède une corde de même masse linéique μ et de même tension que la corde mi_0 de la contrebasse, montrer que la fréquence f de la note est inversement proportionnelle à la longueur L de la corde.

3. Exprimer alors la longueur de la corde L_{-1} de l'octobasse nécessaire pour émettre la note do_{-1} en fonction de la longueur de la corde L_0 nécessaire pour émettre la note mi_0 et des fréquences de ces notes.

4. Sachant que la longueur des cordes de l'octobasse est de 2,18 m, expliquer pourquoi le luthier doit changer de corde pour la corde L_{-1} et prendre une corde de masse linéique plus importante.

5. Dans un concert, l'octobasse émet la note do_{-1}. En déduire la fréquence fondamentale et celle du premier harmonique. À quelle note correspond cette dernière ? Justifier.

Doc. 3 **Capacités de perception de l'oreille humaine**

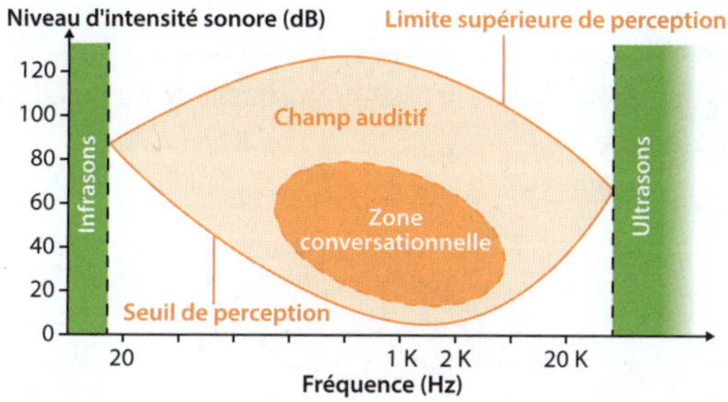

6. En se basant sur le **document 3**, peut-on conclure que la note do_{-1} est audible ? En déduire l'ordre de grandeur du niveau d'intensité sonore pour lequel cette note pourrait être entendue.

7. Un des spectateurs souhaite faire un commentaire à sa voisine sans gêner son environnement. Dans quelle gamme de fréquences doit-il chuchoter ? Justifier.

Dans l'oreille interne, les cellules ciliées, cellules sensorielles de la cochlée, convertissent les vibrations sonores en messages nerveux. On a représenté sur le **document 4** la distribution de ces cellules sensorielles le long de la cochlée selon la fréquence sonore qu'elles captent.

Doc. 4 **Distribution des fréquences captées par les cellules sensorielles le long de la membrane**

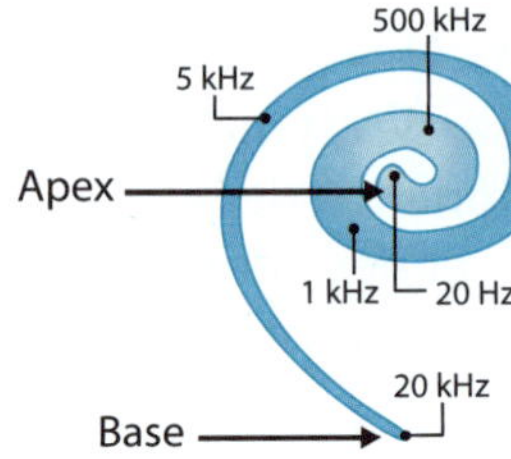

Ces cellules ciliées sont portées par une membrane, la membrane basilaire, qui elle-même se déforme sous l'action de l'onde sonore. La déformation se propage avec une amplitude variable depuis la base de la cochlée jusqu'à son extrémité (apex). Le **document 5** montre la façon dont varie l'amplitude de cette déformation, le long de la membrane basilaire, pour des sons de différentes fréquences.

Doc. 5 **Amplitude des déplacements de la membrane basilaire en fonction de la distance à la base**

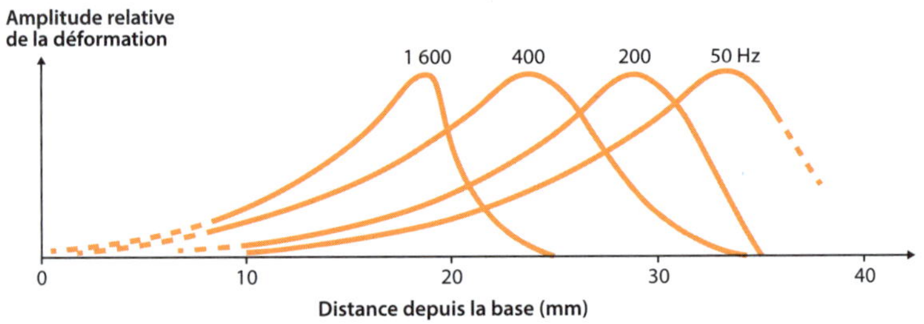

Remarque : la membrane basilaire se déforme plus ou moins selon sa position dans la cochlée car ses propriétés physiques, notamment son épaisseur et son élasticité, ne sont pas les mêmes d'une extrémité à l'autre de la cochlée.

8. À partir du **document 4**, décrire comment sont captées les fréquences sonores de la base à l'apex de la cochlée.

9. Indiquer comment varie la déformation de la membrane basilaire, depuis la base vers l'apex de la cochlée, pour un son de fréquence 1 600 Hz (**Doc. 5**).

10. Comparer les déformations de la membrane pour les différentes fréquences sonores.

11. En mettant en relation les **documents 4** et **5**, expliquer comment l'oreille humaine permet de distinguer les sons selon la fréquence sonore.

L'octobasse joue maintenant un *la*$_1$ avec un niveau sonore de 40 dB, et un autre instrument l'accompagne avec la même note dont le niveau d'intensité sonore est de 45 dB.

12. Quelles différences pourrait-on observer au niveau des enregistrements temporels de ces deux notes ?

13. Calculer le niveau d'intensité sonore total.

CORRIGÉ

1. La relation entre la fréquence et la longueur d'onde est : $f = \frac{v}{\lambda}$.

Selon le document 1, $L = \frac{\lambda}{2}$ donc $\lambda = 2L$ et $v = \sqrt{\frac{T}{\mu}}$.

Au final, on obtient : $f = \frac{\sqrt{\frac{T}{\mu}}}{2L}$, ce que l'on cherchait à démontrer.

2. Si μ et T sont constantes, alors $\frac{\sqrt{\frac{T}{\mu}}}{2}$ est un facteur constant dans la formule précédente que l'on peut noter k. On a alors $f = \frac{k}{L}$: la fréquence est donc inversement proportionnelle à la longueur de la corde.

3. Soit alors $k = fL = f(do_{-1})L_{-1} = f(mi_0)L_0$ que l'on peut réécrire $L_{-1} = \frac{f(mi_0)L_0}{f(do_{-1})}$.

Effectuons l'application numérique en utilisant le **document 2** :

$L_{-1} = \frac{41{,}2 \times 1{,}05}{16{,}3} = 2{,}65$ m avec 3 chiffres significatifs.

Or les cordes de l'octobasse mesurent 2,18 m d'après le **document 3**, ce qui pose problème au luthier.

4. Pour pouvoir faire un do_{-1}, le luthier ne peut pas ne pas changer μ ou T, sinon la corde est trop grande. Il va donc falloir d'abord modifier l'un des paramètres ou les deux.

Pour garder la fréquence de 16,3 Hz constante et raccourcir la corde, il faut que le facteur $\sqrt{\frac{T}{\mu}}$ diminue aussi, d'après la relation $f = \frac{\sqrt{\frac{T}{\mu}}}{2L}$. Cela signifie que le luthier peut diminuer la tension T de la corde et/ou augmenter la masse linéique (en changeant de corde !). La valeur de la longueur de la corde pour le do_{-1} est alors de $L(do_{-1}) = 2{,}18$ m, longueur maximale d'une corde de l'octobasse.

5. La fréquence fondamentale est celle de la note jouée, soit d'après le **document 2** : $f(do_{-1}) = 16{,}3$ Hz. La fréquence des harmoniques est une fréquence multiple de la fréquence fondamentale. La fréquence du premier harmonique est le double de la fréquence fondamentale, soit $2f(do_{-1}) = 2 \times 16{,}3 = 32{,}6$ Hz. D'après le **document 2**, cela correspond aussi à un *do*, car dans la gamme tempérée, les fréquences des notes de deux octaves successives sont en rapport 2/1.

6. Le **document 3** montre que les fréquences audibles sont globalement situées dans une gamme d'environ 20 Hz à un peu plus de 20 kHz. La fréquence de la note do_{-1} étant de 16,3 Hz, elle peut être audible dans la mesure où son niveau sonore est de l'ordre de 90 dB.

7. Le **document 3** permet de conclure que les sons les mieux perçus correspondent à des fréquences comprises entre 1 et 3 kHz, soit ceux émis au cours d'une conversation. Par ailleurs, à cette fréquence, il est possible de chuchoter tout en étant entendu de sa voisine : le niveau d'intensité sonore peut atteindre quelques décibels, ce qui n'est pas le cas pour d'autres fréquences.

8. Les sons de haute fréquence (sons aigus) sont captés vers la base de la cochlée, tandis que les sons de basse fréquence (sons graves) le sont vers l'apex. De la base vers l'apex, la fréquence des sons captés diminue progressivement.

9. Pour un son de fréquence 1 600 Hz, l'amplitude de la déformation de la membrane basilaire augmente progressivement, puis atteint sa valeur maximale à environ 19 mm de la base. Elle diminue ensuite, et à 24 mm de la base, la déformation est nulle.

10. Pour chaque fréquence sonore, la déformation se propage le long de la membrane. Elle augmente, atteint un maximum et enfin disparaît. Mais l'amplitude maximale est atteinte à une distance de plus en plus éloignée de la base pour des sons de fréquence de plus en plus basse (sons graves).

11. Selon leur fréquence, les sons sont captés par les cellules ciliées de la cochlée au niveau où la membrane basilaire se déforme le plus. La déformation de la membrane basilaire provoquera indirectement le mouvement des cils et la formation d'un message nerveux. Une information concernant la fréquence du son est donc contenue dans ce message, selon la position dans la cochlée des cellules émettrices.

12. Les deux instruments jouent la même note : la fréquence des notes est donc la même, et l'enregistrement montrera une même période temporelle T (la hauteur du son joué est la même). En revanche, la forme du signal (timbre de l'instrument) et son amplitude (intensité sonore) seront différentes d'un enregistrement à l'autre.

13. Seules les intensités sonores s'additionnent. Il faut donc calculer chaque intensité, les additionner et calculer le niveau d'intensité sonore correspondant à cette somme.

Soit L_1 = 40 dB le niveau d'intensité sonore de la note jouée par l'octobasse et L_2 = 45 dB le niveau d'intensité sonore de la note jouée par l'autre instrument.

$I_1 = I_0 \times 10^{\frac{L_1}{10}}$ et $I_2 = I_0 \times 10^{\frac{L_2}{10}}$.

On a alors $I = I_1 + I_2 = I_0 \times 10^{\frac{L_1}{10}} + I_0 \times 10^{\frac{L_2}{10}} = I_0 \times (10^{\frac{L_1}{10}} + 10^{\frac{L_2}{10}})$.

$$L = 10\log\left(\frac{I}{I_0}\right) = 10\log\,(10^{\frac{L_1}{10}} + 10^{\frac{L_2}{10}})$$

$$L = 10\log(10^{\frac{40}{10}} + 10^{\frac{45}{10}}) = 10\log(10^{4,0} + 10^{4,5}) = 46 \text{ dB}$$

Le niveau d'intensité sonore total est de 46 dB.

Gagnez des points !

La période de l'enregistrement est $T = \frac{1}{f} = \frac{1}{110} = 9{,}09 \times 10^{-3}$ s, soit de l'ordre de 10 ms.

Index

Crédits photographiques couverture : Shutterstock

Crédits photographiques intérieur :

29 h g ADOBE STOCK PHOTO; 29 h d ADOBE STOCK PHOTO / Bjoem Wylezich ; 39 ht d BSIP / OMIKRON ; 39 m COSMOS /SPL / Burbidge ; 41 ht CONGE Hervé ; 41 bas ISM / Chu-UCBL ; 53 COSMOS / SPL / Dr Elena Kiseleva ; 82 Frédéric Hanoteau ; 110 REUTERS/David Gray ; 113 ALBIOM ; 117 BNF ; 195 JACOPIN / BSIP ; 208 Médecine / sciences n° 10, vol. 34, octobre 2018, p. 846 ; 251 Agence Hans Lucas ; 252 DR WOLF FAHRENBACH / BSIP

Direction éditoriale : Raphaëlle Mourey

Coordination éditoriale : Géraldine de Saint Palais

Édition : Fanny Morquin, Maria Tasso

Conception graphique intérieur : Élise Launay

Couverture : Élise Launay

Schémas : Pascal Marseaud, COREDOC

Iconographie : Annie-Claire Auliard Villain

Compositeur : PCA

Fabrication : Frédéric Bouly

ISBN : 978-2-09-503557-0

Ce livre est imprimé sur du papier issu de forêts gérées durablement.

N° éditeur : 10297579 - Dépôt légal : juillet 2024
Achevé d'imprimer en juin 2024 en France par Estimprim - 25110 Autechaux